사업의 길

사업의 길

초판 1쇄 발행 | 2016년 8월 10일
초판 2쇄 발행 | 2016년 9월 13일

지 은 이 | 이병욱
발 행 인 | 김영희
기획·마케팅 | 권두리
편   집 | 김민지
디 자 인 | 한동귀, 김은환
발 행 처 | (주)에프케이아이미디어 (*프리이코노미북스*)
등록번호 | 13-860호
주   소 | 07320 서울특별시 영등포구 여의대로 24 FKI타워 44층
전   화 | (출판콘텐츠팀) 02-3771-0435 / (영업팀) 02-3771-0245
홈페이지 | www.fkimedia.co.kr
팩   스 | 02-3771-0138
E - mail | kmj9949@fkimedia.co.kr
I S B N | 978-89-6374-232-8   03320
정   가 | 1만 6,000원

이 도서의 국립중앙도서관 출판예정도서목록(CIP)은 서지정보유통지원시스템 홈페이지(http://seoji.nl.go.kr)와
국가자료공동목록시스템(http://www.nl.go.kr/kolisnet)에서 이용하실 수 있습니다. (CIP제어번호 : CIP2016017421)

사업 전략에서 新사업 트렌드까지, 당신이 알아야 할 사업의 모든 것

사업의 길

인생을 사는 우리 모두는 예비사업가.
그 길은 사람의 수만큼 있다.

이병욱 지음

프리이코노미북스

사람은 누구나 사업가라 할 수 있다. 불확실성을 짊어지고 살아가야 하며, 각자의 인생에 대해서 스스로 책임을 져야 한다는 점에서 말이다. 모든 사람이 '사업가'로서의 특질을 갖고 태어났음에도 주어진 환경, 입시 위주의 교육과 잘못된 경쟁문화 탓에 사업가다운 삶을 일찍 포기하고 사는 것 아닌가 하는 생각이 든다.

이제 100세 시대를 살아야 하는 우리들은 누구나 자신의 업業을 영위하지 않고서는 안정적인 경제적 삶을 지속하기 어렵게 되었다. 세계 어디에도 국민들을 100세까지 책임져 줄 국가는 없다. 기업의 수명도 갈수록 짧아져 근로자들의 고용을 장기간 보장할 수 있는 여력이 있는 기업들도 거의 없는 실정이다. 더욱이 인공지능AI의 발달로 이제 기존의 일자리마저 사라질 위기에 직면해 있다.

특히 최근 기업의 일자리 창출능력이 크게 떨어지고 있다. 2015년도 국내 30대 그룹이 투자를 18% 늘렸음에도 불구하고 고용인원은

4,513명(0.44%)이 줄어든 것으로 나타났다. 일자리를 구하기가 점점 더 힘들어지고 실업률은 갈수록 높아지고 있는 것이다. 게다가 청년실업률이 두 자릿수로 고착화된 지도 오래다. 이러한 현상은 미국이나 다른 선진국에서도 나타나고 있는 보편적인 현상이다. 미국에서는 대기업에 취업하는 것을 포기하고, 벤처·중소기업에 취업하거나 직접 창업에 나서는 대학 졸업생들이 크게 늘어나고 있다. 대기업이나 공무원 취업에 주로 관심을 두고 있는 우리나라 젊은이들과는 전혀 다른 모습이다.

이제 기존의 기업에서 일자리 증가를 기대하기는 힘들다. 그렇다면 생존을 위해서라도 각자 창업이나 창직을 위해 도전해야 한다. 다행히 최근 과학기술과 정보통신기술의 놀라운 발전은 우리 모두에게 사업가로서 성공할 수 있는 환경과 기회를 더 많이 만들어 주고 있다.

하지만 창업으로 사업에서 성공하는 확률은 세계 어느 나라를 막론하고 1~2%대에 불과한 실정이다. 우리가 결혼식은 쉽게 할 수 있지만 결혼생활을 잘하기는 쉽지 않은 것과 마찬가지이다. 창업은 누구나 쉽게 할 수 있지만 사업을 잘해서 성공하기란 매우 어렵다. 사업장을 내고 기술개발과 특허등록을 해서 좋은 제품이나 서비스를 생산하고, 유통채널 구축 등 마케팅을 통해 고객에게 물건을 팔아 인건비 등 비용을 충당하고도 배당과 계속적인 재투자를 통해 사업을 유지·발전시켜 나가기란 결코 쉬운 일이 아니다. 설령 한때 성공할 수 있어도 계속해서 돈을 벌어 기업을 유지·발전시키는 것은 정말 어려운 일이다. 더욱이 요즘처럼 급변하는 대내외 환경 속에서 잠재적 경쟁자들과 고객 경쟁에서 이겨 변덕스러운 소비자들의 마음을 계속해서 사로잡기란 거의 불가능에 가까운 일이기 때문이다.

이에 필자는 사업에 따르는 실패 위험을 최소화하면서, 누구나 자신의 사업에 도전해 볼 수 있는 꿈과 희망을 가질 수 있도록 사업의 전 과정을 주변의 사례나 사업가들의 이야기를 중심으로 정리하고자 하였다. 창업에 초점을 맞추었던 이전의 저서와는 달리 사업 준비를 위한 트렌드 분석은 물론 회사 설립, 경영, 사업 승계 등 수성에 이르는 전 과정을 계속기업Going Concern과 지속가능한 발전의 관점에서 사업의 키워드와 이슈 중심으로 정리하였다. 특히, 성공가능성이 높은 미래사업의 트렌드, 기업 및 기업인의 본질과 기업가정신, 그리고 사업의 준비단계나 사업을 영위하는 과정에서 소중하게 다루어야 할 키워드나 암묵지 등을 대폭 추가하여 『사업의 길』이란 단행본으로 내놓게 되었다.

본서에서는 특히, 2008년 『창조적 디자인경영』과 2012년 『창업비밀과외』 출간 이후에 경영자문을 해 온 20여 개의 벤처·중소기업에서 보고 느낀 것들과 컨설팅 경험들을 많이 반영하였다. 한국경제연구원 근무 시 수많은 토론과 기고활동에 참여하면서 얻은 경험, 연구원 및 컨설팅회사 설립 운영과 KT그룹 경영임원 등으로 기업 경영에 직접 참여하면서 경영진으로서 의사결정과정에서 지득하게 된 암묵지와 노하우, 대학과 대학원에서 학생들을 가르치면서 접하게 된 기업경영 사례 및 벤처기업인과의 대담, 신문과 잡지 등에 칼럼을 기고하면서 정리하게 된 생각을 많이 반영하였다.

아무쪼록 이 책이 이제 사업을 시작하려는 독자나 기존 조직에서 새로운 사업이나 프로젝트를 추진하려는 사람들에게 실패의 위험과 비용을 최소화하여 새로운 사업에 나서는 데 따르는 두려움을 없애주고 도전정신과 문제해결능력을 배가시키는 데 도움이 되기를 기대해 본다.

이제 우리 모두 100세 시대에 걸맞게 각자 자신의 업을 갖고 성공하는 사업가의 길에 도전하면서 살아가야 한다. 각자 사업의 여정을 즐기고 성공하길 기원한다.

이 책이 나올 수 있게 한 출판사 FKI미디어와 편집을 도와준 김민지 주임, 정재연 인턴직원에게 감사드린다. 특히, 김민지 주임이 매주 필자의 원고를 교정해 주고 다음 주 일정 등을 챙겨준 덕분에 비교적 짧은 기간에 본서가 출간될 수 있었다.

끝으로 사랑하는 가족에게 감사드린다. 늘 자식들을 위해 조석으로 기도해 주시는 부모님과 장인, 장모님께 감사드린다. 또한 언제나 한결같은 마음으로 배려해 주는 아내 안성옥 화가, 그리고 두 아들 이재승 군과 이재웅 군에게도 감사의 마음을 전한다. 두 아들은 본서가 나올 때까지 많은 의견을 주고 사례 발굴에도 도움을 주었다. 이 책이 나오기까지 도움을 주신 분들이 너무 많지만 여기서는 일일이 실명을 거론하지 못한 점에 대해 송구스럽게 생각하며, 심심한 감사의 마음을 모두에게 전한다.

2016년 7월 30일

이병욱

우리 시대의 아픔은 무엇보다도 청년실업의 문제이다. 일자리를 찾지 못해 방황하는 젊은이들에게 하나의 길잡이, 희망과 꿈을 구체적으로 실현하는 데 도움이 된다면 얼마나 좋은 일인가. 이 책『사업의 길』이 바로 그 해답을 제시해 주리라 믿는다.

손병두 호암재단 이사장

사업 구상단계부터 성공적으로 발전시켜 가는 전 과정에 걸쳐 필요한 지침들이 체계적 사례를 곁들여 잘 정리되어 있다. 새로운 사업의 길을 가는 사람들에게 앞길을 밝히는 등불이 되어 두려움을 없애고 자신감을 불어넣어 줄 것이다. 꿈을 펼치는 청장년층부터 고령화 시대를 대비하는 노익장에 이르기까지, 나아가 일자리 창출과 국가경쟁력 강화를 위해 고민하는 정책당국자들에게도 많은 아이디어를 제공해 준다.

반장식 서강대학교 기술경영전문대학원장(前 기획재정부 차관)

『사업의 길』 발간은 새롭게 사업의 길에 들어서는 청년들, 이미 사업을 하면서 크고 작은 어려움을 겪으며 위기관리를 통해 사업의 지속발전을 도모하는 중소기업인들 그리고 사업을 성공적으로 마무리하고자 하는 많은 사업가에게 기쁜 소식임에 틀림없다. 특히 실질적인 사례를 통한 구체적인 방향과 전략 제시, 사업 전반에 걸쳐 밑바탕이 되는 정직, 신용, 신뢰의 기본 철학의 제시는 20여 년간 사업을 해 온 이 사람에게도 공감이 가는 귀한 글이다. 사업가들에게 일독을 권하고 싶은 책이다.

이장우 신성CNT 회장

『사업의 길』은 기업의 수명이 짧아지고 있는 이 시대에 지속가능경영의 관점에서 기업의 문제를 지적하고, 위기관리 방법과 해결방안 등을 제시하고 있어 기업에 몸담고 있는 임직원들에게도 업무적으로 큰 도움이 될 책이다.

현명관 한국마사회 회장(前 삼성물산 회장)

경제단체 및 대기업 임원과 회사를 직접 설립, 운영해 본 저자는 많은 중소 벤처기업을 지원하고, 대학과 기업에서 활발한 강의를 통하여 창업과 경영에 대한 노하우를 전수해 온 바 있다. 국가경쟁력 향상을 위해 창업과 창직이 더욱 필요한 이 시점에 창업부터 사업의 전 과정을 사례 중심으로 쉽게 정리한 이 책은 사업을 시작하는 사람은 물론 전문가들에게도 많은 영감과 아이디어를 주는 유익한 책이다.

강정애 숙명여자대학교 총장

『사업의 길』은 기업구조조정과 재무금융을 전공한 경영학 박사가 그동안 수많은 기업컨설팅 등에서 얻은 경험과 지식을 바탕으로 최신 사업의 트렌드를 소개하고 기업의 가치평가, 자금조달과 출구전략은 물론 마케팅 및 디자인 전략, 인재관리, 리스크 관리 등 사업의 전 과정에서 의사결정할 때 고려해야 할 핵심요소들을 흥미롭게 전달하고 있는 진정한 사업의 매뉴얼이라고 할 수 있다.

박상수 경희대학교 경영학 교수

오랫동안 사업의 세계에서 호흡하면서 많은 중소 벤처기업을 컨설팅하고 대학이나 기업체에서 강의한 경험을 토대로 창업부터 사업의 전 과정을 사례 중심으로 쉽게 정리하여 사업을 시작하는 사람은 물론 경제전문가에게도 많은 영감과 아이디어를 줄 것이다.

이상연 경한코리아 대표이사 회장(前 중소기업융합중앙회 회장)

Contents

Contents

02 | 사업전략 수립   146

Contents

사 · 업 · 의 · 길

PART 1

사업, 사업가의 길

"사람들이 필요로 하는 것과 아직 이루어지지 않은 것에 주목하라."
You just have to pay attention to what people need and what has not been done.

– 러셀 시몬스Russell Simmons, 데프 잼 레코드Def Jam Records 설립자 –

"우리가 새로운 흐름을 만들어낸 것이 아니라
사회가 마침내 받아들인 것이다."

– 마크 저커버그Mark Zuckerberg, 페이스북Facebook 공동 설립자 –

01
변화하는 사업 트렌드

창업이나 새로운 사업을 준비하기에 앞서 최근에 성공하는 사업의 트렌드나 미래에 유망한 사업의 트렌드를 알고 미리 대비하는 것은 사업의 성공 확률을 높이고 실패 위험을 줄이는 데 큰 도움이 된다.

특히 오늘날 글로벌 경제위기와 무한경쟁의 어려운 환경 속에서도 성공하는 기업들의 사업트렌드와 이들 기업들이 관심을 갖는 분야를 들여다보는 것은 앞으로 사업아이템을 선정하거나 사업전략을 수립할 때 좋은 길잡이가 될 것이다.

최근 성공하는 사업의 트렌드로 공유경제, 인류와 지구의 문제인 기후변화를 비롯해 플랫폼화, 고령화 등 여덟 가지의 큰 흐름과 특징을 정리해 보았다. 새로운 사업을 구상하고 있다면 미래사업 아이템이 이런 흐름에 부합하는지를 확인해 보면 좋을 것이다.

공유경제와 사업기회

> "
> 공유경제는 생태학적으로 가장 효율적이며
> 지속가능한 경제로 가는 지름길이다.
>
> — 제러미 리프킨Jeremy Rifkin, 경제학자 —
> "

공유경제가 자본주의 체제의 문제점을 어느 정도 보완할 수 있을 것으로 기대하는 사람들이 많다. 공유경제는 '물건이나 공간 등을 함께 사용하자'는 개념이다. 물건이나 공간을 소유하는 것이 아니라 서로 빌려주고 사용하여 가치를 창출하는 것이다. 쉽게 공유대상으로 삼을 수 있는 것으로는 집, 자동차, 건물, 유명디자이너 의류 등 기타 공유할 수 있는 것이라면 무엇이든 가능하다. 공유경제는 아이디어만 있으면 개인 간 거래 플랫폼을 쉽게 만들 수 있으며 별도의 진입 장벽이 없어 누구나 쉽게 사업을 시작할 수 있다.

공유 방식이나 형태는 매우 다양하다. 물건이나 집을 임대차하는 방식, 물물교환이나 중고품 거래를 통해 자원을 재활용하는 방식, 제품의 개발이나 생산을 위해 아이디어와 특허 및 기술을 공유하거나 공동 투자하는 방식 등을 예로 들 수 있다.

실제 공유경제 개념을 활용해 사업에 성공하는 사례가 늘고 있다. 미국의 우버택시Uber Taxi가 대표적 성공사례의 하나다. 누구든 자동차만 있으면 돈을 받고 다른 사람을 위해 운전할 수 있으며, 이용자는 스마트폰 앱을 이용해 택시 대신에, 이들 차량을 이용한다.

이것이 일반적인 우버의 서비스이다. '우버풀Uber pool'은 한 단계 더 나아가 같은 방향으로 가는 사람들이 함께 차를 타는 것이다. 소위 합승 개념이다.

에어비앤비Airbnb도 대표적인 공유경제의 성공사례라 할 수 있다. 필자의 가족은 몇 년 전부터 에어비앤비를 이용해 국내외 여행을 하고 있다. 에어비앤비는 샌프란시스코에서 2008년 설립된 이후 최근 190여 개국, 3만 4,000여 도시, 120만 개 숙소를 공유하고, 2,000만 명의 여행객이 이용하는 기업으로 성장하였다. 창업자 브라이언 체스키Brian Chesky는 부족한 임대료를 해결하기 위해 주택의 일부를 여행객에게 단기간 빌려주는 '숙식서비스Bed & Breakfast'를 제공하면서 이 사업을 시작하였다. 이 서비스를 통해 이용자들은 숙박비를 줄이면서 숙식을 해결할 수 있으며, 집을 제공하는 개인들은 임대 수입을 올릴 수 있다. 에어비앤비는 특히 임대료가 비싼 대도시 지역에서 인기가 있다. 휴양지인 제주도에서도 최근 들어 에어비앤비를 이용하는 여행객이 크게 늘고 있다. 에어비앤비를 이용한 후에는 안전장치를 확보하는 의미에서 이용자와 임대자 모두가 상대방에 대해 서로 평가하고 이용 후기를 남기도록 하고 있다. 이러한 문화에 익숙한 젊은 SNS세대들은 에어비앤비 이용에 전혀 불편함을 느끼지 않고 오히려 이를 즐기기까지 하는 경향이 있다.

금융분야의 렌딩클럽Lending Club도 대표적인 공유경제 사례 중 하나다. 렌딩클럽은 SNS를 통해 돈이 필요한 대출자와 투자를 희망하는 대부자를 연결해 주는 서비스다. 랜딩클럽은 2014년 12월 뉴욕증권거래소에 상장한 첫날 주가가 공모가 대비 60%나 상승할 정도로 미래가 밝은 공유경제 기업이다.

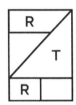

유명디자이너의 드레스를 대여해 주는 렌트더런웨이Rent The Runway는 2009년 설립된 이래 유명 디자이너 드레스뿐만 아니라 평상복과 액세서리까지 대여해 주면서 회원 500만 명을 보유하게 된 회사이다.

이들 기업은 실제 공유경제에서 새로운 기회를 찾아 성공한 기업들이다.

🔍 국내 공유경제 사례

업체명	사업내용
SOCAR	**쏘카**SOCAR: 2011년 설립(www.socar.kr) • 자동차 공유 전문기업 쏘카는 2012년 매출 3억 원의 작은 기업이었지만, 2014년 매출액 170억 원으로 급성장했다. 매년 5배 이상 성장하면서 국내 대표적인 공유경제 기업으로 떠올랐다.
pop funding	**팝펀딩**POP Funding: 2007년 설립(www.popfunding.com) • 팝펀딩은 개인 간 대출 중개 서비스, 대학생들을 대상으로 한 학자금 무이자 대출, 벤처기업을 지원하는 소셜 펀드레이징 등 다양한 사회적 금융 서비스를 진행하고 있다.
Kiple	**키플**Kiple: 2012년 설립(www.kiple.net) • 키플은 일종의 물물교환을 중개하는 서비스다. 하루 평균 200개 정도의 물건이 등록되고 150개 정도의 물건이 새 주인을 맞이한다. 2012년부터 2016년까지 총 16만 개의 물건이 등록됐으며, 15만 개 정도 판매됐다.

🔍 해외 공유경제 사례

업체명	사업내용
UBER	**우버**Uber: 2009년 설립(www.uber.com) • 누구든 자동차만 있으면 돈을 받고 다른 사람을 위해 운전할 수 있으며 이용자는 스마트폰 앱으로 택시 대신 이 차량을 호출하는 것이 일반적 우버 서비스다. 우버풀은 한 단계 더 나아가 같은 방향으로 가는 여러 사람이 차를 함께 호출하는 것이다.
BlaBlaCar	**블라블라카**BlaBlaCar: 2006년 설립(www.blablacar.com) • 카풀 중개 서비스를 제공하는 블라블라카는 프랑스에서 2006년 설립되었다. 운전자가 출발지와 도착지를 올리면 일정이 맞는 이들이 비용을 내고 함께 탄다.
LendingClub	**렌딩클럽**LendingClub: 2006년 설립(www.lendingclub.com) • 렌딩클럽은 소셜네트워크를 통해 돈이 필요한 대출자와 투자를 희망하는 대부자를 연결해 주는 서비스다.
R T R	**렌트더런웨이**Rent The Runway: 2009년 설립(www.renttherunway.com) • 2009년에 설립된 렌트더런웨이는 고가의 유명 디자이너 드레스를 대여해 주는 서비스로 시작했고, 지금은 평상복이나 액세서리도 대여해 주고 있다. 기업가치는 약 6억 달러로 평가받고 있다.
airbnb	**에어비앤비**Airbnb: 2008년 설립(www.airbnb.com) • 에어비앤비는 호텔 숙박에서 벗어나 스마트폰 클릭 몇 번으로 잠자리를 해결한다. 에이비앤비는 2008년 창업 이래 190개 나라, 3만 4,000개 도시에서 120만 개의 빈 방을 중개하고 있다. 2015년 기준, 기업가치는 255억 달러로 하얏트, 인터컨티넨탈 호텔을 이미 넘어섰다.
HomeAway° let's stay together°	**홈어웨이**HomeAway: 2005년 설립(www.homeaway.com) • 에어비앤비보다 앞서 시작한 숙박 공유 서비스 업체로 미국 텍사스에 본사를 두고 있다. 홈어웨이는 2005년을 시작으로, 2015년 190개국에 100만 개가 넘는 숙박소를 확보하고 있다. 홈어웨이의 현재 기업가치는 30억 달러다.
couchsurfing	**카우치서핑**CouchSurfing: 2004년 설립(www.couchsurfing.com) • 소파를 뜻하는 '카우치Couch'와 '서핑하기Surfing'의 합성어인 카우치서핑은 '잠잘 만한 소파를 옮겨다니는 일'을 뜻하는 것으로, 1999년 시작돼 올해 1,000만 명의 회원이 무료로 여행객에게 잠자리를 제공하고 있는 사회관계망 서비스다.
POSTMATES	**포스트메이츠**POSTMATES: 2011년 설립(www.postmates.com) • 포스트메이츠는 각 도시의 로컬 식당과 맥도널드, KFC 등 패스트푸드점의 음식을 회당 3.99달러의 수수료를 받고 배달해 준다. 연회비는 없다. 로스앤젤레스에서는 로이스 프라임 립, 보일링크랩, 보바, EMC 씨푸드 등을 배달한다.

플랫폼화와 사업기회

플랫폼이란 공급자와 수요자 등 다양한 파트너와 이해관계자들이 참여해 각자가 얻고자 하는 가치를 공정한 거래를 통해 교환할 수 있도록 구축된 환경을 말한다. 플랫폼은 참여자들의 연결과 상호작용을 통해 진화하며, 모두에게 새로운 가치와 혜택을 제공해 줄 수 있는 상생의 생태계라고 말할 수 있다(Simon, 2011; 최병삼, 2012; 조용호, 2011).

플랫폼이라 하면 정거장이나 서울역 같은 열린 공간 등을 연상하게 한다. 플랫폼이란 용어는 16세기에 생겨난 이후 일상생활이나 예술, 비즈니스 등의 분야에서 사용해 왔다(Baldwin & Woodard, 2009). 오늘날에는 컴퓨터, SNS는 물론 제조업, 유통, 금융, 제품연구나 기술개발에 이르기까지 광범위하게 적용할 수 있는 일반적인 개념으로 확대되어 널리 사용되고 있다. 심지어 백화점, 서점, 주유소, 마트 등에서도 플랫폼 개념을 도입하여 사업에 성공하는 사례가 늘어나고 있다. 플랫폼의 대표적 사례인 기차역 광장을 통해 플랫폼의 본질을 살펴보자.

서울역의 경우 기차와 지하철이라는 교통수단과 승객이 만나는 공간이다. 승객은 운송수단을 이용해 목적지를 오가지만 역 광장과 역사에는 신문·잡지 판매대는 물론 음식점, 회의장, 백화점 등 다양한 상점들이 모여 있다. 서울역사 주변에는 광고전광판도 즐비하다. 이 같은 현상은 서울역에 많은 사람이 몰려들기 때문이다. 많은 사람이 모이는 공간에서는 다양한 사업모델로 많은 수익을 창출할 수 있다. 지난 몇 년 사이에 서울역은 기차표를 팔아서 버는 수입 못지않게 회의장 사용료나 백화점 등으로부터 받는 임대료 등 부가수입으로 많은 매출을 올리고 있다. 플랫폼이 형성되면 사람들은 더 많이 몰리게 되고 마케팅 비용을 크게 들이지 않고도 더 많은 부가적 수입을 올릴 수 있는 선순환구조가 형성된다.

쉽게 이해하기 위해 기차역을 예로 들었지만 플랫폼 비즈니스는 온·오프라인을 모두 포함하여 팔려는 사람과 사려는 사람을 연결하는 과정에서 파생되는 기회이다. 기존의 전통적인 비즈니스 분야도 이 과정에서 새로운 기회를 얻을 수 있다.

서점이나 유통업체, 심지어 주유소 등도 플랫폼화로 새로운 성공을 거두고 있다. 일본의 츠타야서점의 경우 플랫폼화로 성공을 거둔 대표적 사례이다. 츠타야서점은 번화가가 아닌 주거 지역에 서점을 마련하고, 그 공간 안에 카페, 문화 체험공간부터 음식점, 인기상품 판매코너까지 마련했다. 서점을 지역주민들이 사랑방처럼 즐길 수 있는 플랫폼으로 만들면서 사양길에 접어든 서점과 지역경제를 활성화시키는 활력소가 되었다.

서울 금천구에 소재한 백상주유소는 고객감동경영의 한 사례로 널리 알려져 있지만 그곳을 플랫폼화로 성공한 사례로 보아도 좋을 것 같다. 백상주유소는 단지 경유나 휘발유만 파는 곳이 아니다. 자동차에 기름을 넣는 고객들이 필요로 하는 생활용품도 판매하고 있으며, 고객이나 지역주민들이 쉴 수 있는 공간을 제공하기도 한다.

플랫폼화라는 비즈니스 변화가 가장 극명하게 이루어지는 곳은 온라인세계다. 카카오톡은 SNS 분야에서 대표적 플랫폼 성공사례라 할 수 있다. 카카오톡은 초기 몇 년 동안은 계속 적자를 내면서 살아남기 힘들 것이라는 비관적 전망이 많았다. 무모한 시도였다고 혹평하는 사람들도 있었다. 하지만 김범수 카카오 의장은 매일경제와의 인터뷰(2016년 1월 13일)에서 카카오톡과 같은 무료 채팅 서비스가 모바

국내외 플랫폼 기업

업체명	사업내용
Wisdome	위즈돔Wisdome: 2012년 설립(www.wisdo.me) 위즈돔은 지혜나 경험을 나누고 싶은 누구나 '사람책'으로 등록할 수 있고, 그 사람을 만나고 싶다면 만남을 신청할 수 있는 온라인 플랫폼이다. 위즈돔에게 사람은 곧 책인 셈이다. 위즈돔 플랫폼에는 2015년 7월을 기준으로 약 3,000여 명의 사람책이 등록돼 '국내 최대 사람 도서관'이라는 타이틀을 얻었다.
wishket	위시켓wishket: 2012년 설립(www.wishket.com) 위시켓은 2013년 10월부터 정식 서비스를 시작하였다. 중소기업과 중소기업, 중소기업과 프리랜서 개발자·디자이너를 연결해 주고 있다. 프로젝트와 프리랜서 및 소규모 개발회사를 이어 주는 온라인 플랫폼이라고 할 수 있다.
TaskRabbit	태스크래빗TaskRabbit: 2008년 설립(www.taskrabbit.com) 2016년 현재 미국 프리랜서들이 즐겨 이용하는 태스크래빗은 일을 맡기고 돈을 지급할 수 있도록 중개해 주는 온라인 플랫폼이다. 물품 배달, 정원 가꾸기, 집 공사부터 고객의 필요에 따라 요구되는 특수 업무에 이르기까지 중개 서비스는 다양하다.

일 시대를 맞아 포털을 넘어서는 플랫폼이 될 것이라는 직감을 했다고 말했다. 그의 예상은 카카오 출범 4년째부터 실현됐다. 카카오톡은 국민 모바일 플랫폼으로 자리 잡았고 카카오톡에 실린 콘텐츠와 서비스로 조 단위 매출을 올리게 되었다.

제품의 오픈 플랫폼화도 마찬가지다. 예컨대, 스마트폰의 경우 애플리케이션의 플랫폼이며, 이 열린 플랫폼이 그 매력을 더욱 돋보이게 하는 것이다. 스마트폰을 이용하는 사람들이 메신저와 카메라, 카드결제, 교통안내 앱 등을 사용하는 것은 아주 흔한 일이다. 또 다른 한 예로, 타고아크$^{Tago Arc}$라는 팔찌의 경우 스마트폰을 경유해 디자인을 변경할 수 있다. 근거리 무선통신^{NFC}과 전자종이기술$^{E Ink}$을 이용해 이것을 실현한다. 팔찌를 몇 개씩 가질 필요 없이 팔찌 하나로 무한한 가능성을 구현할 수 있다. 특정한 날의 패션에 맞추어 디자인을 자유자재로 변경할 수 있고, 스마트폰으로 촬영한 사진을 팔찌에 전송할 수도 있다. 그야말로 팔찌를 플랫폼화한 것이다.

이제 단순히 제품이나 서비스를 만들어 판매하는 발상만으로는 사업을 지속적으로 전개하기가 쉽지 않다. 제품이나 서비스를 오픈 플랫폼으로 만들어 이용객을 늘리는 구글과 같은 회사만이 새로운 성장의 기회를 얻을 수 있다. 만약 구글이 검색엔진의 이용에 대해 돈을 받는 전략을 구사했더라면 지금의 구글은 존재하지 않았을지도 모른다. 사물 자체가 정보화되어 가는 사물인터넷^{IoT}시대를 맞아 제품을 다루는 회사들도 사업의 오픈 플랫폼화를 심각히 고려해야 한다.

연구나 기술개발 분야도 마찬가지다. 전기자동차 선도기업인 테

슬라모터스^{Tesla Motors}가 대표적인 사례다. 테슬라모터스는 2016년 4월 새 전기차 '모델 3'의 예약주문을 시작한 지 1주일 만에 세계 각국의 고객으로부터 30만 대 이상을 주문받아 화제를 모았다. 그동안 테슬라모터스가 자사의 자동차기술 특허를 오픈 플랫폼에 올려 누구나 사용할 수 있게 했다는 것에 주목할 필요가 있다.

테슬라모터스가 공개한 '전기차 급속 충전 방식'

자료: 테슬라모터스 홈페이지

테슬라모터스의 오픈 플랫폼 전략 ▶

　테슬라모터스는 세계적인 전기자동차 기업으로서, 일론 머스크^{Elon Musk}가 최고경영자를 역임하고 있다. 테슬라의 탄생은 2003년 7월로, 마틴 에버하드^{Martin Eberhard}와 마크 타페닝^{Marc Tarpenning}이 설립하였다. 테슬라는 첫 전기자동차 '로드스터^{Roadster}'를 시작으로, 2010년 주식을 나스닥 시장에 상장하였다. 기업의 주력 사업으로는 전기자동차, 산업용 배터리인 '파워팩^{Powerpack}', 가정용 배터리인 '파워월^{Powerwall}' 등이 있다. 현재 테슬라는 전기자동차 제조를 넘어서 '세계적인 오픈 플랫폼 기업'을 향해 달려가고 있다.

테슬라의 '오픈 플랫폼 전략'은 무엇일까? 2014년 6월, 일론 머스크는 테슬라 기술에 관한 특허를 개방하였다. 이로써 2008년부터 현재까지 테슬라가 특허 출원·등록한 240여 건의 기술에 대한 접근이 자유로워 졌다. 오픈 플랫폼 전략을 채택한 테슬라 덕분에 다른 기업들은 배터리 가격과 성능 문제를 해결하기가 수월해졌다. 배터리가 전기자동차 생산단가의 절반을 차지하기 때문에 이 오픈 플랫폼의 의의가 크다. 또 테슬라가 공개한 '전기차 급속 충전 방식Supercharger'은 전기자동차 충전기로 세계에서 가장 충전시간이 짧다. 이 기술은 타 기업이 전기자동차 충전 장소를 구축하는 데에 도움을 줄 수 있을 것이다.

최근 테슬라는 오픈 플랫폼 전략과 더불어 새 보급형 모델을 내놓았다. 바로 준중형 전기차인 '모델 3'이며, 가격은 4,000만 원대이다. 그동안 높은 가격대의 전기차를 생산해 오던 테슬라와는 다른 행보다. 이러한 테슬라의 전략은 전기차 시장규모를 키우는 데에 있다.

플랫폼화의 핵심은 사업가 자신이 처음부터 끝까지 모든 것을 다 하려는 생각을 버리는 것에 있다. 남들과 함께 공생할 수 있는 틀을 만들어 일정한 규칙 아래 서로 즐기면서 돈을 벌겠다는 마음가짐을 갖는 것이 중요하다.

이제 기업들은 폐쇄적인 조직 내에서만 가치를 창출해 오던 기존의 방식에서 벗어나, 오픈 플랫폼에서의 개방을 통해 누구나 즐기며 함께 협력해 새로운 가치를 창출해 가는 플랫폼 전략이 미래의 지속가능한 발전을 가능하게 할 것이다.[1]

1. 나가누마 히로유키 저, 김정환 역, 『2025 비즈니스 모델』, 한스미디어, 2016, pp.120~127.

기후변화와 에너지

> 인류 노력의 99.9%는 기후위기에서 지구를 지키는 데 써야 한다.
>
> — 일론 머스크Elon Musk, 테슬라모터스Tesla Motors CEO —

21세기 들어 기후변화, 물 부족 및 자원고갈 심화로 에너지 절약과 함께 태양광, 풍력 등 신재생에너지에 대한 관심이 커지고 있다. 환경에 대한 소비자들의 인식과 태도도 변화하고 있다.

『유엔미래보고서 2040』에 따르면, 미래사회 트렌드 키워드 중 하나가 기후변화Climate change와 에너지다. 이미 태양광, 풍력, 바이오연료 등 에너지 기술이 발전되면서 신재생에너지New & Renewable Energy 산업이 크게 성장하고 있으며, 2023년쯤에는 전기자동차가 주류를 이룰 것으로 예상한다. 이러한 기술을 바탕으로 2030년에는 전 세계 인구의 절반이 에너지 생산에 참여할 것이라는 예측도 있다. 또한 해수담수화, 스마트그리드Smart Grid, 리사이클링Recycling, 도시농업, 유기농업, 유전자변형식물산업, 수소에너지, 핵융합기술 등 현재 연구개발 중이거나 미상용화 단계인 기술들도 높은 성장잠재력을 가지고 있다.

미래 트렌드 속에서 많은 벤처기업과 1인 기업들이 탄생하고 있다. 예컨대, 하버드 경영사례[2]로도 소개된 바 있는 미국의 대표적인 에너지 벤처기업인 에너낙EnerNOC과 주요국 대도시에서 점차 증가하

---

2. Toffel, Michael W., Kira Fabrizio, and Stephanie van Sice, "EnerNOC: DemandSMART", Harvard Business School Case 613-036, August 2012.

는 1인 기업인 수직농업^{vertical farming} 사례는 눈여겨 볼 만하다.

에너낙의 경우는 지능형 전력수요관리^{Demand Response} 시장과 관련이 있다. 현재까지 대부분의 국가와 지역에서는, 총사용량에 비례하여 전기요금을 부과해 왔다. 하지만, 고정 요금제를 시간대별 차등 요금제로 변경하고, 정보통신기술^{ICT, Information and Communications Technologies}을 보유한 민간기업이 늘어나자 직접 가입자를 유치하여 고객들의 전력 부하를 분산시킴으로써 차익을 얻을 수 있게 됐다. 이와 같은 지능형 수요관리 시장은 많은 에너지 벤처기업의 성장을 가능하게 하였다. 에너낙은 스마트폰 애플리케이션을 통해 소비자들에게 실시간으로 사용량 및 요금을 알려줌으로써 에너지 효율 개선효과를 크게 거두게 되었다. 2003년 창업 이래 13년 만에 1,000억 달러 규모의 매출을 기록하였고(2015년 말 기준), 전 세계 16개 지사를 거느린 글로벌 기업으로 성장하였다. 우리나라에서도 대형 건축물 및 사업장을 대상으로 2013년부터 시범사업이 진행되고 있다. 향후 에너낙과 같은 정보통신기술 기반의 벤처기업의 출현이 기대된다.

다양한 형태의 도시농업도 앞으로 유망한 분야이다. 기후변화 문제는 에너지뿐만 아니라 인간의 의식주와 직접적으로 연관되어 있는 물, 식량, 산림에도 지대한 영향을 미치고 있다. 우리나라도 지난 몇 년간 6월 장마가 사라졌으며, 평균기온이 상승함에 따라 사과의 재배 지역이 북상하고, 바나나·파인애플·망고 등 열대과일의 생산량이 매년 증가하고 있다. 또한 전국 각지가 택지, 산업단지 또는 관광 목적으로 개발됨에 따라 전통적인 방식의 농업은 설 자리를 잃어가고 있다.

미국 등 해외 선진국에서는 이와 같은 문제를 극복하기 위한 대안으로 도시 중심부에서도 안정적으로 고효율의 작물 재배와 판매가 가능한 수직형 농업이 떠오르고 있으며, 이미 여러 스타트업이 등장했다. 기존의 건물 옥상, 베란다 등을 이용한 작물 재배뿐만 아니라, 정보통신 기술을 활용한 고도의 수경재배 및 인공조명 기법이 개발되면서 수직형 도시농업은 점점 경제성을 확보하고 있다.

이 가운데에서도 미국의 수직형 도시농업 스타트업인 Vertical Fresh Farms의 사례는 주목할 만하다. 창업자인 제레미Jeremy Witt와 매트Matthew Latham는 버팔로에 위치한 자신의 집 7평 남짓한 차고에서 수직농업을 시작하였고, 여기에서 양상추를 50일에 한 번씩 연간 총 5,625통을 수확할 수 있다는 것을 발견했다. 이때부터 본격적으로 규모를 확장하였다. 현재 90평 규모의 수직형 농장을 운영하고 있으며, 유통망을 거치지 않고 주변 지역에 직접 판매함으로써 안정적인 수익을 창출하고 있다.

🔍 Vertical Fresh Farms의 실내 수직농업 사례

앞의 두 사례에서 보듯이, 기후변화는 지능형 수요관리와 같은 새로운 시장을 창출함과 동시에, 기존 농업의 미래 전망을 위협하기도 한다. 어떠한 사업을 구상하든 앞으로는 기후변화가 가져올 변화를 심각하게 고려할 필요가 있다.

또한, 친환경상품이나 에너지절약형 제품에 대한 소비자들의 선호도가 크게 높아지고 있으며, 친환경기업에 인재가 몰리는 현상까지 나타나고 있다. 이로 인해 사업가들이 환경친화적인 사업을 통해 돈을 벌 수 있는 기회도 많아지고 있다. 일본의 경우, 일반 상품보다

🔍 기후변화가 산업에 미치는 영향

산업부문	생산 및 소비행태 변화
에너지	• 석탄, 석유 등의 화석연료 대신에 LNG, 재생에너지 등 청정연료로 전환 → 발전 비용 변화 • 여름철 냉방 수요 증가 vs 겨울철 난방 수요 감소 • 기상악화(번개, 염해, 태풍 등)에 따른 송전시설 피해
산업	• 에너지 다소비 산업의 온실가스 감축 비용 증대 • 스마트그리드 등 에너지 절약 관련 기술 및 산업 발달 • 저탄소, 고효율 상품 판매 증가 및 서비스업 성장 • 의류산업 변화(겨울의류 수요 감소) • 여름상품(에어컨, 맥주, 청량음료, 의약품) 소비 증가 • 수경작물 재배 등 도시농업 증가
관광	• 스키장 개장 일수 감소, 인공강설 비용 증가 • 생태 및 힐링 관광 증가 • 해수면 상승에 따른 섬나라 및 도서지역 관광 감소 우려 • 휴가시즌 변경, 국내 여름 관광 감소, 해외여행 증가, 야외 레저활동 증가
금융	• 탄소펀드 등 새로운 금융상품 확대 • 온실가스감축사업 프로젝트 파이낸싱 증대
보험	• 기상재해 등으로 인한 보험 상품 다양화 • 농수산물 관련 보험 증가
건설 교통	• 고온으로 인한 철도·도로의 파손 → 유지·보수비 증대 • 이상 재해로 인한 건물 파손 → 건설 수요 증대 • 건축물 에너지·안전 기준 강화 → 건축 비용 상승 • 북극해 해빙으로 인한 유럽행 해운물류비 절감 가능

친환경상품의 가격이 10% 정도 높더라도 이를 구매하겠다는 소비자가 50%를 넘고 있다. 또한, 세계 각국 정부의 그린구매(친환경상품 구매)제도 도입으로 공공기관은 일정 비율(우리나라의 경우 20%) 이상의 친환경상품을 의무적으로 구매해야 한다. 이와 관련하여 국내에 많은 환경컨설팅·에코디자인 업체가 출현하였다. 이에 따라 환경부는 국민의 녹색생활과 녹색소비를 지원하고 기후변화에 대응하기 위해 2011년 7월 그린카드제도를 도입했다. 이러한 제도를 통해서도 친환경상품의 사업기회는 더욱 증대될 것이다.

주식투자자나 펀드 등 자본투자자들도 그린투자에 대한 관심이 높다. 장기투자에 관심을 갖고 있는 주식투자자들의 경우, 투자자산

기후변화로 인한 영향, 취약성 및 적응

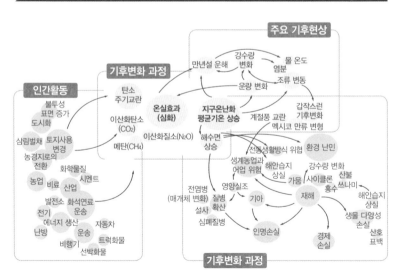

자료: 유엔 기후변화협약, 2007.

이 환경위험 등에 노출되는 것을 최소화하고 지속가능한 투자를 위해 SRI^{Socially Responsible Investment} 펀드에 투자하고 있다. 주주가치를 최우선으로 고려해야 하는 사업가들은 친환경경영 등을 통해 자사주식이 SRI 펀드의 투자대상이 되도록 노력한다.

고령화 시대, 위기이자 사업기회

UN의 분류기준에 의하면 한 국가에서 65세 이상 고령자가 전체 인구의 7% 이상, 14% 미만이면 '고령화사회^{Aging society}', 14% 이상 20% 미만이면 '고령사회^{Aged society}', 20% 이상이면 '초고령사회^{Super-aged society}'라고 부른다.

전 세계 60세 이상 노인인구 비율은 12%(9억 100만 명)에서 2050년에는 21%(20억 명)로 높아질 것으로 전망된다.

우리나라는 2011년 기준 고령인구는 총인구의 11.4%인 565만 명으로 고령화사회가 되었다. 2035년에는 고령인구가 총인구의 28.4%인 1,475만 명으로 증가하여 심각한 초고령사회가 된다. 빠른 속도의 인구고령화는 사회, 경제, 교육, 보건 및 문화 전반에 걸쳐 광범위한 영향을 주지만 사업가 입장에서는 위협 요인인 동시에 새로운 사업기회 요인이기도 하다.

급속한 인구고령화는 노인 개인의 신체·정신적 건강문제뿐만 아니라 사회 전반에 걸쳐 변화와 위기를 초래하며 고령친화적인 패러다임으로의 전환도 불가피해진다. 그러나 인공지능, 의료보건, 바이오 및 고령친화산업기술이 발전하고, 각국 정부의 복지 관련 예산이 지속적으로 증대되어 고령화 시대는 새로운 사업기회를 가져 온다는 점에서 주목할 만하다. 최근 의료·보건 분야에선 사물인터넷 및 각종 센서 기술 등과 결합해 새로운 시장기회를 만들어 내고 있다. 예컨대, 병원에 가지 않아도 병원진료 서비스를 받을 수 있는 화상진료가 가능하게 되었다. 해외에선 인공지능의 발달로 약사 없이도 병원 약 조제가 가능해졌으며, 개인 맞춤형 의약품 제조도 가능한 시대가 되었다. 미래에는 각종 수명연장기술도 발달할 예정이다. 인류는 100세 시대를 넘어 인간수명 130세 시대를 눈앞에 두고 있다. 『유엔미래보고서』는 2030년 대에 인간의 수명을 130세로 전망하고 있다. 바이오 기술 등의 발달로 2020년대 중반에는 자신의 장기를 프린트할 수 있게 되고, 유전자 치료로 질병을 미리 예방하거나 병에 걸리기 쉬운 유전자를 변형시킬 수도 있다고 말한다.

　우리나라도 앞으로 고령자는 물론 예비고령자의 건강한 삶을 위하여 효과적으로 병을 예방·관리할 수 있는 과학적 건강관리시스템과 제도적 인프라를 구축할 것이다. 또한 이를 뒷받침하기 위한 복지예산도 지속적으로 증가할 것이다. 사회복지 지출예산은 2012년 45조 원대에서 2040년에는 142.7~447.2조 원으로 최대 9.9배까지 늘어날 것으로 국책기관들은 전망하고 있다. 또한, 앞으로 노인성 만성질환의 예측을 위한 기술개발이나 관련 산업, 노인성 만성질환의 조기진단을 위한 알고리즘, 장기요양 관련POC, Point of Care 및 심혈관질환 진단 알고리즘 개발 등에 대한 투자가 가속화될 것이다.

『유엔미래보고서』는 미래사회 메가트렌드의 하나인 고령화 시대에 대비하기 위해서는 국가 차원의 유니버설디자인 정책이 중요하다고 지적한다.

1990년에 미국의 로날드 메이스Ronald Mace가 제창한 유니버설디자인 개념은 문화·언어·국적·연령·성별의 차이, 장애와 능력에 관계없이 누구라도 이용하기 쉬운 시설, 제품, 정보의 디자인을 의미한다. '배리어프리Barrier Free'라는 이름으로도 많이 사용되고 있지만, 유니버설디자인이란 단어는 장애인과 고연령자 등 '약자'를 의미하는 '베리어barrier'라는 단어를 배제시킨 사고방식이다. 다양한 사람들이 살아가는 현대의 일본에서도 '모든 사람들'을 대상으로 하는 유니버설디자인이라는 개념이 확대 적용되어 가고 있다. 예를 들어, 일본의 공공시설 어디에서나 볼 수 있는 슬로프와 자동문은 휠체어 이용자뿐만 아니라 허리와 다리가 불편한 모든 사람과 유모차 이용자에게까지 편리하다. 이런 설비에 유니버설디자인 개념이 확대 적용된 것으로 보인다.

유니클로 광고에 등장하는
수잔 서랜든

유니클로UNIQLO의 경우 '모두를 위한 디자인 Made for All'이라는 슬로건하에 다양한 사이즈, 소득계층, 성별 및 연령을 아우르는 제품 구성으로 세계시장을 공략하고 있다. 특히 젊은 인기 연예인이나 전문 모델을 광고에 발탁하는 패션계의 관행을 깨고 60대 여배우 수잔 서랜든Susan Sarandon을 광고모델로 선정했다는 점 또한 이러한 유니클로의 전략적 의지를 상징적으로 보여주는 것이다. 실제로 우리나라에서도 보온성을 높인 히트텍Heat-Tech 소재의 이너웨어는 남녀노소 모든 연령이 흔히 구입하는 품목이 되고 있으며, 이와 같은 인기에 힘입어 점포 수도 빠른 속도로 늘려가고 있다.[3]

최근 한 매체에는 기자가 자신의 경험을 토대로 사회적 약자를 위한 유니버셜 디자인의 개념이 얼마나 중요한지를 말한 기사가 실리기도 했다. 기자는 자신이 유모차를 처음 끌고 나간 이후, 사회의 문턱이 얼마나 높고 불친절한지를 실감하게 됐다고 한다. 보행자의 편의를 위해 만들어 놓은 인도의 경우에도 올라가는 경사로가 있지만 내려오는 경사로는 없는 곳이 태반이며, 유모차를 싣는 것이 유일하게 가능한 저상버스는 일반버스에 비해 턱없이 부족하다고 했다. 그렇다보니 유모차를 끄는 엄마들이 모일 수 있는 공간은 백화점이 유일했다는 것이다. 그러면서 자신은 곧 유모차를 끌 일이 없을 것이지만 누구든지 사고나 자연히 나이듦에 따라 사회의 문턱이 얼마나 높은지를 실감하게 될 것이라고 말하고 있다. 이와 같은 기사를 보더라도 사회적 약자를 위해 유니버셜디자인 개념이 얼마나 중요한지 그리고 앞으로 사업을 할 때 유니버셜디자인 개념을 도입하는 것이 경쟁자와의 차별화 측면에서 얼마나 소중한지를 잘 나타내 준다.

소위 '실버산업'으로 일컫는 노년층 대상 헬스케어나 제약산업이 아

• • •

3. Likpe, D., "Uniqlo Taps Diverse Celebs for Fall Campaign", WWD, Retrived from The Nielsen Company, 2011.09.06. "Smartphone Milestone: Half of Mobile Subscribers Ages 55+ Own Smartphones", The Nielsen Company, 2014.04.22.

니더라도 기존의 어느 산업분야에서든 유니버설디자인 개념을 활용하면 미래에 큰 사업기회가 될 것이다. 고령화 추세를 하나의 전략적인 시각에서 바라볼 필요가 있다. 예컨대, 고령인구나 장애인들의 휠체어가 어디든지 이동 가능하도록 계단 없는 건물, 문턱 없는 바닥 등 향후 계획되는 도로, 빌딩 등이 유니버설디자인으로 설계된다면 고령자 등의 건강한 노후생활 보장은 물론 사업자들에게는 새로운 사업기회가 창출될 것이다. 고령사회가 진전되면 각종 간판이나 홍보물도 큰 글씨로 사용해야 하고, 가로등은 더 밝히고, 건널목을 건너는 시간도 길게 잡아야 하며, 각종 안내방송은 소리를 더 키워야 하는 등 고령사회에 맞는 사회 시스템 변화가 불가피하다.

삼성, LG 등 스마트폰 제조사의 경우 실버 계층을 주 타깃으로 편의성을 높인 모델들을 오래전부터 출시해 왔다. 최근에는 소프트웨어 측면에서도 안드로이드, iOS 등 운영체제의 UI/UX 차원에서 화면 및 서체 확대, 음성인식 서비스 등을 체계적으로 개발·지원함으로써 시청각 장애인 및 노년층 또한 갤럭시, 아이폰 등 플래그십 스마트폰을 문제없이 사용할 수 있도록 돕고 있다. 글로벌 시장조사기업 닐슨 Nielsen의 보고서에 의하면, 스마트폰 보급이 가장 먼저 이루어진 미국의 경우, 55세 이상 인구의 스마트폰 사용 비율이 2013년에 이미 41%에 달했으며, 2014년에는 10%p 오른 51%로 나타났다. 이는 전통적으로 청·장년층이 주 고객인 모바일 소프트웨어 시장에서도 지속적으로 노년층 사용자의 비율이 늘어날 것임을 시사하는 것이다.

우리나라의 고령친화제품 및 서비스 산업은 아직 초보적인 수준이어서 고급제품을 중심으로 해외 수입시장에 크게 의존하고 있다. 우리나라 고령친화제품 가운데 국제표준화기구(ISO/IEC의 TCI73)에서 개발한 표준화 제품에 해당되는 제품은 71개에 불과하다. 추가로 표준화를 추진하고 있는 것도 휠체어 등 단순 이동기기에 중점을 두고 있는 제품이다. 우리나라가 정보통신기술의 강점을 살려 고령친화제품 분야의 사업을 확대하고 세계 표준을 선도한다면 새로운 성장 동력을 만들어 낼 수 있을 것이다.

고령친화제품 사업에 관심 있는 사람들은 성남시에 소재한 고령친화제품체험관을 방문해서 실제 제품도 체험해 보고 선진국 제품의 기술수준이나 활용이 가능한 시험장비 등이 무엇인지 점검하고 돌아보면 앞으로 사업 구상에 큰 도움이 될 것이다.

실버세대를 바라보는 시각 또한 바꿀 필요가 있다. 고령화사회 진입 초기에는 실버세대를 부양의 대상인 부담스러운 존재로 인식하던 때도 있었다. 하지만 최근 들어선 신체적으로 건강하며, 교육수준도 높고 경제력도 갖춘 고령층이 많아지면서 '실버' 대신에 '골드'라는 단어를 사용해 골드세대라 부르기 시작했다. 이들은 "쓰고 죽자"는 소위 '쓰죽세대'이다. 사업을 하려는 사람들은 이들에게 주목할 필요가 있다. 이들을 중심으로 한 새로운 라이프스타일이 등장하고 있기 때문이다. 요즘 유럽에서 빠르게 증가하는 가족 유형 중에 하나로 'LTBT^{Living Together But aparT}' 커플을 꼽는다. 이들 중 대부분이 노인들이다. 그런가 하면 한편에서는 할아버지들이 손자들을 돌보는 데 참여하게 되면서 가족 및 가족공동체의 가치가 사회적으로 더욱 커지고,

조부모 세대의 삶이 풍요로워지는 모습도 증가하고 있다. 사업하는 사람들에게 사람과 시장에 대한 관심과 연구는 언제나 중요하다.

시간, 공간, 사람의 차별화

> 어려움은 새로운 아이디어를 계발하는 것이 아니라
> 옛것으로부터 벗어나는 데 있다.
> — 존 메이너드 케인스John Maynard Keynes, 영국 경제학자 —

야간 택배 서비스를 예로 들어 보자. 대부분의 택배는 우리가 근무하는 근무시간 중에만 주로 배송된다. 그래서 배송물을 받아줄 수령인이 없는 경우 원하는 물건을 제때 받지 못하는 사례가 빈발한다. 미국 루나LUNA의 경우 기존 택배시장의 문제점을 보완해 새로운 시장을 창출했다. 루나의 택배 서비스는 일과가 끝나고 집에 돌아와 쉬고 있는 시간에 물건을 받을 수 있게 해주는 서비스다. 토요일을 제외하고 저녁 7시부터 밤 12시 이내에 물품을 배송한다. 기존 택배 회사들의 배송업무가 끝나는 시간부터 자정까지를 업무시간으로 정한 것이다. 택배를 받을 시간만 달리 정했을 뿐인데, 새로운 시장기회가 창출된 것이다.[4] 이같이 시간을 차별화한다면 새롭게 사업화할 수 있는 영역이 무궁무진하다. 미국 보스턴엔 금요일부터 일요일까지만

---

4.   중소기업청, 소상공인진흥공단, 「소상공인 창업 이런 아이템에 주목하라」, 2016.

영업하는 주유소가 오래전부터 성업을 이루어 왔다. 한국의 경우 노동법상 제약이 있기는 하지만 동대문 상가 주변이라면 저녁에 영업을 시작해서 다음 날 아침까지 영업하는 은행 등 금융기관 점포를 열수도 있을 것이다. 실제 일부 은행들은 이미 야간 서비스를 시작하였다. 출퇴근하는 직장인을 대상으로 할 수 있는 사업이라면 이러한 시간 차별화를 통해 사업을 시작해 보는 것도 가능하다.

마찬가지로 공간 개념을 바꿔도 새로운 사업기회를 만들 수 있다. 약국과 카페를 하나로 합친 드러그 카페, 전문가에게서 메이크업 서비스를 받으면서 커피도 마실 수 있는 메이크업 카페, 자동차 대리점 카페나 패션몰 카페 등도 고객을 몰리게 하거나 오래 머물게 하면서 큰 인기를 끄는 사업아이템이다. 지하철 2호선 삼성역 근처의 인 디 에프 갤러리In the F Gallery에서는 의류 매장과 카페가 한 장소에서 영업이 이뤄진다. 평소 커피 손님이 많았던 이곳은 손님들의 매장 내 체류시간이 길어지면서 의류 판매도 함께 늘고 있다. 기존의 여성의류 매장에서는 소파 등을 두어 손님들이 편안하게 쉬면서 옷을 사도록 공간을 마련했었다. 이런 공간을 카페로 개념을 바꾸면서 카페와 의류매장 모두 상생하게 된 것이다. 높은 임대료 부담도 덜면서 많은 손님을 끌어 의류와 커피 매출을 동시에 올리는 공간으로 재탄생했다.

사람을 차별화하는 방식의 사업추진도 경쟁자와의 차별화를 통해 새로운 사업의 기회로 만들 수 있다. 종로 가회동에 있는 하루에 몇 팀의 예약 손님만 맞이하는 음식점, 신촌의 외국인 전용 술집, 외국인들이 서빙하며 영어만 사용하게 하는 음식점, 어린이와 엄마들만을 위한 음식점 등 고객과 종업원의 차별화를 통해 사업에 성공하는 사례도 많다.

인터넷, SNS(카톡, 페이스북, 트위터)와 연계 사업화

> 인터넷은 미래에 등장할 글로벌 마을의 광장이 되고 있다.
>
> — 빌 게이츠Bill Gates, 마이크로소프트Microsoft 공동 설립자 —

한 사회가 선진국이 되었다는 것은 인건비 부담이 커져 인력을 많이 필요로 하는 사업은 그만큼 영위하기가 쉽지 않다는 것을 의미하기도 한다. 많은 사업가가 인력 부담을 줄이기 위해 사무자동화나 IT 투자를 늘리고 인터넷 등을 활용하게 된다. 특히 많은 고객과 이해관계자를 대상으로 하는 유통업과 같은 사업의 경우엔 인터넷이나 SNS 등을 활용해서 적은 비용과 인력 투자로 사업에서 빠른 성공을 거두는 사례가 많이 나타나고 있다.

허범도 전 중소기업청 차장의 지적처럼 사업활동에서 가장 중요하고 힘든 일은 소비자들의 인식을 바꾸는 마케팅 활동인데, 이러한 마케팅은 장기간의 지속적인 광고와 판촉활동을 벌여야 하며, 또 성공하리라는 보장도 없다. 다행히 인터넷 및 SNS의 발달과 스마트폰 이용 인구의 증가 등으로 저렴하고 신속한 홍보 및 판촉활동을 할 수 있게 되었으며, 소비자와의 직거래가 가능해져 아이디어만 좋으면 누구나 쉽게 사업을 할 수 있게 되었다. 카카오톡, 트위터나 페이스북에서 남녀노소를 불문하고 처음 보는 사람들끼리 친구 사이가 되는 것은 과거에는 상상도 할 수 없던 풍경이다. 최근 각종 어플리케이션이 출현하며, 이를 통해 돈을 버는 젊은이들이 늘어나고 있는 현상은 앞으로도 지속될 것이다.

영국 NGO단체가 운영하는 픽스마이스트리트^{Fixmystreet}의 경우 거리 곳곳의 파손된 도로 및 공공기물을 주민들이 직접 제보하여 보수하게 함으로써 국가의 예산 낭비를 방지하고 있다. 이러한 원리를 사업에 활용한다면 개인 사업가의 경우도 많은 수익모델을 찾아낼 수 있을 것이다.

이동식 트럭 음식점인 'KOGI BBQ'도 대표적인 SNS 마케팅 성공 사례 중 하나다.

미국의 이동식 트럭 음식점, KOGI BBQ!

성공의 비결은 입소문, 그리고 그 중심은 트위터

KOGI BBQ는 재미교포 2세인 로이 최를 비롯하여 창업주 3명이 운영하는 트럭 음식점이다. 이 트럭 음식점은 미국 로스앤젤레스를 기반으로 장사를 해 왔다.

그들은 한국의 김치와 불고기를 멕시칸 음식인 타코에 접목시킨 KOGI를 판매한다. 그들이 개발한 이 음식은 특유의 맛으로 미국 현지인들에게 큰 호응을 얻었다.

그러나 잘나가던 그들의 앞길을 가로막는 장애물이 하나 있었다. 한국에서와 마찬가지로 미국에서도 길거리에서 허가 없이 음식점을 운영하는 것은 불법이었던 것이다. KOGI BBQ 트럭은 한 자리에서만 서서 장사를 할 수 없었다. 계속 같은 자리에 있으면 경찰들이 그들을 저지하러 왔기 때문이었다. 음식점이란 손님들이 직접 찾아와야 하는데, 계속 사업장이 바뀐다면 어떻게 원활하게 장사를 할 수 있겠는가? 특히, 그들의 음식은 기성화되거나 보편화된 음식이 아닌 그들이 직접 개발한 음식이었기 때문에 사업장이 계속 바뀐다면 단골을 확보하기가 힘들었다.

이러한 KOGI BBQ의 앞길을 환하게 비춰준 것이 SNS였다. 자리를 옮겨 가면서 장사하는 KOGI BBQ의 열렬한 팬들이 트럭이 출현하는 장소를 트위터에 올리기 시작한 것이다. 한 명의 팬을 시작으로 KOGI BBQ를 좋아하는 사람들은 너도나도 KOGI BBQ 트럭의 위치를 공유하기 바빴다. 트위터에서의 입소문은 빠르게 퍼져 나갔고, KOGI BBQ의 팬들은 트럭이 가는 곳마다 따라다니며 KOGI BBQ를 사 먹었다. 계속 자리를 옮겨 다니며 장사하는 트럭을 경찰도 어쩔 수는 없었다. 결국 KOGI BBQ는 트위터의 힘으로 어딜 가나 손님을 달고 다니는 음식점이 될 수 있었다. 트위터를 통한 SNS 마케팅은 KOGI BBQ를 성공으로 이끈 원동력이다.

해외로 눈을 돌려라

> 우리는 오늘 우리의 생각이 데려다 놓은 자리에 존재한다.
> 우리는 내일 우리의 생각이 데려다 놓을 자리에 존재할 것이다.
>
> — 제임스 앨런James Allen, 『생각하는 그대로』 중 —

거의 모든 산업이 포화 상태이고 시장이 협소한 한국과는 달리 동남아시아를 비롯한 해외시장은 큰 자본 없이도 도전해 볼 만한 곳이다. 현지어와 문화를 습득한 후 한국에서의 경험과 노하우, 한류 확산 분위기 등을 살려 사업에 뛰어든다면 국내에서보다 성공가능성을 훨씬 높일 수 있다. 해외의 많은 나라는 규제가 상대적으로 적을 뿐더러 외국투자기업에 대한 인센티브 제도가 잘 발달되어 있다. 사업 시작에 따른 부담도 국내에서보다 상대적으로 적다. 세계의 제조공장이라 불리는 중국의 경우 B2B 시장은 점차 공급과잉 국면을 보이지만 15억 명 인구를 대상으로 한 B2C 시장은 이제 막 기회가 열리고 있다고 해도 과언이 아니다. 특히 화장품, 건강식품 등 고급 소비재 관련 산업은 앞으로도 성장가능성이 높은 사업영역이다. 다만 언어 문제와 지적재산권의 보호가 중요한 정보통신기술이나 핀테크 FinTech 등 관련 융·복합 산업 등은 미국, 유럽, 일본 등 선진국 시장으로 진출하는 것이 바람직하다.

삼성전자와 같은 국내 대기업들의 경우 내수 판매가 전체 매출액에서 차지하는 비중은 10~20%에 불과하다. 기업들의 사업기회는 국내보다는 해외에 더욱 많이 있으며, 세계시장에 진출해야 큰돈을 벌 수 있다. 국내 정치나 경제 정책 수준 등과 관계없이 대기업들이 잘나가고 있는 것은 해외시장에서 성장기회를 만들었기 때문이다. 벤처기업들도 해외시장을 염두에 두고 사업을 추진해야 시장실패의 위험을 줄이고 성공가능성을 높일 수 있다. 한 예로 '자동 물 내림 변기'와 관련한 세계적 특허를 100개 이상 보유한 에어붐Air Voom(전 베스트오토 주식회사)은 2011년 국내 법인을 설립한 후 자금 조달과 신제품의 판매망 구축 문제 등으로 많은 어려움을 겪었다. 여러 차례 부도위기를 겪던 에어붐은 중국 대형 도기업체와 생산제휴를 맺고 미국 판매 에이전트와 협력해 해외시장을 개척하면서 위기를 극복할 수 있었다. 이 회사는 국내가 아닌 해외 판매로 방향을 전환하면서 2016년도 들어 큰 성장의 기회를 맞고 있다. 이처럼 국내시장이 협소하고 신생 벤처·중소기업이 제품에 대한 시장의 신뢰를 얻기가 어려운 경우 차라리 해외에서 성공한 후, 국내에 진출하는 것이 더 좋은 사업전략이 될 수 있다.

IT 및 정보통신 분야에서는 국내 테스트베드^{Test Bed} 마켓에서의 성공사례를 토대로 해외 신시장 개척에 성공하는 사례가 적지 않다. 트라콤^{Tracom}의 경우 서울시의 교통관제 프로젝트에 참여한 경험을 살려 중남미와 구 소련권 국가들의 교통관제시스템 구축 및 운영사업에 뛰어들어 지속적인 성장을 실현하였다. IT 및 정보통신 분야에서는 국가나 공공부문에서 발주하는 개발프로젝트 등에서 경험을 쌓은 후 해외로 진출하는 것이 유망한 사업기회가 될 것이다.

특히 동남아시아 지역은 역사적으로 동서양과의 교류가 활발하여, 외국인이나 외국 문물을 거부감 없이 잘 수용하는 개방적인 문화를 갖고 있다. 경제개발계획이 추진되면서 시장도 계속 확대되고 있으며, 국민소득 또한 지속적으로 증대하고 있어 이에 따른 사업기회도 커지고 있다. 아세안 11개국 중 싱가포르, 인도네시아, 필리핀, 말레이시아, 브루나이, 태국 등 6개국은 2003년부터 아세안자유무역지대^{AFTA, ASEAN Free Trade Area}를 구축하여 인구 5억 명의 거대한 시장으로 거듭났다. 세계은행에 의하면 2012년 기준으로 동남아시아의 국내총생산은 1조 2,230억 달러로 인도네시아가 세계 16위를 차지했고, 태국(21위), 말레이시아(26위), 필리핀(29위), 싱가포르(39위), 베트남(42위)이 그 뒤를 잇고 있다. 2013년을 기준으로 우리나라의 동남아시아 수출 상위 6개국은 싱가포르(209억 달러), 베트남(193억 달러), 인도네시아, 필리핀, 말레이시아, 태국 순이다.

또한 코트라^{KOTRA}가 2011년 전 세계 1만 5,070명을 대상으로 실시한 설문조사[5]에 의하면, 동남아시아는 중국과 함께 미주, 유럽 등 타 대륙보다 월등히 높은 60% 이상의 한류 경험률과 선호도를 보이는 '한류 성숙지역'인 것으로 나타났다. 실제로 베트남과 태국의 경우, 한국 드라마 경험률이 각각 91.6%, 89.8%인데 이는 한류의 핵심 소비지역이 동남아시아인 동시에 한류를 활용한 사업기회가 그곳에 있음을 보여 주는 것이다.

"세상은 넓고 할 일은 많다"고 말하며 세계경영을 진두지휘했던 김우중 전 대우그룹 회장은 베트남을 비롯한 동남아시아에 많은 사업기회와 취업기회가 있다고 강조한다. 요즘 대우세계경영연구회에서 주관하는 '글로벌청년사업가양성과정'을 통해 동남아 현지 언어와 문화를 배운 후 현지에서 사업을 하거나 취업하는 젊은이들이 많다고 한다. 베트남의 경우 인구 9,000만 명이 넘고 매년 경제가 빠르게 성장(2015년 GDP 6.7% 성장)하고 있어 베트남에 진출하는 한국기업이 많다. 2016년 5월 현재 베트남에 진출한 한국기업은 4,400개에 달한다.

해외시장에서 사업기회를 찾으려면 현지 맞춤형 사업모델을 개

• • •
5. KOTRA, 「문화한류를 통한 전략적 국가브랜드 맵 작성연구」, 2011.

발해야 성공가능성을 높일 수 있다. 한국기업들의 진출이 가장 어려운 일본에서 성공한 네이버의 모바일 메신저 서비스인 '라인LINE'의 사례는 눈여겨볼 만하다. 라인은 NHN재팬(현 라인 주식회사)이 개발한 프로그램으로, NHN(현 네이버)의 창업자인 이해진 의장이 동일본 대지진 때 가족들과의 연락을 취하고자 하는 사람들을 보고 아이디어를 얻어 일본에 체류하면서 직접 개발한 것이다. 라인 애플리케이션은 스마트폰, 피처폰, 태블릿, PC 등에서 사용할 수 있다. 여러 모바일 기기 및 태블릿에서 같은 아이디를 사용할 수는 없지만, 안드로이드 기기와 아이폰에서 사용하는 아이디로 PC용 라인 및 아이패드용 라인 앱을 동시에 사용할 수 있다. 이용자가 서로 이 프로그램을 설치하면 통신 사업자나 단말기에 상관없이 여러 사람과의 그룹 통화를 포함한 음성·화상 통화 및 채팅을 할 수 있다. 라인 메신저는 스마트폰의 경우 2011년 출시 이후로 사용자가 폭발적으로 증가하여 2015년 2월 현재 일본, 중국, 동남아시아, 칠레 및 스페인 등의 110여 개국에서 6억 명이 사용하고 있다. 라인 프렌즈LINE FRIENDS라는 브랜드로 여러 가지 상품이 개발 및 판매되고 있으며, 2013년 이후 라인 매출의 80%가 일본에서 발생하고 있다. 사업아이템별로는 게임 매출이 50% 정도, 캐릭터 매출이 30% 정도이다. 라인은 일본 청소년 보호법에 맞춰 2012년 이후 18세 미만의 사용자 아이디를 검색에서 제외시켰다. 또한, 2013년 8월에는 라인 채팅상으로 전달되는 텍스트가 패킷 캡처Packet capture 소프트웨어를 통해 탈취 가능한 점 때문에 보안 취약성 문제가 제기되자 2015년 메시지 전송 시 양단 간end-to-end 암호화를 적용하여 보안 취약점을 해결하였다. 2015년 1월에는 일본에서 스마트폰 기반의 택시 운송 서비스인 우버에 맞서 라인 택시^{LINE Taxi}를 출시하였다. 이와 같이 라인은 일본인 특성에 맞는 사업모델 개발로 현지에서 성공한 대표적 사례의 하나이다.

KEB하나은행의 경우 2016년 5월 중국 내 외국계 은행 최초로 비대면 계좌개설이 가능한 모바일 은행인 원큐뱅크^{1Q Bank}를 출시했다. 직접 은행에 가지 않고도 금융상품에 가입할 수 있는 기능뿐 아니라 스마트폰뱅킹을 한 개의 앱에 담아, 각각의 앱을 사용 중인 중국은행보다 훨씬 편리하게 사용할 수 있도록 했다. 이 은행은 중국, 인도, 베트남 등 해외 132개 네트워크 서비스 등을 통해 2025년까지 해외 이익의 비중을 40%(2015년 18.7%)로 올리겠다는 목표를 가지고 있다.

넥슨^{NEXON}, 넷마블게임즈^{Netmarble Games}, 엔씨소프트^{NCSOFT} 등 한국의 게임업체들이 일본, 북미, 중국 등 세계 3대 게임시장에서 현지화 전략으로 성공을 거두기 시작했다. 자국산 콘솔게임(TV에 연결해 즐기는 게임)만 즐기던 일본인들도 한국산 모바일 게임을 즐기기 시작했다. 중국에선 자국 정서가 게임에 반영되는 것을 좋아한다는 점을 공략해 캐릭터 의상을 중국인이 좋아하는 황금색으로 꾸미고, 여성 캐릭터의 노출도를 크게 줄여 중국 정부의 심의규제도 해결하였다. 북미에서도 캐릭터의 영어 발음과 억양을 세분화하여 녹음, 현지 게이머의 몰입도를 높임으로써 유료 가입자가 크게 늘어나는 등 성공을 거두고 있다. 북미에 최적화한 방식인 B2P^{Buy to Play} 패키지 도입 역시 주효하고 있다. 게임업체들이 해외 진출에 사활을 거는 이유는 내수 시장

🔍 K게임의 현지화 전략

국가	전략
일본	• 여성 캐릭터의 적당한 노출은 필수 • 일본산 콘솔 게임 인기 캐릭터 등장 • 경험치 대신 획득한 재료로 캐릭터 성장 • '경쟁보다 전략' 선호 성향 반영
북미	• 캐릭터별 영어 음성(발음, 억양) 세분화 • 'B2P 패키지' 등 맞춤형 판매 방식 도입 (제품 구매 후 추가 비용이 들지 않도록 함)
중국	• 붉은색과 황금색의 캐릭터 의상 • 일본과 달리 여성 캐릭터 노출은 금물 • 중국 최대 명절인 춘절용 아이템 제공

자료: 중앙일보

의 한계 때문이다. 핀란드의 게임사 슈퍼셀Supercell의 경우 연매출 2조 8,000억 원 중 95%가 해외에서 발생한다고 한다.

만일 핀테크산업에 관심 있는 사업가로서 유럽 진출을 생각하고 있다면 룩셈부르크를 눈여겨볼 필요가 있다. 룩셈부르크는 인구 54만 명의 작은 나라지만 금융산업이 중추 산업이다. 룩셈부르크는 유로존(유로화 사용 19개국)의 금융허브를 목표로 하는 나라답게 핀테크산업 육성을 국가적 과제로 삼고 있다. 미국의 페이팔PayPal, 중국의 알리페이Alipay와 일본의 라쿠텐Rakuten 등과 같은 전자결제업체들이 이곳에 둥지를 틀고 유럽 내 거점으로 활용하고 있다. 국내 핀테크 관련 벤처기업이라면 이곳에 진출해 더 큰 사업기회를 찾는 것도 좋은 대안일 수 있다. 이처럼 사업아이템이나 나라와 지역에 따라서는 차별화된 현지화 전략으로 자신만의 새로운 사업기회를 만들 수 있는 여지가 있다.

가까운 곳에서 비즈니스 모델을 찾아라

개인 창업을 할 때나 새로운 사업기회를 찾을 때, 자신의 가까운 곳에 고객과 시장기회가 있다는 점을 주목할 필요가 있다. 사업을 한다고 하면 주변 사람들은 대개 도와주는 것이 아니라 오히려 사업을 하지 못하게 말리는 경향이 있다. 그러나 사업기회는 우리가 도움을 청하고 싶은 사람들에게서 생겨나기보다는 오히려 우리의 도움을 필요로 하는 곳에서 생긴다.

세계적인 화장품 회사로 성장한 아모레퍼시픽의 모태인 태평양공업사는 창업자 서성환 회장의 모친인 윤독정 여사가 여성들의 머리카락 손질에 사용하는 동백기름을 가내수공업으로 만들어 판 것이 출발점이다. 모친의 장사를 돕던 서 회장이 1943년 개성 김대헌백화점에 화장품 코너를 개설하여 경영을 맡으면서 본격적으로 사업을 시작한 것이다.

또한, 2007년 3월 첫 서비스를 시작한 인터넷 생방송 플랫폼 유스트림Ustream은 사람들의 필요성을 정확히 파악해 성공한 사례다. 유스트림은 6년간 전 세계 7,000만 명이 시청해 세계 1위 생방송 플랫폼으로 거듭났다. 매달 160만 건의 생방송이 포스팅되며 콘텐츠 업로더만 1,200만 명에 이른다. 2009년 마이클 잭슨 추모식, 2010년 36시간에 걸친 칠레 광부 구출, 2012년 가수 싸이의 서울시청 앞 공연 등이 생방송됐다. 2012년 미국을 상징하는 흰머리독수리의 부화 장면을 생중계해 2억 7,500만의 조회수를 돌파하기도 했다.

유스트림의 성공요소는 바로 생방송을 필요로 하는 사람들의 마음을 정확히 읽어냈다는 점이다. 사람들은 어떠한 이슈가 생기면 서로 연결돼 소통하기를 원한다. 스마트폰의 대중화로 이런 욕구는 더욱 심화되고 있으며, 누구나 원하면 생방송을 할 수 있는 환경도 마련되었다. 실시간으로 방송한다는 점에서 미리 찍은 동영상을 편집해 띄우는 기존 동영상 플랫폼인 유튜브와도 차별화되었다.

브래드 헌스터블Brad Hunstable 유스트림 공동창업자 겸 CEO는 어떻게 이런 사업을 시작하게 되었을까? 브래드 헌스터블은 2001년 6월 학교를 졸업한 후 9·11 테러가 터지자 이라크 전장에 파병됐다. 그는 파병 기간 동안 쓰라린 경험들을 목격하게 되었다. 휘하의 한 부사관의 경우 전장에 파병되는 바람에 하나뿐인 딸의 대학 졸업식에 참석할 수 없었다. 다른 부사관은 록밴드 가수인 동생의 공연에 한 번도 가보지 못했다. 이런 부하들의 경험에서 헌스터블은 창업 아이디어를 얻은 것이다. 그는 한 사람의 인생에서 중요한 의미를 가지는 이벤트를 놓치지 않게 하려고 전 세계 모든 사람을 서로 연결하고자 했다. 유스트림은 이러한 가치를 인정받아 2016년에는 IBM에 인수됐다.

이사벨라 벨라 웜스Isabella Bella Weems는 2,500억 원이 넘는 대박 창업을 이룬 미국 소녀다. 웜스는 14세였던 2010년, 부모님에게 16세 생일 선물로 자동차를 선물해 달라고 요구했으나 그녀의 부모는 직접 돈

> 윔스의 오리가미 아울Origami Owl의 매출은 2011년 28만 달러에서 2012년
> 에 2,400만 달러, 2013년에는 2억 5,000만 달러로 늘어났으며, 직원은 373
> 명, 함께하는 디자이너는 5만 887명에 달한다. 학생인 윔스를 대신해 회사
> 의 실질적인 경영은 친척들이 하고 있으며, 윔스는 수업 후 회사 일을 돕고
> 있다. 윔스는 2012년 흰색 지프를 사서 자동차를 가지는 꿈을 이뤘다.

을 벌어서 살 것을 제안했다. 그녀는 아기 돌보는 일을 하면서 모은
350달러로 사업을 시작하기로 했다. 그녀는 사업아이템을 찾기 위해
구석구석 동네를 살폈고 사진이나 기념품 등을 넣어 목걸이에 다는
작은 갑인 라켓locket에 주목하게 됐다. 윔스는 라켓을 매력적으로 만
들면 어떨까 하는 생각을 했다. 처음에는 자신이 직접 디자인해서 만
든 제품을 작은 파티와 소규모 상점에서 판매했고 친구 등 아는 사람
들을 통해 판로를 넓혀갔다. 제품에 대한 소문이 나면서 사업이 확대
됐고 윔스를 통해 보석 장신구를 팔려는 독립 디자이너들도 사업에
합류하게 됐다. 윔스는 2011년 디자이너와 소비자를 연결하는 홈페
이지를 오픈했고 이를 통해 함께하는 디자이너와 보석 장신구를 구
매하려는 고객들이 크게 증가하게 됐다.

세계적인 사회적 기업[6]의 하나인 '빅이슈The Big Issue재단'의 창립과
발전을 이끈 존 버드John Bird는 런던 슬럼가 태생으로 전과자, 노숙자
라는 평범치 않은 경험을 가지고 있었다. 그런데 그는 잡지를 제작할
수 있는 전문적인 능력을 갖추고 있었다. 그의 이러한 배경과 어려운

사람을 돕겠다는 강한 의지와 열정으로 1991년에 《빅이슈》가 만들어졌다. 그는 1년 만에 《빅이슈》를 흑자경영으로 이끌었고, 2010년에는 연평균 40억 원의 매출을 올렸다. 수입의 10%는 '빅이슈재단'으로 환원되어 순수하게 노숙자들을 위한 자활프로그램에 쓰인다. 영국에서만 《빅이슈》를 통해 5,000여 명이 넘는 노숙자의 자활을 돕고 있다. 오늘날 영국 《빅이슈》가 노숙자 자활의 성공적 모델로 평가받으면서 세계 각국의 사회적 기업가들이 《빅이슈》의 아이디어를 도입하고 있다. 호주, 일본 등을 비롯한 세계 11개국에서 자국판 《빅이슈》를 판매하고 있다. 한국에도 2010년 '빅이슈 코리아'가 설립되어

🔍 영국 빅이슈재단의 개요

재단명	• 빅이슈
설립자	• 고든 로딕Gordon Roddick, 존 버드A. John Bird
설립목적	• 사회구조로 인한 빈곤 문제를 비즈니스 모델을 통해 해결하고자 설립됨. 노숙인 등 주거취약계층Homeless에게 잡지를 판매할 수 있는 권한을 주어 자활의 계기를 제공
설립년도	• 1991년 9월
발간현황	• 영국: 주간 15만 부(ABC, 2009) – 《빅이슈》를 판매하며 5,500명이 자립에 성공 • 일본: 격주간 3~4만 부 • 이밖에 호주, 케냐, 한국, 말라위, 나미비아, 남아프리카공화국, 대만, 아일랜드 등 총 11개국에서 15종으로 발행되고 있음

자료: 빅이슈 홈페이지

• • •

6.　「사회적기업육성법」에 의하면, 사회적 기업이란 취약계층에게 사회 서비스 또는 일자리를 제공하거나 지역사회에 공헌함으로써 지역주민의 삶의 질을 높이는 등 사회적 목적을 추구하면서 재화 및 서비스의 생산·판매 등 영업활동을 하는 기업을 말한다. 광의의 개념으로는 주주나 소유자를 위한 이윤 극대화를 추구하기보다는 우선적으로 사회적 목적을 추구하면서 이를 위해 이윤을 사업 또는 지역공동체에 다시 투자하는 기업을 말한다.

한국판 잡지를 판매하기 시작하였다.[7]

한국 사회적 기업의 모델로 떠오르고 있는 '공신닷컴'을 만든 강성태, 강성영 형제는 2006년 여름 서울대학교 기숙사에서 자신들과 친구들의 공부법을 후배들에게 널리 알려주고자 멘토 활동을 시작하였다. 그들은 동영상 공부법을 만들어 인터넷 '공신' 사이트에 올렸고, '공신'은 개인 사이트에서 동아리로 가지를 뻗어 나갔다. 그리고 온라인 활동에서 오프라인 활동으로 확대되었다. 이렇게 시작한 활동이 그들을 오늘날 한국의 사회적 벤처기업인으로 성공하게 만든 것이다.

필자 또한 가까운 곳에서 비즈니스 모델을 찾은 경험이 있다. 필자의 아들 친구 중에 공부도 못하고 놀기만 좋아하는 것 같은 친구가 있었다. 그래서 아들이 고등학교에 다닐 때 그 친구랑 노는 모습

🔍 공신닷컴의 개요

회사명	• 공신닷컴(대표자: 강성태), 2008년 11월 사회적 기업화 선언
사업목표	• 대한민국 모든 학생들에게 공신 멘토 한 명씩 만들어 주기
사업내용	• 학습법 콘텐츠 홈페이지·앱 제공(무료, 유료) • 학습법 강의(저소득층 학생 대상) • 멘토링 제공(지자체 저소득층 학생 대상) • 반값 문제집·자기주도학습진단지 판매(저가)
참여대상	• 멘토(대학생 및 일반인) • 멘티(유료: 일반 학생 및 학부모, 무료: 저소득층 학생) • 재원: 서울형 예비 사회적 기업 지원, 유료사업 수익

자료: 공신닷컴 홈페이지 외

• • •
7. 이명희, 「'노숙자를 위한 잡지'가 세상을 바꾸는 빅이슈가 되다」, 함께 일하는 사회, 2010.

을 보면 화가 나기도 하였다. 아들은 그 친구가 3수를 할 때도 옆에서 그 친구의 공부를 도와주려고 힘썼다. 그 친구가 해외여행을 가고 싶어할 때는 언어 문제를 해결해 주기 위해 함께 배낭여행도 가곤 하였다. 아들이 대학원 졸업 기념으로 그 친구와 함께 휴식 겸 미래 사업 이야기를 나누기 위해 해외여행을 가기로 하였다는 소식을 들었을 때는 다소 걱정스러웠다. 그러다 문득 필자가 사람을 차별하는 것은 아닌지 되돌아보게 되었다. 필자가 모르는 장점과 배울 점이 있기에 아들이 그와 함께 무엇인가를 도모하려는 것은 아닌지 생각해 보게 된 것이다. 하루는 아들이 좋아하는 그 친구가 무엇을 하고 무엇에 관심이 있는지 물어보았다. 10여 년 만에 처음 관심을 갖고 물어보게 된 것이다. 아들의 이야기를 듣다 보니 뜻밖에 두 친구가 일생을 살아가면서 상생할 수 있는 관계가 될 수 있겠다는 생각이 들었다. 아들의 분석적 능력과 아들 친구의 시장에서 통하는 친화력 및 암묵지가 조화를 잘 이룬다면 두 사람이 큰 시너지를 낼 수 있을 것 같아 보였다. 이를 계기로 두 젊은 친구가 시너지를 낼 수 있도록 필자의 연구원 내에 청년창업공부회를 조직하여 운영하게 되었다. 10여 명의 청년들과 몇몇 전문가가 매주 모여 각자 관심 있는 분야의 소비자와 시장을 연구하고, 새로운 사업으로 연계할 수 있는 방안 등을 지속적으로 강구하게 하였다. 필자로서는 새로운 비즈니스 모델을 얻게 되었고, 이를 계기로 사업과 관련된 책들을 발간하게 되고 대학강단에서 강의도 할 수 있게 된 것이다.

사업아이템의 구체화와 세밀화

사업 성패의 관건은 무엇보다도 어떠한 사업을 하고 어떻게 수익을 창출할지를 결정하는 것에 달려 있다고 해도 과언이 아니다. 사업목표와 수익모델을 정하는 것은 사업 트렌트와 함께 이제부터 읽어보게 될 각종 전략, 소비자 및 시장 분석과 사업키워드 등과 연계해서 생각해 보아야 한다.

우선 자신의 관심사 등을 토대로 잠정적으로 목표로 하는 사업아이템을 정하고, 수익을 창출하는 방법과 비즈니스 모델, 소비자, 경쟁자, 시장이나 유통채널, 법·제도적 장벽 등을 검토해야 한다. 이 과정에서 실현가능성이 낮다면 목표 사업이나 수익창출 모델을 수정·보완하거나 다시 선정해야 한다.

사업아이템을 정할 때는 보다 구체적이고, 차별화된 것을 고르는 것이 중요하다. 처음부터 사업의 개념을 지나치게 넓게 잡고 시작하게 되면 구체적인 사업계획을 수립하기가 쉽지 않고 막막하게 느껴진다. 예컨대, 고령화 시대를 맞아 50대 이상의 연령층을 대상으로 한 실버사업을 하고 싶다면, 고령친화적인 제품을 생산할 것인지, 관련 노인친화 서비스업을 영위할 것인지, 의료 서비스업을 할 것인지, 실버 관련 용품을 수입·판매할 것인지를 생각해 볼 수 있을 것이다.

설령 이런 식으로 사업 분야를 정했다 하더라도 어떠한 품목을 다루어야 할 것인지는 보다 세밀하게 들여다보아야 한다. 수많은 고령친화적인 제품 가운데서도 어떠한 품목을 사업아이템으로 할 것인지를 보다 구체적으로 검토해야 한다. 예를 들어, 운동기구, 보청기 등 의료보조기구, 또는 피부보호 관련 화장품이나 목욕용품 등 다양한 상품 가운데 어떤 것을 사업아이템으로 선정할 것인지 고민해야 한다. 막상 사업을 하려는 단계까지 생각하게 되면, 사업하려는 아이템의 보다 세밀한 품목 단위를 고려해야 한다. 예컨대, 목욕용품이나 피부보호 관련 용품이라 하더라도 이를 전부 사업아이템으로 선정할 수는 없다. 비누 등 세정용품으로 할지, 프리미엄 물티슈로 할지, 보습용 화장품으로 할지 등 사업 범위를 보다 명확히 해야 한다. 그래야 자신이 선정한 사업아이템을 경쟁자보다 더 나은 품질과 서비스로 소비자에게 공급할 수 있는 방안을 찾을 수 있다.

사업가는 어떤 물건이나 서비스를 소비자의 환심을 사서 그들에게 팔아 회사를 유지할 만큼의 수익을 낼 수 있는지, 그리고 어느 정도 이 사업을 유지할 수 있는지를 판단해야 한다. 따라서 창업을 하거나 새로운 사업을 확장하려는 사람은 가급적이면 사업아이템을 보다 구체적이고, 세밀하게 정의하는 것이 좋다. 경험이 많은 투자가들은 사업설명회를 듣지 않고 사업아이템만 보아도 그 사람이 사업을 할 자세가 되어 있는지, 성공가능성이 있는지를 쉽게 알 수 있다.

기업, 기업가에 대한 이해

기업가(사업가)와 기업가정신 그리고 기업의 본질을 알면, 업의 본질을 꿰뚫어 볼 수 있다. 또한 기업가로서 자신이 어떠한 태도로 사업을 해야 하는지를 매 순간 돌아볼 수 있다. 봉급생활자도 마찬가지이다. 우리 모두는 인생길에서 불확실성을 짊어지고 살아간다는 점에서 기업가라 할 수 있다.

기업의 본질과 특성

기업의 80%는 30년 이내에 사라진다. 기업의 평균수명은 갈수록 짧아지고 있다. 미국 경제잡지 《포춘》에 따르면, 미국의 500대 기업의 평균수명은 1955년 45년에서 1975년 30년으로 짧아졌으며, 2005년에는 15년으로 단축되었다.

미국의 1955년 당시 상위 100대 기업 가운데 2000년대 이후까지

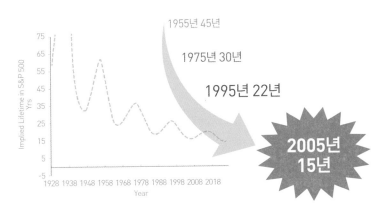

자료: Foster & Kaplan, 'Creative Destruction', McKinsey.

살아남은 기업은 듀폰^{DuPont}, P&G 등 17개사에 불과하다. 한국기업의
변천사를 보더라도 1965년 기준 100대 기업 가운데 오늘날까지 생존
해 있는 기업은 제일모직, CJ 등 12개사에 불과하다. 또한 1967년 한
국의 10대 그룹기업 가운데 오늘날까지 살아남은 곳은 삼성과 LG 두
그룹기업뿐이다.

통계청이 2004년부터 2009년까지 우리나라 기업의 생성과 소멸
과정을 분석한 결과에 따르면 전체 사업자 330만 개 중 신규 사업체
는 62만 개(2004년 기준)이다. 이 가운데 1년을 생존한 사업체는 69.9%,
3년을 생존한 사업체는 45.3%밖에 되지 않았다. 5년까지 생존한 사
업체는 33.4%에 불과한 것으로 드러났다.

기업에 대한 정의는 바라보는 시각에 따라 다양하다. '기업은 시

스템'이라 정의할 수도 있다. 둘 이상의 구성원이 모여 유기적인 협력을 통해 시너지를 추구한다는 점에서 그렇다. 기업과 시장은 다르다. 기업은 시장거래를 내부화하여 시너지를 추구하며, 시장보다 더 효율적인 성과를 내려고 하는 경제 주체이다. 시장거래를 내부화하는 것이 더 효율적이라고 믿고 조직화하여 이익을 도모하는 사람들이 사업가이고 그렇게 해서 만들어진 법인격체가 바로 기업인 것이다.

이런 기업의 목표는 기업가치, 즉 미래 현금흐름의 현재가치를 최대화하는 것이다. 다시 말해 잔여청구권인 이윤(=총수입-총비용)의 가치를 최대화하는 것이다. 이윤은 어떠한 자원에 지불되어야 하는 것이 아니며, 잔여이다. 이는 모든 비용이 지불되었을 때 수입 중에서 남아 있는 부분이며, 이는 다른 사람보다 미래를 더 정확하게 예측한 결과로서 얻은 것으로, 사업가(주주)의 정당한 권리이다.

기업은 일회적 거래로 끝나는 시장과는 달리 계속적으로 존재한다. 그래서 기업은 단기적 이익추구만이 아니라 지속가능한 성장을 추구한다. 이를 위해 경제, 환경과 사회적 발전을 조화롭게 추구하는 것이다. 다시 말해 경제적 이익 추구와 함께 리스크(미래 현금흐름의 변동성, 환경 및 사회적 위험 등)를 최소화하기 위해 다각적으로 위험관리를 한다.

기업의 구성요소는 사람, 돈과 기계 그리고 기술 및 특허, 정보 등이다. 이들을 적절히 조합하여 새로운 가치를 창출해야 기업이 굴러간다.

또한 의사결정 관점에서 보면 기업은 기업가치를 최대화하기 위

한 의사결정 과정의 연속이다. 기업의 의사결정은 여러 대안 중에서 투자수익과 위험을 고려한 최적의 대안을 선정하고 이를 가장 효과적으로 실현하기 위한 전략과 실행방법을 결정하는 것이다.

기업가는 누구인가

> 당신이 기업가가 되고 싶다면 6시에 귀가하는 직장인이 아니어야 한다. 밤늦게까지 메일을 보내고 눈뜨자마자 메일을 읽어야 하며 한밤중에 깨어 있어야 할 때도 있다. 그러나 당신 자신을 위해 무엇인가를 해냈을 때, 그때는 엄청난 보상이 따른다.
>
> If you want to be an entrepreneur, it's not a job, it's lifestyle. It defines you. Forget about vacations, about going home at 6pm – last thing at night you'll send e-mails, first thing in the morning you'll read e-mails, and you'll wake up in the middle of the night. But it's hugely rewarding as you're fulfilling something for yourself.
>
> – 니클라스 젠스트롬Niklas Zennstrom, 스카이프Skype, 카자Kazaa 설립자 –

슘페터J. A. Schumpeter가 『경제발전의 이론Theorie der wirtschaftlichen Entwicklung』을 통해 기업가정신과 혁신을 강조하면서 그 개념이 일반인들에게도 널리 알려지게 되었다. 그는 기업가들이 경쟁적으로 수행하는 창조적 파괴과정creative destruction 또는 생산요소의 새로운 결합new combination이 자본주의를 자본주의답게 만드는 경제발전의 본질이라고 말한다.

기업들이 받는 용역에 대한 보상과는 달리 슘페터 이후 미제스L. v. Mises는 인간의 일반적 속성에서 기업가정신을 도출하려는 인간행동이론Praxeology을 정립했다. 그리고 이를 토대로 커즈너I. Kirzner는 기업가정신의 본질에 대해 기업가의 아이디어를 사업하는 데 필요한 자본을 대부해 주는 자본가에게 전가할 수 있는 위험을 부담하는 것이 아니라 "이윤을 획득할 수 있는 기회에 대한 궁극적인 지식을 가지고 기민하게 행동으로 옮기는 것"으로 보았다. 이들 경제학자들이 강조하는 것은 기업가정신이란 미래의 불확실성에도 불구하고 이윤을 추구할 수 있는 사업기회를 부단히 탐색하며 '필요한 지식'을 이용하여 사업기회를 실현하는 기업가의 행동이라는 것이다.

Audretch and Thurik(1997), Audretch and Keilbach(2004)는 새로운 내생적 생산요소로서 인식되고 있는 신기술과 창의적 아이디어와 같은 새로운 지식은 기업가정신에 의해 활용되지 않으면 성장동력으로 기능할 수 없다는 점을 강조하면서 기업가정신이 경제성장에 독자적이고 가치 있는 기여를 한다고 보았다. 이후 여러 이론 및 실증연구를 통해 기업가정신은 새로운 지식과 함께 새로운 경제성장의 동력이라는 점이 밝혀지고 있다. 애플, 구글, 마이크로소프트, 삼성 등과 같은 혁신적 기업들이 '새로운 기술 또는 지식'을 '경쟁'적으로 '사업화'함으로써 경제성장에 크게 기여하고 있다는 사실만으로도 기업가정신의 의미와 중요성을 기억해 둘 필요가 있다.

경제학자 프랭크 나이트^{Frank Knight}는 기업가^{entrepreneur}를 '자기의 어깨 위에 불확실성을 짊어지고 가는 사람'이라고 정의한다. 이러한 정의에 따르면, 기업가는 미래 예측력이 있어야 하며, 적극적이고 창조적이어야 한다. 즉 특정한 체계화로 그 비용보다 더 많은 수익을 얻을 것이라는 믿음이 있어야 하며, 사회의 어떤 부분을 재조직화하는 사람들인 것이다. 또한 사업가는 단순한 참가자가 아니라 자신의 결정에 따른 결과를 받아들이고 책임지는 사람이어야 하며 자신의 통찰력, 예측력, 그리고 조직능력에 대한 자신감을 갖고 있어야 한다.

기업가라면 "피고용자가 합의한 서비스를 제공한다면, 그들에게 합의한 금액을 지불할 것이다. 사업이 실패하더라도 피고용인은 손해를 보지 않을 것이다. 사업가 자신이 손실을 감수할 것이다. 사업이 성공하더라도 피고용인은 여전히 합의한 금액만을 얻을 것이다. 이윤은 사업가 자신이 갖는다"라고 선언한 것이나 마찬가지이다.

기업 내 최종의사결정권은 사업주(주주)에게 있는 것이다. 예컨대, 두 사람이 운영하는 한 제조공장에서 한 명은 A제품에 들어가는 부품의 개수를 줄여 비용을 절감하고 작업부담을 완화하자고 주장하는 데 반해, 다른 한 명은 더 많은 부품을 사용해 튼튼한 제품을 만들자고 주장한다고 가정하자. 이때 누가 최종적인 의사결정권을 행사해야 하는가. 바로 잔여지급청구권자인 사업가(주주)가 결정권을 갖는 것이다. 기업을 지배하고 싶으면 잔여지급청구권자가 되어야 한다. 즉 수입에서 원부재비나 근로자 임금, 관리비 등 총비용을 지급하고 남은 차액이 생길 때 배당 등의 형태로 보상을 받고자 하는 자가 최종의사결정권을 갖는 것이다.

우리 모두는 인생에서 받을 자격이 없는 이윤을 취하는 사업가와 같다. 우리가 얻게 되는 이윤은 많은 경우 예측과 판단의 훈련에 의해 얻게 된다. 예를 들어 음악대학에서 오페라를 오랫동안 공부한 사람이라면 그는 일해서 벌 수 있는 소득의 기회를 포기하는 대신에 몇 년간 비싼 수업료를 지불하였으므로 일하지 못해 상실한 기회 소득과 수업료만큼의 손실을 입게 되는 것이다. 그는 자신이 기업가였으므로 그 손실을 받아들인 것이다. 대신에 그 음악대학은 합의된 수업료를 받았으므로 그의 피고용자인 셈이다.

항공우주기술자라면 정부의 우주개발계획 예산 삭감으로 손실을 입게 되고 대학교수라면 정부의 교육예산 지출 확대로 이윤을 얻게 된다. 어떤 작가는 우연히 대중을 사로잡는 책으로 이윤을 얻는다. 이같이 우리 모두는 예기치 못한 이윤을 얻는다는 점에서 기업가인 셈이다.

더 극단적인 예를 들어 보자. 스키 여행을 떠나는 사람은 비를 만나게 되면 손해를 본다. 그런데 비를 피하려고 피신한 장소에서 미래의 배우자를 만났다면 이윤이 발생하는 것이다. 만일 자신의 이상형을 만났다면 더 큰 이윤을 획득하는 셈이다. 여기에다가 아이까지 얻으면 엄청난 이윤을 얻는 것이다. 이같이 우리 모두는 받을 자격이 없는 이윤을 인생의 모든 면에서 얻을 수 있다. 불확실성을 짊어지고 이윤을 추구한다는 점에서 우리 모두는 기업가와 다를 바가 없다.

기업가정신과 창업활동은 다소 다른 개념이다. 창업활동은 불확실한 미래에도 불구하고 새로운 이윤기회를 사업화하는 기업가적 행동의 결과이지만 창업활동만이 기업가적 행동의 결과는 아니다. 즉 새로운 지식을 이용하여 아직 알려지지 않은 이윤기회를 추구하는 모든 행동이 기업가적 행동이고 기업가정신의 발현이다.

사업가와 월급쟁이의 차이점

> 생을 마감하기 전에 나 자신의 일생을 돌아보고 그것은 정말 모험이
> 었고 결코 안전하지 않았다고 말할 것이다.
> When I'm old and dying, I plan to look back on my life and say 'wow, that was an
> adventure,' not 'wow, I sure felt safe.'
>
> — 톰 프레스턴–워너Tom Preston-Werner, 깃허브GitHub 공동 설립자 —

　주인의식을 갖고 사업에 임하는 사업가와 남 밑에서 시키는 대로
일하는 월급쟁이는 많은 면에서 차이가 있다. 성공하는 사업가는 월
급쟁이와 달리 멀리 미래를 내다볼 줄 알고, 도전정신이 강하고, 열
정적이다. 특히, 위기에 강하고 승부사다운 기백이 있다. 몽골 고비
사막에 식목을 위해 함께 동행했던 기자 출신의 한 정치인은 술자리
에서 필자에게 정치인, 사업가와 일반 월급쟁이의 차이점에 대해 말
해 준 적이 있다. "정치인이나 사업가는 감옥에 갔다 오면 더 기가 세
지는데, 일반 월급쟁이들은 감옥에 갔다 오면 자살하거나 시들어 버
린다"는 것이다. 필자는 요즘 직장을 은퇴하는 사람들을 보면서 '이
우스갯소리가 맞는 말이구나' 하는 생각이 들었다. 나이 때문에 실직
하는 베이비부머들이 어려움에 처해 있다고 자포자기식으로 살지 말
라는 충고로 이 말을 받아들이면 좋겠다.

　여기서 필자가 말하려는 것은 이러한 일반적인 차이점이 아니라
인식의 벽에 관련된 이야기이다. IMF 금융외환위기 때 대기업의 사
업구조조정 업무를 하면서 지켜본 김우중 대우그룹 회장과 그를 비
롯한 주요 그룹 회장이나 평소에 알고 지내는 사업가들을 보면 일을

함에 있어 시간이나 장소와 사람에 대한 구애를 전혀 받지 않는다.

월급쟁이들은 회사 밖에서 업무 이야기를 하거나 근무시간이 지나서 일이나 업무에 대해 상사가 불러 지시하거나 토론하자고 하면, 좋지 않은 반응을 보이거나 심리적인 거부감을 보이는 경우가 많다. 또한, 사장이 임원들과 업무 이야기를 하는 것은 자연스럽게 생각하면서도 임원이나 부서장이 신입직원을 불러 사업 이야기를 하면 중간에 있는 간부나 팀장들이 곱지 않은 시선으로 바라본다.

그러나 사업가들은 이러한 장소, 시간이나 사람의 지위 등에 구애받지 않고 일이나 업무를 처리한다. 좋은 사업 아이디어가 있거나 중요한 사업을 해야 한다고 생각하면 이런 것들에 구애되지 않고 거침없이 일을 처리한다. 이제 막 자기 사업을 하려는 사람들은 성공한 사업가들처럼 어느 장소에서, 누구와, 시간에 구애받지 않고 함께할 수 있는 유연성을 갖고 열린 경영을 하도록 노력해야 한다.

삼성그룹이 1990년대 신경영운동을 전개할 때 이건희 회장은 새벽 2~3시에 자택으로 당시 현명관 비서실장을 불러 회의를 했다. 회의를 하다 보면 아침 6시가 되어 곧바로 회사로 출근해야 하는 경우도 많았다고 한다. 이러한 이 회장의 열정이 오늘의 삼성을 만든 것이다.

한편, 사업가가 되면 자신이 직접 돈을 투자하고, 번 돈에서 들어간 비용을 제외한 남는 것으로 생활을 해야 하므로 월급쟁이보다는 모든 면에서 신중하게 처신하게 된다. 즉, 주인과 월급쟁이는 의사결정의 신중성 면에서 천지 차이가 난다. 주인인 사업가는 매사의 의사결정이 자신의 경제적 이익이나 부에 직접적으로 영향을 주기 때문이다. 평소에 침착하지 못하고 덜렁대던 사람도 불확실성을 어깨에 지고 가야 하는 사업가가 되는 순간, 매우 진중해지는 모습을 쉽게 발견할 수 있다. 그렇기 때문에 스톡옵션이나 종업원 지주제도 등을 활용하여 함께 일하는 동료로 하여금 주인의식을 갖고 일하게 만드는 것은 그들의 행복을 위해서나 기업의 발전을 위해서 큰 도움이 된다.

기업가치의 의미와 가치결정원리

사업을 하겠다고 마음먹은 경우에도 무엇을 가지고 사업을 할 것인가를 결정하는 것은 쉬운 일이 아니다.

우선 사업을 잘하기 위해서는 사업의 본질에 대해 이해하는 것이 무엇보다 중요하다. 똑같아 보이는 사업이나 업종이라 하더라도 각자 처한 입장이나 관점에 따라서 전혀 다른 업業이 될 수도 있다. 한 예로 호텔업을 들어보자. 1990년대 서울 강남에 소재한 리버사이드 호텔이 매물로 나온 적이 있었다. 한 재벌그룹이 동 호텔을 인수하는 문제를 검토하게 되었는데, 그룹 오너와 사장 그리고 임직원 간에 호텔업의 본질에 대한 이해가 달라 동 호텔 인수를 포기했던 사례가 있었다. 호텔은 어디에서 돈을 버는가? 객실 손님으로부터의 객실이용료인가 아니면 레스토랑 등 부대서비스에서 나오는 수익인가? 국내 어느 호텔도 이러한 사업으로 돈을 버는 곳은 없다. 오히려 면세점이나 부동산 값 상승으로 돈을 버는 경우가 많다. 따라서 오너 입장에서는 호텔을 인수하는 데 핵심 고려사항은 부지면적이 넓어 미래에 땅값이 올라갈 가능성이 높거나 면세점 등을 운영할 수 있는 여지가 있는지 등이다. 이런 관점에서 보면 부지면적이 좁은 리버사이드호텔은 오너가 투자할 만한 사업이 아니었던 것이다. 업의 본질을 이해하는 것은 어떻게 수익을 내는지를 이해하는 것과 마찬가지이다. 사업을 하려는 사람은 늘 비즈니스 모델은 무엇이고 이 가운데 핵심 수익원이 무엇인지를 생각해야 한다.

사업을 하는 목적은 기본적으로 돈을 버는 것이다. 돈을 번다는 것은 다른 시각에서 보면 기업가치를 높이는 것이다. 그런 의미에서 기업가치가 무엇이고, 기업가치를 결정하는 원리가 무엇인지 아는 것은 사업을 하면서 의사결정을 하는 데 큰 도움이 된다. 기업가치 문제를 여기서 언급하는 것은 다소 이른 감이 있지만 사업가에게 도움이 된다는 면에서 이곳에서 다루었다. 기업가치의 의미와 가치결정원리를 이해하는 것은 사업체의 투자자금 유치와 금융기관 차입, 그리고 투자자들의 투자금 회수를 위한 기업공개IPO와 관련된 의사결정 등에 많은 도움이 된다. 기업의 가치가 무엇인지에 대해서는 사업가, 투자자, 금융기관의 입장에 따라 달리 생각할 수 있으며, 학자들은 각기 학문 분야에 따라 다른 생각을 가질 수 있다. 여기서는 사업체에 투자하거나 자금을 빌려주는 투자자들의 입장에서 기업가치를 어떻게 바라보는가를 이해하는 것이 투자의사결정에 도움이 된다는 측면에서 기업가치의 의미를 생각해 보고자 하였다.

한 마디로 말하면, 기업의 가치는 미래 순현금흐름의 현재가치로 정의할 수 있다. 사업체를 운영하다 보면, 사업을 하는 시점에 많은 투자비용을 지출하게 되며, 물건 등을 팔아 들어오는 판매수입은 점차 불규칙적으로 발생하게 된다. 이같이 매년 지출되고 들어오는 자금의 순차이(순현금흐름)를 현재 돈의 가치로 환산하여 합산한 것을 기업의 가치로 이해하면 된다. 이같은 기업 순현금흐름의 현재가치^{NPV,} Net Present Value를 등식으로 표현하면 다음과 같다.

$$NPV = -I_0 + \sum_{t=1}^{n} \frac{CF_t}{(1+r)^t}$$

I_0: 초기 투자비
CF_t: t시점에서의 기대 순현금흐름
r: 할인율

그러나 이러한 현금흐름은 미래에 벌어들이고 사업 도중에 지출하는 예상 현금흐름을 토대로 가치를 산정하는 것이므로, 시간의 흐름에 따라 가치 산정액이 달라진다. 또한, 현금흐름의 현재가치를 계산할 때 사용하는 할인율이 어떤 것이냐에 따라서도 현재가치 산정액이 크게 달라진다는 점을 이해해야 한다. 따라서 모든 상황이 똑같고 할인율(또는 이자율)만 바뀌더라도 기업가치는 변할 수 있다. 또한, 순현금흐름(현금수입－현금지출) 중에서 예상 현금수입(판매수입 등) 흐름도 경기변동에 따라 크게 차이가 나겠지만, 수출을 하는 사업체의 경우에는 어떠한 환율을 적용하느냐에 따라 예상 판매액이 달라지고, 이로 인해 순현재가치인 기업의 가치도 변동하게 된다.

또 한 가지 고려해야 할 것은 사업을 그만둘 경우의 잔존자산에 대한 가치평가다. 부동산이나 기계 등과 같은 자산은 물건을 만들어 파는 과정에서는 많은 부를 창출하는 도구이지만 기업이 부도가 나거나 문을 닫게 되면 헐값에 매각해야 하기 때문에 제값을 받지 못하고 팔게 된다. 또한, 오랫동안 사용하게 되면 자연 마모가 되어 재산가치가 더욱 떨어져, 몇십 년 후에 팔아 현금화하는 것을 생각하면 잔여자산의 가치는 영Zero에 가까워진다. 그래서 사업체의 투자가치를 계산할 때 금융전문가들은 단순하게 잔존자산의 가치를 거의 무시하다시피 한다는 점도 알아둘 필요가 있다. 지식창조경제시대에 인재와 아이디어가 소중하다는 의미가 여기에서도 통한다. 그러나 아직 우리나라 금융기관들은 전당포식 대출관행에서 벗어나지 못하고 있어 부동산 담보물과 대표이사의 연대보증을 요구하고 있으므로 청년층이 금융기관 대출을 받기 어려운 것이 현실이다.

이와 같이 순현금흐름의 현재가치로 기업의 가치를 계산하는 것이 완전한 평가방식은 아니지만 일반적으로 금융전문가나 투자자들이 주로 사용하고 있으므로 사업가가 순현금흐름의 현재가치를 제대로 이해하고 사업 활동을 전개하는 것은 많은 도움이 될 것이다.

따라서 사업을 하려는 사람들은 순현금흐름법의 장점과 한계를 이해하고, 투자자금을 유치할 때나 기업공개를 할 때, 이의 활용과 의사결정을 지혜롭게 해야 한다.

기업의 목표는 투자자나 주주의 가치, 즉 기업의 가치를 높이는 것이다. 다른 말로 표현하면, 기업의 미래 순현금흐름의 현재가치를 최대한 높이면서 위험을 최소화하는 것이다. 이를 위해서 사업가는 어떤 부분에 얼마를, 어떻게 투자해야 판매를 통한 미래 현금흐름을 최대화하고, 비용 지출을 최소화할 수 있는지 고민해야 한다. 계속기업으로서 회사가 지속적으로 성장하기 위해서는 수입에서 투자와 지출을 뺀 순현금흐름을 높이면서 이에 따르는 위험(현금흐름의 변동성)을 낮추어야 한다. 그래야만 기업가치를 최대한 높일 수 있는 것이다.

수입(현금흐름)을 확대하면서 사업위험을 줄이기 위해서는 사업 초기 투자의사결정이 매우 중요하다. 투자위험이 커지면 수익기회도 커지지만 투자위험을 줄이려면 수익기회 또한 축소된다.

기업의 위험에는 영업위험Operational Risk과 재무위험Financial Risk이 있고, 이밖에 환경적·사회적 위험 등이 있다. 통상 영업위험과 재무위험을 합쳐 경제적 위험이라고 하는데 2000년대 이전까지는 주로 이 두 위험을 의사결정 시 고려해 왔다.

투자 규모가 커지면 커질수록 판매와 무관하게 지급해야 하는 고정비 부담도 커진다. 이 때문에 경기변동에 따라 손실을 입거나, 이익을 얻을 기회도 그만큼 커지게 되는데, 이를 영업위험 또는 영업레버리지Operating Leverage라고 한다. 그리고 사업투자비 가운데 타인의 돈을 빌려 투자하는 경우 이자비용이 발생하게 되며, 이는 판매수입과 무관하게 지급해야 하므로 경기침체 시 적자를 낼 위험이 그만큼 더 커지게 되는데, 이를 재무위험이라고 한다.

따라서 투자의사결정을 할 때는 시장, 경쟁자와 고객에 대한 철저한 이해와 시장(수요)분석을 통해 사업 규모를 결정하고, 필요한 사람, 돈, 기계나 공장, 원자재 그리고 기술 등 자원의 조달과 운영방법 등을 결정해야 한다. 다만 자원을 조달하고 활용하는 경우에 고정비 성격의 지출을 변동비로 바꿀 경우 영업위험을 낮추는 데 큰 도움이 된다. 예컨대 근로자와 임금계약을 체결할 때 매출이나 영업 성과와 연동해서 지급하는 인건비 비중을 높이면 기업의 고정비 부담이 줄어들게 된다. 이 경우 경기 하락 시 인건비 부담을 줄여 손실 규모를 줄일 수 있게 된다. 영업장 임대차 계약도 마찬가지이다. 건물 보증금을 적게 내는 대신에 영업장의 매출액과 연동해서 임대료를 지급하는 방식으로 계약하면 초기 사업자금 부담과 판매부진 시 고정비를 줄일 수 있다. 투자 규모나 자금조달 계획도 이러한 위험회피 전략과 연계하여 수립하면 불필요한 자금차입을 줄일 수 있다.

03
사업의 동기와 관심사 돌아보기

왜 사업을 하려고 하는가

> 인생은 짧다. 남의 인생을 사느라 시간 낭비하지 마라. 당신 내면의
> 소리에 귀 기울이고, 당신의 마음과 직관을 믿고 따라라. 당신의 마
> 음과 직관은 당신이 진짜 되기 원하는 것을 알고 있다.
>
> Your time is limited, so don't waste it living someone else's life. Don't let the noise
> of other's opinions drown out your own inner voice. And most important, have the
> courage to follow your heart and intuition. They somehow already know what you
> truly want to become. Everything else is secondary.
>
> — 스티브 잡스Steve Jobs, 애플Apple 공동 창업자 —

사업을 한다는 것은 남의 회사에 들어가 월급쟁이 생활을 하는 것
보다 쉬운 일이 아니다. 사업가가 되면 월급쟁이보다 몇 배 더 고민하
고, 밤낮 없이 열심히 뛰어야 할지도 모른다. 사업가는 한편으로 돈 버
는 일에 신경을 써야 하고, 다른 한편으로는 비용 대비 효과가 가장 높
은 방법으로 돈을 사용하는 것에 대해서도 생각해야 한다. 월급쟁이는
자신에게 주어진 일만 잘하면 별 문제없이 월급을 받으며 살아갈 수

있지만, 사업가는 회사 전체의 일을 늘 염두에 두고 살아가야 한다. 월급쟁이는 퇴근 이후의 시간과 주말 및 휴일에 무엇을 하며 즐길 것인가 생각할 수 있지만, 사업가는 24시간 사업 문제로 고민하는 직업이 될 수도 있다. 월급쟁이는 오늘 아니면 몇 주일, 임원급이라야 몇 개월 정도 앞일을 생각하며 대비하면 되지만, 사업가는 1년 후, 5년 후, 아니 장래의 지속가능한 발전방안에 대해 늘 생각하고 준비해야 한다.

졸업 후 바로 취업하기 힘들다고 해서 그저 막연한 대안으로 창업을 생각하고 달려들어서는 곤란하다. 정부도 '창업은 무조건 좋은 것이다'라는 식으로 창업지원 정책을 남발해서는 안 된다.

사업가의 삶은 아주 복잡한 양상을 띤다. 골치 아픈 때가 있는가 하면 자유스럽기도 하고, 힘들고 어려운 일에 신경을 써야 할 때도 있으며, 무엇을 어떻게 해야 할지 막막할 때도 있다. 사업은 재미있고 번창하다가도 미래가 암담해 보일 때도 있다. 사업가라면 누구나 이러한 상황을 매 순간 느끼며 산다. 사업을 하겠다고 결심하는 순간부터 스트레스와 자유, 불확실성과 기회에 마주치게 될 것이고, 조직의 도움 없이 혼자 살아갈 수 있는 용기와 힘이 있어야 할 것이다. 사업을 한다는 것은 신나는 일임에는 틀림이 없지만 즉흥적으로 뛰어들었다가 낭패를 보는 일은 없어야 한다.

자신이 사업가적 기질이 있는지 다음의 설문에 답해 보자. 결론부터 말하면, 성공한 사업가의 전형적인 모습은 정열적이고, 창의적이며, 업무에 열중하는 사람이면서 동시에 문제해결 능력이 뛰어나고, 자신감이 넘치는 유연한 사고를 하는 사람이다.

*각 문항당 5점이며, '예(또는 a)'는 5점, '그저 그렇다(또는 b)'는 3점, '아니다(또는 c)'는 1점으로 계산한다.

1. 당신은 매사에 주도적인가?
   a. 그렇다. 스스로 아이디어를 내고 실행에 옮기는 것을 좋아한다.
   b. 누구나 시작만 도와준다면 그다음 과정은 스스로 해 나간다.
   c. 다른 사람의 지도를 받는 것이 더 편하다.

2. 당신은 위험을 기꺼이 감수하는가?

3. 당신은 어떤 일이든지 앞장서는 편인가?
   a. 그렇다.
   b. 필요할 경우에는 그렇다.
   c. 그렇지 않다.

4. 당신과 당신의 가족은 정규적인 급여 없이 생활할 수 있는가?

5. 당신은 당신의 사업체에서 계속 일하기를 원하는 사람을 해고할 수 있는가?

6. 일주일에 60시간 이상 기꺼이 일할 의사가 있는가?

7. 당신은 자신을 믿는가?

8. 불확실성을 안고 살아갈 수 있는가?

9. 한 번 결심한 일을 끝까지 해내는가?

10. 당신은 창의적인가?
    a. 그렇다. 나는 항상 좋은 아이디어를 많이 갖고 있다.
    b. 그럴 수도 있다.
    c. 그렇지 않다.

11. 당신은 경쟁을 즐기는가?

12. 당신은 의지가 강한 편인가?

13. 당신은 기존의 방법보다 독창적인 것을 좋아하는가?
    a. 내 방식대로 생각하고 일하는 것을 좋아한다.
    b. 때로는 나만의 방법을 선택한다.
    c. 나는 지나치게 독창적인 사람들은 좀 이상한 사람들이라고 생각한다.

14. 조직과 떨어져 혼자 살아갈 수 있는가?

15. 당신은 사업수행에 필요한 다양한 능력을 가지고 있는가?
    a. 그렇다. 그리고 내게 없는 것이라면 배울 것이다.
    b. 몇 가지 갖고 있다.
    c. 전혀 없다.

16. 뜻하지 않은 상황이 벌어질 경우 유연하게 진로를 변경할 수 있는가?

17. 당신이 구상하고 있는 사업 분야에 경험이 있는가?

18. 당신은 회계, 판매·영업, 마케팅 등 다양한 업무를 적절하게 수행할
    능력이 있는가?

19. 고객을 위해서라면 무슨 일이든 하겠는가?
    a. 기꺼이 시도할 것이다.
    b. 그러기를 바란다.
    c. 아주 힘들 것으로 생각된다.

20. 당신은 스트레스를 잘 견딜 수 있는가?

▶점수 평가 결과
    80~100점: 당신은 사업가가 될 자질과 능력을 모두 갖추고 있다.
    60~79점: 당신은 타고난 사업가는 아니지만 시간을 두고 노력하면 성공할 수 있다.
    60점 미만: 당신은 창업하기보다는 다른 일을 찾는 편이 현명해 보인다.

위의 설문은 독자의 사업가적 성향을 평가해 줄 뿐만 아니라 사업체를 운영하는 데 필요한 자질을 보여 주기 위한 것이다.

위의 덕목 가운데 가장 중요한 것은 위험을 감수하는 능력이다. 사업을 한다는 것은 위험을 떠안는 일이기 때문이다. 사업을 하다 보면 당초의 아이디어나 계획이 예상대로 성공하리라는 보장이 없다. 따라서 사업가로 성공하기 위해서는 사업에 따르는 위험을 최대한 줄이려는 노력도 항상 해야 한다. 예상되는 모든 위험을 분석하여 매사에 신중한 의사결정을 해야 한다. 그러나 아무리 철저히 대비한다 하더라도 실패 위험이 언제나 존재한다는 점을 유념해야 한다.

따라서 사업에 나서려는 젊은이나 은퇴한 사람들은 본인 스스로 사업을 하면서 닥쳐올 난관이나 시련을 얼마나 잘 견디어 낼 수 있는지를 곰곰이 생각해 보아야 한다. 단순히 취업에 따른 부담을 회피하기 위해 창업에 나서는 것이 아니라, 사업을 시작하는 것이 자신의 꿈과 미래를 실현하는 길임을 확신할 수 있을 때 창업을 생각해도 늦지 않을 것이다.

세계적 패션업체, 스팽스SPANX의 창업자인 사라 블레이클리Sara Blakely의 창업과정과 성공요인은 이제 사업을 시도하려는 월급쟁이나 청년들에게 좋은 귀감이 될 것이다.

스팽스의 창업자인 사라 블레이클리의 창업과정과 성공요인

최연소 자수성가 여성 기업인인 사라 블레이클리는 보정속옷업체인 '스팽스'를 구상했던 아이디어 단계에서 첫 제품을 매장에 출시하기까지 2년이 걸렸다. 그녀의 사업 동기는 단순했다. 1998년쯤 파티에 가려고 아주 근사한 흰색 바지를 샀다. 그런데 입고 보니 뒷모습이 끔찍했다. 엉덩이 살은 툭 튀어나오고, 속옷 라인은 그대로 비치고, 셀룰라이트는 고스란히 드러났다. 그나마 탱탱해 보이려고 스타킹을 신었는데, 바지와 맞춰 산 오픈토 슈즈(발가락이 보이는 신발)와 영 어울리지 않았다. 그래서 스타킹의 발 부분을 잘라내고 신었다. 그때 이것이 여성들이 원하는 것이라고 느꼈다. 얼마 뒤 문득 TV를 켰는데, 오프라 윈프리가 그녀의 쇼에서 자기는 스타킹을 신을 때마다 발이 불편해 발 부분은 잘라내고 신는다고 하는 말에 어떤 하늘의 계시 같은 것을 느꼈다. 그러나 팩스 외판원 생활을 하면서 2년간 '노№'라는 단어를 수만 번도 더 들어가면서 사업의 문을 열려고 백방으로 노력했다고 한다. 한 예로 스타킹 제조공장을 운영하는 남성들의 경우 그녀의 아이디어를 들어 줄 생각은커녕 어디서 정신 나간 여자가 왔다고 비아냥거리면서 "그런 것이 가능하냐?"고 되묻더라는 것이다. 그러나 그녀는 포기하지 않았다. 그녀의 성공비결 중 하나는 실패를 두려워하지 않는 것이다. 이러한 도전정신은 어릴 적에 아버지가 그녀에게 항상 '실패란 성공하지 않는 것이 아니라 아무것도 시도하지 않는 것Failure is not trying, rather than not succeeding'이라고 격려해 준 덕분이라는 것이다.

자료: 조선일보

자신이 왜 사업을 시작하려고 하는지를 다시 한 번 충분히 생각해 보고, 또한 사업가로서의 자질과 역량이 어느 정도 있다고 판단된다면, 다음 단계에서 생각할 일은 사업의 방향과 아이템을 정하는 것이다. 이를 위해서는 자신의 관심사가 무엇인지, 무엇을 열정적으로 잘할 수 있는지 등을 돌아보는 것이 좋다.

자신의 관심사를 돌아보라

사업준비에 따른 기회비용을 줄이기 위해서는 사업아이템이나 수익모델을 결정하기 전에, 자신이 살아오면서 무엇에 관심이 있었으며, 무엇을 잘할 수 있는지 등을 점검해 보는 것이 매우 의미 있고 중요하다. 사업에 성공하는 사업가들을 보면, 그들이 평소에 해 오던 일이나 업무상의 경험을 살린 경우가 많다. 예컨대, 출판사 외판원을 하다가 출판사를 차려 성공한 사업가, 제약회사 영업사원을 하다가 제약회사를 설립한 기업인, 공구 해외영업을 하다가 부도가 난 자신의 회사를 인수해 세계적인 공구제조업체로 키운 사업가, 종합상사에서 의료기기 수입 업무를 담당하다가 의료기기 제조업을 창업한 사업가, 의류 소매상을 하다가 중국에 대규모 의류업체를 설립한 기업인, 대기업에서 유통과 물류 업무를 담당하다가 유통 대기업과 호텔업으로 성공한 기업인, 대학신문사 기자 출신의 출판사 사장 등 과거 자기 직무와 관련된 분야에서 창업으로 성공하는 사업가가 많다. 특히, 영업과 마케팅 관련 분야에 경험이 있는 사람들이 창업에 성공하는 사례가 많다. 또한, 본인이 재미있어 하고 즐기던 일이나 취미 등에서 사업거리를 찾아 성공하는 사업가도 많다. 예컨대, 유학시절 맛집에서 요리를 먹는 것을 좋아하던 젊은이가 귀국 후에 스파게티

전문점을 차려 크게 성공한 사례가 있으며, 골프를 좋아하던 기업체 임원이 골프용품 수입상을 하거나 골프연습장을 운영하기도 하고, 골프장 컨설팅 사업을 하는 사례도 있다.

그러나 자신의 관심사가 정확히 무엇인지 찾아내 사업으로 연결하기는 그리 쉽지 않다. 자신의 관심사를 찾아내는 데 어려움이 있는 사람들은 다음의 기법을 적용하면 자신의 관심사가 무엇인지 쉽게 알 수 있을 것이다.

우선 혼자 책상 머리맡에 앉아 명상의 시간을 갖는다. 하루고, 몇 날 며칠이고 자신을 돌아볼 수 있는 충분한 시간을 갖는다. 그러고 난 다음 메모지를 꺼내 머릿속에 떠오르는 낱말들을 하나씩 적어 본다. 그래도 떠오르는 낱말들이 없다고 생각되면 또다시 처음으로 돌아가 자신을 돌아보는 시간을 반복해서 갖는다. 그런 다음 또다시 메모지에 생각나는 낱말을 적어 본다. 이런 식으로 몇 차례 반복하다 보면 공통적으로 떠오르는 단어들이 정리가 된다.

이렇게 정리된 단어들이 평소에 자신이 관심을 갖고 있거나 열정적으로 잘할 수 있는 일들일 가능성이 높다.

사업을 시작하고 여러 가지 일을 벌이다 보면 사업이 잘될 때는 웬만한 문제는 쉽게 해결할 수 있지만 당초 예상과 달리 외부환경의 변화 등에 의해 사업이 뜻대로 되지 않아 스스로 해결하기 어려운 상황에 직면하게 되는 경우도 발생한다. 이와 같이 사업상 예기치 못한 일이나 주변 사람들의 중대한 실수 또는 약속 불이행 등으로 극복하기 어려운 상황에 직면하게 되면, 좋아하는 일을 하는 사업가와 그렇지 않은 사업가 간에는 위기대처능력 발휘에서 엄청난 차이가 난다. 평소 자신이 좋아하고 관심 있는 일에 손을 댄 사업가는 쉽게 지치지 않고 어려움을 견디어 낼 수 있지만, 평소 자신이 잘 모르고 관심도 없던 영역의 사업에 손을 댄 사업가는 참지 못하고 쉽게 사업을 포기하고 만다. 그래서 사업을 시작할 때는 자신이 가장 관심을 갖고 있거나 재미있어 하는 분야에서 시작하는 것이 실패의 위험을 줄이는 길이다. 한 예로 자동 물 내림과 관련한 세계적 특허를 100개 이상 보유하고 에어붐을 설립한 이재통 발명가는 1997년 한보철강 부도사태로 연쇄 도산의 아픔을 겪은 사업가였다. 그 이후 몇 차례의 회사 경영위기로 자신이 만든 회사에서 쫓겨나기도 하고 갖은 수모를 다 견뎌 냈다. 회사 사무실에서 20년 가까이 기거하면서도 100개 이상의 세계적 특허를 만들어 낼 수 있었던 것은 무엇인가에 몰입하여 연구하고 발명하는 것을 좋아하는 그의 태도와 성품 덕분이었다.

이와 대조적인 사례는 반도체 크린룸 제작 사업에 뛰어든 어느 음식점 사장의 경우이다. 그는 오랫동안 음식점을 운영해 오던 중에 2년 전에 투자한 반도체 설비업체에 추가로 수억 원을 더 투자해 달라는 제안에 투자를 고민하다가 사업을 중도에 포기하였다. 그는 가족과 함께 오랫동안 음식점을 운영해 온 터라 반도체 관련장비 시장에 대해서는 아는 것이 아무것도 없었다. 인맥도 전혀 없었다. 그래서 그 사업에 투자한 이후로는 매사에 관심과 흥미를 느끼지 못하고 골치가 아프다는 생각만 들었다. 더욱이 투자한 지 얼마 되지 않아 파트너가 돈이 더 필요하다고 할 때는 그 사업에 뛰어든 것을 크게 후회했다.

반도체 크린룸 제작 사업체에 투자한 어느 음식점 사장의 고민

그를 고민하게 만들었던 것은 그가 투자한 반도체 설비업체에 추가로 수억 원대의 운영자금을 더 투자해 달라는 파트너의 제안을 받아들여야 할지 아니면 파트너 관계를 청산하고 사업을 중도에서 포기해야 할지를 결정하는 문제였다. 필자는 즉석에서 7가지 질문을 던지며, 이 가운데 "Yes"라고 대답할 수 있는 것이 5개 이상이면 계속하고 아니면 그만두는 것이 좋겠다고 답변했다. 질문사항은 아래와 같다.

첫째, 크린룸 제품에 대해 제대로 알고 계십니까?

둘째, 크린룸 수요자(소비자)에 대해 아십니까? 의사결정구조라든지, 구매의사결정자라든지 등

셋째, 크린룸의 생산기술이나 원자재 조달경로 등(공급가치사슬)에 대해 알고 계십니까?

넷째, 크린룸의 경쟁자나 시장에 대해 알고 계십니까?

다섯째, 사업 파트너나 회사 임직원들에 대해 잘 알고, 그들을 통솔할 수 있습니까?

여섯째, 크린룸 사업 분야에 어느 정도 인맥이 있으십니까?

일곱째, 크린룸 설비의 가격결정구조나 원가구조에 대해 이해하고 계십니까?

그밖에도 '관련 사업에 흥미를 느끼십니까? 세계 반도체 시장 흐름은 알고 계십니까?' 등등 많은 질문이 꼬리에 꼬리를 물고 생겨났지만 한 가지 질문에도 "예"라고 답변하지 못하는 그의 애처로운 모습을 보고 더 이상 질문하지 않았다.

결국 그는 스스로 해답을 찾았다. 상담이 끝난 후, 몇 년이 지나 우연히 그 사업가의 소식을 듣게 되었다. 그는 당초 투자한 돈의 50%를 협상 끝에 되돌려 받고 파트너에게 그 사업을 넘겼으며, 그 후로는 음식점 사업을 기반으로 하는 식자재 공급사업에 관심을 갖고 차근차근 준비하고 있다는 것이었다. 새로운 사업준비에 재미를 느낀다고도 했다.

사 · 업 · 의 · 길

PART 2
사업, 이렇게 한다

"사업을 시작하는 데 필요한 것은 남들보다 제품과 고객을 더 알고
성공에 대한 열망을 갖는 것이다."
What do you need to start a business? Three simple things: know your product better than
anyone, know your customer, and have a burning desire to succeed.

— 데이브 토마스 Dave Thomas, 웬디스 Wendy's 창업자 —

01
사업준비 절차

사업 시작의 첫발, 시장조사

이제 마음속으로 생각했던 사업아이템을 어떻게 준비해서 사업으로 성공시켜야 하는지를 생각해야 한다. 이를 위해서는 충분한 시간을 갖고 소비자와 시장에 대한 정보를 수집하고 분석하되, 나름대로의 순서와 절차에 따라 접근하는 것이 시간절약이나 합리적인 의사결정에 도움이 된다.

그런 점에서 일반적으로 MBA 출신들이 마케팅이나 투자의사결정 시 즐겨 사용하는 절차와 방법을 참고할 것을 권한다. 마케팅 전략 수립 시 주로 사용하는 절차를 우선 고려한 다음 자금조달 계획과 회사설립에 들어가면 좋다. 예컨대, '소비자 분석 → 시장 분석 → 경쟁자 및 자신의 역량 분석SWOT → 유통채널 및 공급가치사슬망 분석 → 예비적인 마케팅 믹스 전략 수립 → 사업성 분석 → (전략의 재검토) → 자금조달 계획(외부 투자자 모집 시에는 출구전략 수립) → 인재채용 및 활용계획 → 사업장 및 사무실 확보 계획 수립→회사설립(주식회사 또는 개인 기업) 및 인력채용'의 절차를 고려해야 창업이나 신사업 투자과정에서 시행착오를 줄일 수 있다.[1]

소비자 분석

사업을 함에 있어 기술개발이나 생산도 힘들지만 더 힘들고 중요한 것은 마케팅이다. 이러한 모든 활동의 중심에는 소비자에 대한 철저한 이해와 분석이 뒷받침되어야 한다. 기술을 개발하는 벤처기업이든, 물건을 생산하여 판매하는 제조기업이든, 유통업이든, 음식점이나 커피숍 같은 서비스 업체든 사업가 입장에서 누가 가장 중요한 고객이며, 그들의 니즈가 무엇인지 파악하는 것을 모든 전략 수립의 출발점으로 삼아야 한다. Mark Ingebretsen은 그의 저서 『기업은 왜 실패하는가Why Companies Fail』를 통해 기업 실패를 가져오는 10대 요인 중 하나가 '고객을 무시하는 것'이라고 밝히고 있다. 1970~1980년대 미국 기업들은 아시아 국가들에 비해 질이 좋지 않은 상품과 서비스를 제공하여 소비자를 홀대했고, 이로 인해 실패했다고 분석된다.[2]

---

1. 2011년 7월 서울시에서 공모한 '창업 실패 수기' 총 52건을 분석한 결과, 창업 실패의 원인으로 '창업준비 부족'이 35%로 가장 큰 비중을 차지했고, 다음으로 '경영 미숙'이 23%, '직원관리 소홀'이 13% 순으로 나타났다.

2. Mark Ingebretsen의 저서 『기업은 왜 실패하는가』에서 언급하는 기업 실패의 10대 요인은 단기업적 중심의 주가관리 정책(Letting Stock Price Dictate Strategy)을 비롯해 초고속성장(Growing too Fast), 고객 무시(Ignoring Customers), 패러다임 변화 무시(Ignoring Paradigm Shifts), 부채 및 위협 요인과 위기 무시(Ignoring Liabilities, Threats and Crises), 과도한 혁신(Over Innovating), 빈약한 승계전략(Poor Succession Plan), 시너지 도출 실패(Failed Synergies), 오만(Arrogance)과 제살 깎아먹기식 경쟁(Fighting Wars of Attrition) 등이다.

또한, 인구구조의 변화는 소비자의 구매행태 변화를 가져오므로, 인구구조의 변화 등 거시변수들에 대한 동향에도 민감해야 한다. 인구가 있어야 소비시장도 있다. 기업은 소비자 가까이에서 제품을 생산해서 판매하려고 한다. 세계 기업들이 중국으로 몰려가는 것도 바로 이러한 이유 때문이다.

소비자 분석을 할 때는 다음의 질문사항들에 대한 해답을 찾는다는 생각으로 정보를 수집하고 점검하면 편리하다.

소비자 분석의 11가지 질문

첫 번째, 누가 우리 상품이나 서비스의 주요 수요층인가? 특히, 기업에 납품하는 중간재로 쓰이는 제품인가 또는 일반 소비자용인가는 매우 중요하며, 같은 상품이나 서비스라 하더라도 두 소비층에 접근할 때는 전혀 다른 전략과 접근방법을 사용해야 한다.

두 번째, 우리 상품이나 서비스의 구매자는 누구이며, 이를 사용하거나 소비하는 사람은 누구인가? 기업을 직접 상대하는 생산재나 B2B 비즈니스는 조직을 대상으로 하는 사업 분야이다. 즉, 소비자가 직접적인 구매자가 아니라 기업이나 정부기관, 학교, 병원 등의 조직이 구매자이다. 소비재라도 대형마트 등의 기업 거래처를 대상으로 하는 사업은 B2B 비즈니스와 마찬가지로 기업이 구매자이며, B2B 사업과 동일한 마케팅 방식을 적용해야 한다.

세 번째, 우리 상품이나 서비스의 구매결정과정은 어떻게 이루어지는가? 즉, '인지(관심. 문제인식 등)➡ 정보 찾기➡ 대안 평가➡ 구매➡ 평가' 등의 구매 프로세스를 말한다. 예컨대, 머리에 비듬이 많다. '무엇을 해야 하나' 정보를 구한다. 지인이나 인터넷 등을 통해 샴푸 등에 대한 정보를 얻는다. 골라낸 샴푸의 가격이 비싼 것 같아 다른 샴푸나 비누 등 대체재의 가격이나 효능 등에 대해서도 평가한다. 그런 다음 상품을 구매한다. 구매한 것을 사용하면서 제품을 평가한다. 이러한 소비자의 구매의사결정 과정은 기업의 광고 및 홍보 관련 의사결정에 중요한 영향을 주게 된다. 이 경우에도 개인 소비자의 구매의사결정과 기업 조직의 구매의사결정은 전혀 다른 방식으로 이루어지며, 회사마다 천차만별이다.

네 번째, 제품이나 서비스의 구매결정에 영향을 주는 사람은 누구인가? 예컨대, 제약산업에 있어 약을 사려는 환자들의 구매행동에 영향력을 발휘하는 사람은 의사나 약사이다. 제약사들이 환자가 아닌 이들을 대상으로 적극적인 마케팅 활동을 전개하는 것은 아주 자연스러운 현상이다. 기업 구매자의 구매의사결정이 누구에 의해 이루어지는지를 파악하는 것은 매우 중요하다. 구매의사결정은 기업의 규모, 사기업과 공기업, 구매 사이즈 등에 따라 다양한 형태로 이루어지므로 세밀한 관찰이 필요하다.

다섯 번째, 자사상품이나 경쟁상품의 유통채널 분석도 매우 중요하다. 자사상품을 구매하는 것보다 대체재를 구매하는 것이 더 편리하다면 소비자들은 자사상품을 구매하기보다는 대체재를 구매할 수도 있다.

여섯 번째, 자사제품이 소비자에게 얼마나 중요한가? 자동차와 같은 비싼 내구재를 살 때와 값싼 일회용 제품을 살 때의 소비자들의 구매의사결정 과정은 매우 다르다. 따라서 자사상품이 소비자에게 얼마나 중요한가에 따라 광고나 판촉활동은 달라져야 하며, 고객에 대한 사후관리 등도 달라져야 한다. 예컨대, 비싼 제품 또는 사전에 사용해 보는 것이나 테스트가 어려운 서비스의 경우 소비자의 리스크가 커지기 때문에 구매의사결정을 함에 있어 보다 신중하게 되고 시간도 많이 걸리게 된다.

일곱 번째, 누가 자사제품이나 서비스를 필요로 하고, 그 이유는 무엇인가? 예컨대, 필자가 자문해 주던 기업 중에 회사 주변에 설치되어 있는 CCTV카메라를 활용하여 영상분석 등을 통해 고객안전, 중요시설 보안이나 고객의 이동분석 서비스를 제공하는 벤처기업이 있다. 이 회사가 대기업 구매팀과 협의하는 과정에서 알게 된 사실은 이 업체의 솔루션을 사용할 일선 보안담당자들의 사용 편의성과 눈높이에 맞는 제품인지가 가장 중요한 구매의사결정 요인이라는 점이다. 그동안 이 회사는 인공지능분야에서 국내 최고라는 점과 기존 솔루션과 차별화되어 있다는 점만 막연히 강조해 왔지 현장 근무자가 사용하기에 편리한 수준의 보안솔루션인지는 확인조차 하지 않았던 것이다. 이 회사의 대기업시장 진출은 실제 현장에서 사용할 사람들에 대한 니즈파악 부재 등으로 상당 기간 어렵게 되었다.

여덟 번째, 최종 사용자의 가치는 무엇인가?

아홉 번째, 계획된 구매인가? 충동구매인가? 일반적으로 기업 고객은 계획된 구매를 하고 일반 개인 소비자보다 의사결정에 따르는 시간이 많이 걸린다.

열 번째, 자사제품에 대해 소비자는 어떻게 느끼는가?

열한 번째, 자사제품이 소비자의 욕구를 충족시켜 주고 있는가?

만일 소비자 분석에 소홀하게 되면 어떤 일이 일어날까? 소비자 분석에 소홀한 사례 중 하나로 러닝셔츠 회사의 예를 들 수 있다. 얼마 전까지만 하더라도 러닝셔츠의 목 뒤쪽 부분에는 까칠한 라벨이 부착되어 있어 소비자들이 불편을 겪어 왔다. 많은 소비자들이 러닝셔츠를 구매한 후 가장 먼저 하는 일은 그들의 목 뒤를 괴롭히는 까칠한 라벨을 떼어 내는 일이었다. 하지만 러닝셔츠 회사들은 셔츠의 목 부분에 라벨을 부착해 놓아야 소비자들이 상품을 알아보기 더 쉽고, 광고효과가 있다는 이유로 계속 러닝셔츠 목 뒤쪽 부분에 라벨을 부착해 놓았다. 러닝셔츠 회사는 소비자들이 계속 불편을 겪는다는 것을 알아채고 뒤늦게 라벨을 등 뒤로 바꾸어 달았지만, 소비자들이 이미 한참 불편을 겪은 후였다. 아무리 고객의 마음에 쏙 드는 제품을 내놓았다 하더라도 라벨 같은 작은 부분에서도 고객을 배려해야 하며 기업

의 입장을 우선시해서는 안 된다는 것을 보여주고 있다.

사업을 시작하기 전은 물론이고, 사업을 하면서도 자사제품이나 서비스의 소비자를 지속적으로 파악하고 대비하는 것은 중요한 일이 므로 앞에서 언급한 질문사항들을 하나하나 점검하는 습관을 갖도록 하는 것이 사업을 성공으로 이끄는 지름길이다.

투자하려는 금융기관이나 개인투자자 입장에서도 누가 핵심 고객인지를 아는 것은 중요하다. 어느 세그먼트Segment의 고객을 어떻게 타깃팅해야 초기 물량을 확보할 수 있을지 파악할 수 있기 때문이다. 목표 고객은 회사가 제공할 서비스에 대해 얼마나 가치 있다고 느끼는지, 회사가 목표 고객에 대해 얼마나 심도 있게 고민하는지 등도 파악하려고 한다. 투자처에 그저 막연한 생각으로 접근하면 낭패를 보기 쉽다. 자신의 경험이나 구체적인 시장조사를 바탕으로 대비해야 한다.

시장 분석

> 앞으로 사업가는 시장의 역동성을 더욱 더 이해해야만 할 것이다. 특허에 기초한 제품과 프로세스 가운데서도 대다수는 그 시작이 기술적인 필요에서가 아니라 시장의 필요에 기초를 두고 있다.
>
> – 이재규 편, 『피터 드러커 경영 키워드 365』 중 –

목표로 하는 시장을 분석할 때 다음 질문에 대한 답을 찾는 노력이 필요하다.

첫째, 자사제품 관련 시장이 무엇이며, 시장규모, 성장률, 시장 내 소비계층, 자사제품의 제품수명주기, 도입기·성장기·성숙기·쇠퇴기 상 위치, 계절성 상품인지 여부 등을 분석해야 한다. 계절성 상품의 경우 생산관리나 재고관리에 각별한 신경을 써야 한다.[3] 제품수명주기를 제대로 파악할 경우 경쟁자와의 차별화 전략 수립 등에 많은 도움이 된다.

둘째, 산업 내 자사제품의 경쟁력을 분석해야 한다. 제품이나 서비스의 품질, 가격, 광고, 연구개발과 서비스 면에서 경쟁자들과 비교하여 경쟁력이 얼마나 있는지 비교·분석하는 것은 중요하다. 예컨대, 식음료 산업에서는 광고경쟁력이 중요하고, 원자재 및 기초소재 산업에서는 가격과 품질 경쟁력이 중요하다. 코카콜라나 펩시콜라 시장에 다른 음료업체들이 끼어들지 못하는 것은 이 두 회사의 막대한 광고비 지출 때문이다.

벤처캐피탈 회사들이 벤처기업에 대한 투자를 심사할 때 시장의 크기가 얼마나 될 것으로 보는지 반드시 묻게 되는데, 이들 기관으로부터 투자를 받으려고 하는 경우 해당 기업이 속한 산업의 규모가 얼마나 되는지, 시장 참가자 중에 상장사가 있는지, 잠재적 시장의 크기는 얼마나 되는지 등을 소상히 설명할 수 있어야 한다.

또한 초기 시장에 진입한 후에 확장가능성은 얼마나 되는지, 궁극적인 시장크기는 얼마나 되며, 목표시장은 무엇인지 등을 명확히 해

---

3. 계절성 상품 여부와 관련된 예시는 〈창업 전 현장체험을 하자〉의 내용을 참조.

야 한다. 이 밖에 목표시장을 성격별로 분리하여 조직과 사업이 방향성을 일치시키는 모습을 보여 주어야 한다. 사업초기에는 사업아이템의 목표고객, 목표시장, 사업계획과 기술이 일체화^{alignment}된 모습을 보여야 투자 유치에 성공하기 쉽다.

자사와 경쟁사의 강·약점^{SWOT}을 분석하라

사업을 한다는 것은 시장에서 다른 기업과 경쟁하여 보다 많은 소비자에게 자사의 물건을 팔아 이익을 내려고 노력하는 것이다.

라면시장을 예로 들어 보자. 일반적으로 라면과 같이 경쟁이 치열하고 시장이 포화 상태에 있는 식품산업의 경우 성장이 정체되기가 쉽다. 그러나 이 같은 성숙된 라면산업계 내에서 조차도 성장하는 기업이 있는가 하면 매출부진 등으로 어려움을 겪는 기업도 있다. 예컨대, 최근 농심과 오뚜기의 경우 프리미엄 라면을 앞세워 침체된 라면시장 부흥을 이끌고 있는 반면 삼양식품은 신제품, 마케팅 역량 등에서 밀려 3위 자리조차 위태로운 상황이다. 최근에는 농심의 '짜왕', 오뚜기의 '진짬뽕' 등 프리미엄 짜장, 짬뽕이 인기를 끌고 있지만 삼양식품은 부진한 실정이다.

자사제품의 가격이 저렴하고, 품질이 좋더라도 경쟁기업의 제품에 비해 경쟁력이 떨어져 물건이 팔리지 않는다면 사업을 계속할 수 없는 것이다. 그런 의미에서 자사의 강점^{Strength}과 약점^{Weakness}, 그리고 기회요인^{Opportunities}과 위협요인^{Threats}을 돌아보고 이를 경쟁기업과 비교하는 것은 매우 중요하다.

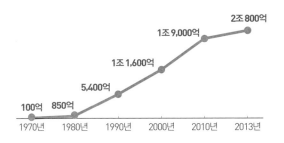

한국의 라면시장 규모 추이

(단위: 원)

2조 800억

1조 9,000억

1조 1,600억

5,400억

100억 850억

| 1970년 | 1980년 | 1990년 | 2000년 | 2010년 | 2013년 |

자료: 머니투데이

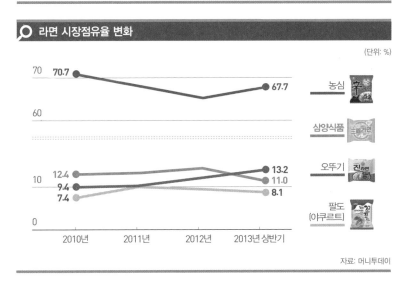

라면 시장점유율 변화

(단위: %)

70.7

67.7 농심

삼양식품

13.2 오뚜기

12.4 11.0

9.4

7.4 8.1 팔도
(야쿠르트)

| 2010년 | 2011년 | 2012년 | 2013년 상반기 |

자료: 머니투데이

  강점과 약점은 회사 내부적인 자원이나 역량과 관련된 것이다.
기회요인과 위협요인은 회사나 사업의 외부환경과 관련된 요인들을
말하는 것으로, 이들은 기업이 임의로 통제할 수 있는 것들이 아니지
만 사업의 타이밍을 결정하거나 지렛대로 활용하는 데 중요한 고려
요소들이다.

SWOT 분석은 사업을 영위할 때만 사용하는 것이 아니라 개인이나 가정은 물론 개별 사업 단위 조직에서도 수시로 실시하는 것이 바람직하다. SWOT 분석을 제대로 한다면 누구든지 쉽게 기본적인 전략을 구사할 수 있다. 조직 내부의 강점은 살리고, 약점을 보완하며, 외부환경의 기회요인은 살리고, 위협요인을 피하는 정책을 구사하면 누구나 훌륭한 전략을 수립할 수 있다.

이 중요한 SWOT 분석을 기업이나 사업 단위에서 할 때는 다음의 요소들을 깊이 관찰해 보아야 한다.

첫째, 유통 및 신제품 개발, 광고 등의 관점에서 자사가 잘하는 것과 경쟁사가 잘하는 것을 비교한다.

둘째, 자사와 경쟁사의 시장규모 및 시장점유율, 재무상태, 그동안의 성과와 평판 등을 파악한다.

셋째, 인재, 기술, 판매인력, 현금, 노사관계, 생산 등의 관점에서 자사와 경쟁사의 자원과 역량 등을 비교해 본다.

넷째, 자사제품 시장에 다른 기업들이 새로이 진입하는 데 따르는 어려움이 얼마나 있는지 진입장벽 여부나 수준을 파악한다. 이러한 진입장벽 수준을 알면 자사제품의 가격결정이나 마케팅 정책을 수립하는 데 큰 도움이 된다.

다음의 표는 SWOT 분석의 예시로 필자가 지난 5년간 경영자문을 해 온 벤처기업(에어붐)의 사례를 필자의 관점에서 작성해 본 것으로 경영진이 보는 시각과는 다를 수 있다.

🔍 에어붐을 분석한 SWOT의 예

내부환경	외부환경

- 자동 물 내림 분야의 세계 최고의 발명가 및 연구진 보유
- 중국 생산업체와의 전략적 제휴 및 OEM생산 체제 구축
- 대형 투자가의 합류로 재무적 안정성 확보

- 핵심부품의 모듈화로 원가절감 및 대량생산 가능
- 중국 도기업체들과의 전략적 제휴 및 미국 유통업체와의 대규모 계약 체결 등으로 해외 판매 증대 기대
- 기후변화 등에 따른 물부족과 이에 대응하기 위한 수도요금 인상 추진 등으로 자동 물 내림 변기 수요 증가

강점 Strength

약점 Weakness

기회요인 Opportunities

위협요인 Threats

- 자체 마케팅 인력의 부족
- 장기간 기술개발 및 잦은 신제품 출시에 따른 기존 거래처의 신뢰도 저하
- 조직구성원의 잦은 이직 등에 따른 암묵지의 미형성

- 기출시된 제품의 회수 및 대체에 따른 비용 부담
- 기존 변기회사들의 유사 물 절약 제품의 출시 증대
- 중국에서의 OEM생산에 따른 특허기술 도용 위험 상존
- 대주주의 보유 지분 하락에 따른 경영권 약화 우려 등

　회사에 투자하고 싶어 하는 투자가들 또한 경쟁사에 대해 깊은 관심을 표명한다. 국내시장에서 경쟁상황은 어떠한지, 경쟁사 대비 강점과 약점은 무엇인지, 국내시장에서 유사한 서비스를 제공하는 회사가 있는지, 이들과의 차별적 강점은 무엇인지 등에 대해 알고 싶어 한다. 예컨대, 경쟁사에 비해 자신만이 소비자에게 제공할 수 있는 사용가치는 무엇인지, 카카오·네이버·구글·페이스북 등 같은 경쟁사들이 자사 서비스를 복제한다면 어떻게 대응할 것인지, 경쟁사가 저렴한 가격으로, 또는 무료로 서비스를 제공한다면 자사 서비스가 생존하거나 성장할 수 있을지 등과 같은 질문들도 하고 싶어 한다. 미래 국내외 경쟁구도와 시장점유율 확보 대책 등에 대해서도 관

심을 표명한다.

스타트업의 경우라면 대기업이 유사 서비스를 제공할 경우 이들보다 더 잘 사업을 할 수 있음을 보여주어야 한다. 스타트업은 속도경영이나 대기업이 진입하기 힘든 시장에서 포지셔닝하고 있음을 보여주면 좋다. 가격이 핵심경쟁력이라면, 다른 경쟁사가 무료 서비스를 제공하는 경우 생존하기 힘들 것이다. 하지만 대기업들이 제공하지 못하는 차별화된 서비스와 고객의 결정적 문제들을 제대로 해결해 줄 킬러 콘텐츠가 있다면 이들을 어필할 수 있어야 한다.

유통채널 Distribution Channel 분석

사업체가 만든 물건이나 서비스를 소비자에게 연결하는 역할은 유통채널이 담당한다. 물건이나 서비스가 소비자에게 전달되는 통로는 도매상, 판매 대리점, 판매원, 소매상 등으로 다양하다. 사업자가 어떤 유통채널을 활용할지를 선택하는 것은 가격결정에 큰 영향을 미친다.

사업체가 활용할 유통채널을 선택할 때 검토해야 할 사항은 다음과 같다.

첫째, 자사제품이나 서비스를 어떻게 소비자에게 배달할 것인가?

둘째, 유통단계별(도매상, 판매 대리점, 판매원, 소매상 등) 유통마진은 얼마인가?

셋째, 각 유통단계에서 거래 협상권은 누가 갖고 있는가?

이러한 세 질문에 답을 찾다보면 어떠한 유통채널을 활용하는 것이 이익인지에 대한 지혜를 얻게 된다.

마케팅 믹스 전략, 4P's 전략의 수립

회사는 돈을 벌기 위해 만드는 것이며, 이를 위해서는 물건이나 서비스를 고객에게 잘 팔 수 있어야 한다. 이때 가장 많이 고민해야 할 사항은 상품Product이나 서비스의 확보, 가격 책정Pricing, 유통과 판매할 장소Place, 판촉Promotion을 어떻게 할 것인지 정하는 소위 '4P's 전략'이다. 각 요소별로 어떻게 의사결정을 할 것인지를 정하는 것도 중요하고, 이들을 동시에 조합하여 마케팅 전략을 만드는 것을 의미하는 '마케팅 믹스 전략'도 필요하다.

그러나 무엇을 생산하고, 가격을 어떻게 결정하고, 어떠한 매체 등을 활용하여 판촉활동을 할 것인지는 시장과 소비자 분석을 바탕으로 회사가 가지고 있는 자원이나 역량 등을 고려하여 판단하고 결정해야 한다. 마케팅 믹스 전략을 잘 세우려면 앞 단계에서 언급한 소비자와 시장 분석은 물론 SWOT 분석을 제대로 해야 한다. 또한, 시장상황이나 소비자의 태도는 계속 바뀌어가는 것이므로 이러한 변화되는 상황을 고려하여 마케팅 전략도 수시로 점검해야 하는 것이다.

4P's 전략 가운데 비용이 드는 의사결정은 아니지만 가격결정 정책은 매우 신중히 해야 한다. 기본적으로 상품이나 서비스의 가격은 원가보다는 비싸야 하지만 가격보다는 소비자가 느끼는 가치가 커야 한다. 즉, '고객의 가치 〉상품(서비스) 가격 〉상품(서비스) 원가'의 관계가 유지되어야 한다. 통상 기업의 가격결정은 상품의 원가에 일정한 마진을 더해 결정하는데, 이때 시장상황이나 상품의 특성, 경쟁관계 등을 고려하여 가격을 신중히 결정해야 한다.

앞으로 팔려고 하는 상품이나 서비스가 일반 개인 소비자가 구매하는 최종소비재인지, 기업들이 물건을 만드는 데 사용하는 중간재인지에 따라 가격결정 방식이 달라져야 한다. 즉, 앞의 B2C^{Business to Customer} 시장의 가격결정과 후자의 B2B^{Business to Business} 시장의 가격결정은 달라야 한다. 개인 구매자를 대상으로 하는 물건의 가격결정도 자신만의 독특한 물건을 파는 경우에는 소비자의 구매의사만을 분석하여 결정하면 되지만, 자신이 팔려는 것과 똑같은 상품이나 유사한 상품이 많거나 대체재가 존재하는 경우에는 이들 가격을 고려하여 결정해야 한다. 기업들에게 납품하는 중간재 성격의 물건인 경우에는 거래 상대방이 가격결정권을 갖고 있는 경우가 일반적이다. 이때는 상대방이 제시하는 가격이 자신의 원가에 일정한 마진을 포함시킨 총원가와 같거나 크다면 거래를 하게 된다. 이때도 구매처가 한두 개에 불과한 대기업인 경우와 수많은 기업들을 상대로 팔 수 있는 물건인 경우로 나눠서 시장의 수요와 공급 상황을 고려하여 가격을 결정할 수 있다.

가격결정은 소비자를 배려하면서 신중히 결정하고, 자주 바꾸지 않는 것이 바람직하다. 예컨대, 2008년 글로벌 금융위기 이후 농산물 파동 등으로 물가가 올라가자 음식점들이 경쟁적으로 음식 값을 올렸다. 그러나 경제난이 심해지는 가운데 음식 값이 올라가자 소비자들이 외식을 줄이고 집에서 식사하거나 값싼 곳을 찾아다니게 되어 요식업계가 전체적으로 타격을 받게 되었다. 뒤늦게 음식 값을 내리는 음식점들이 늘어났지만 한 번 떠난 소비자의 마음을 되돌리는 것은 쉬운 일이 아니다. 그러나 경제난으로 어려움을 겪는 소비자들을 위해 오히려 음식 값을 내렸거나 그대로 둔 음식점들은 소비자들의 신뢰를 얻어 더 장사가 잘되고 있다는 소식을 매스컴을 통해 여러 차례 들은 적이 있다.

대기업과 거래 중소기업 간의 납품단가 결정도 B2B 시장에서 물건을 팔려는 사람들은 눈여겨보아야 한다. 대기업에 납품하려고 하는 중소기업이나 소규모 기업들은 많은데, 한두 곳의 대기업에게만 납품해야 한다면 대기업들이 정해주는 가격조건에 맞추어 납품할 수밖에 없을 것이다. 대기업과의 거래에서 협상력을 높이기 위한 지속적인 노력과 대응이 필요하다. OEM 상품을 생산하는 기업은 거래처의 다변화 노력과 함께 자가브랜드[PB]로 전환하는 방안을 모색해야 하며, 기술개발과 품질개선 노력을 통해 경쟁제품과의 차별화를 추구하고, 거래처를 해외로 다변화하는 등의 노력을 기울여야 한다. 동

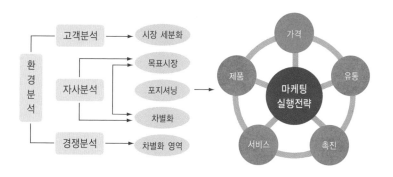

마케팅 전략의 체계

자료: 이수동 외, 『전사적 관점의 마케팅』, p.58.

종기업 간 협력을 강화하고 공동 브랜드를 만드는 것도 대기업과의 협상력을 높이는 방법이다. 그러나 「공정거래법」상의 하도급거래 보호제도 등에 지나치게 의존해서는 곤란하다. 대기업과 계속적인 거래를 해야 하는 납품 중소기업들이 법에 호소해서 문제를 해결하겠다는 것은 사실상 대기업과의 거래를 중단하는 것을 의미하는 것이며, 이런 지경으로 몰고 갈 수는 없기 때문이다.

철저한 사업성 검토

상품이나 서비스의 마케팅 전략 수립을 잘했더라도 사업성을 따져 보아 수익이 나지 않는 사업이라면 그 사업은 아예 착수하지 말아야 한다. 그러나 사업성이 있는지를 파악하는 것은 쉬운 일이 아니다. 사업성 검토방법으로 비교적 쉽게 사용할 수 있는 것으로는 손익분기점Break Even Point 분석이 있다. 손익분기점이란 총수입과 총비용이 같아지는 지점을 말하는 것으로, 이 지점에서의 매출액, 매출량을 손익분기점 매출액, 손익분기점 매출량이라 한다. 손익분기점을 넘어서는 순간부터 기업에는 이익이 발생하게 되는 것이다. 손익분기점 매출액이나 매출량을 쉽게 파악하려면 1단위당 공헌이익Unit Contribution Margin을 알아야 한다. 공헌이익이란 물건 하나를 팔았을 때 변동비를 제외하고 얼마나 남는지를 나타내는 것이다. 여기서 변동비란 물건을 1단위 만들 때 직접 들어가는 비용을 말하며, 이에 반해 고정비란 물건을 생산하든 하지 않든 고정적으로 들어가는 비용을 말한다.

$$단위당 공헌이익 = 단위당 매출액 - 단위당 변동비$$

손익분기점 매출액을 다른 말로 표현하면, 물건을 만들어 팔아서 공헌이익으로 총고정비용을 상쇄할 수 있는 매출액(매출량) 수준을 말한다. 지금까지 언급한 것을 수식으로 표현하면 다음과 같다.

$$총비용 = 단위당 변동비(VC) \times 판매수량 + 고정비(FC)$$

$$손익분기점 매출량 = \frac{고정비}{단위당 공헌이익}$$

이 공식을 이해하면, 사업체가 목표로 하는 이익규모를 고정비에 더해서 단위당 공헌이익으로 나누면 쉽게 회사의 목표 판매량을 알아 낼 수 있으며, 동 수량에 단가만 곱하면 목표 매출액을 쉽게 짐작해 볼 수 있다.

$$회사목표 판매량 = \frac{고정비 + 목표이익}{단위당 공헌이익}$$

사업가들이 남들과 대화하는 도중에 쉽게 어떠한 사업이 수지가 맞는지를 아는 방법 중 하나는 이렇게 자사의 고정비와 단위당 공헌이익을 미리 알고 있는 경우이다.

다만, 손익분기점 분석을 이용할 때 주의할 것은 고정비와 변동비의 구분을 명확히 하는 것이다. 예컨대, 근로자에게 지급하는 임금의 경우에도 임금의 지급방식에 따라 고정비로 분류할 수도 있고, 변동

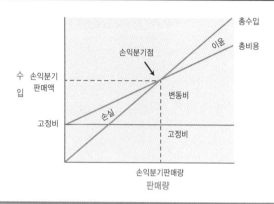

손익분기점 분석 도표

비로 분류할 수도 있다. 회사의 매출량 변화와 관계없이 무조건 지급해야 하는 임금은 고정비로 분류해야 하며, 판매량에 연동하여 지급하는 수당이나 성과급의 경우에는 변동비로 분류해야 한다.

자동차 회사나 반도체 회사처럼 기업의 고정비 부담이 큰 산업의 경우에는 손익분기점 매출액이 크기 때문에 그만큼 영업위험이 크며, 커피전문점과 같이 고정투자비가 적게 드는 사업은 매출액을 조금만 올려도 이익을 낼 수 있게 된다. 그러나 동일한 사업이라도 사업가의 노력으로 고정비를 변동비로 돌릴 수 있는 방안이 많이 있으므로 많은 지혜를 모아야 한다.[4]

---

4. 고정비를 변동비로 돌리는 예시는 〈고정비를 변동비로 바꾸어라〉 편 내용을 참조.

일관된 마케팅 전략이 가능한지 여부 점검

앞선 단계의 분석이 제대로 되었는지 점검하는 것은 매우 중요하다. 이러한 분석을 하는 동안에 소비자나 시장 환경이 바뀔 수 있으며, 마케팅 전략 수립 과정에서 판단이나 계산상 착오가 발생하기도 한다. 현재 처해 있는 환경에서 사업을 조정하거나 아예 포기해야 하는 것은 아닌지, 목표로 하고 있는 고객층Target Segment을 바꾸어야 하는 것은 아닌지, 유통채널 분석은 제대로 되었는지, 광고나 가격전략은 바꿀 필요가 없는 것인지 등을 다시 면밀히 따져 보아야 한다. 시장이나 소비자가 어떻게 반응할지는 누구도 정확히 알 수 없기 때문에 마케팅 전략 수립은 신중히 할 수밖에 없다.

소비자, 시장, 경쟁자 및 유통채널 분석, 마케팅 믹스 전략, 경제성 분석 등을 다시 돌아보고 계획이 최종 보완되면 이제 사업자금의 조달방안에 대해서 검토해야 한다.

자금 조달 계획

모든 전략적 의사결정과 계획의 실행에는 자금사용이 수반되므로 사업과 관련한 의사결정을 할 때에는 자금의 수급계획을 동시에 검토하는 시스템적 사고가 필요하다.

우선 전체 소요자금, 자금 조달방법 및 조달시기 등 사업제안서 작성에서 고려할 사항들을 살펴봐야 한다. 총소요자금의 규모를 산정할 때, 창업이나 신사업 추진단계에서 필요한 자금, 기술개발이나 생산에 필요한 시설투자, 운영자금과 마케팅 관련 자금 등을 고려해야 한다. 창업을 하는 경우 사업의 범위를 명확히 하고 최소화해야 사업 자금의 부담을 줄일 수 있다.

두 번째, 사업은 단계적으로 확장하고 이에 맞추어 자금 조달 계획을 수립해야 한다. 사업 경험이 적은 경우는 기술개발부터 생산과 판매까지의 전 과정을 사업 대상으로 하기보다는 기술을 개발해서 특허권을 판매하는 회사로 국한시키거나 기술특허를 사서 생산에만 참여하거나 판매나 물류에만 진출하는 방식으로 제한된 범위에서 사업에 참여하는 것이 투자자금 부담과 사업 위험을 줄이는 방법이다. 그런 다음 단계적으로 사업을 확장해 가는 방식으로 사업에 참여하는 것이 사업 실패를 줄이는 길이다.

세 번째, 자금은 자기자본과 금융기관 차입 등 타인 자본을 혼합해서 활용하는 것이 좋다. 사업 시작단계에서는 대체로 신용도가 낮기 때문에 다른 사람이나 금융기관으로부터 자금을 빌리기가 쉽지 않다. 자금을 빌릴 수 있다 하더라도 대출기간이 짧아 사업을 하는 도중에 차입금을 갚아야 하는 경우가 많이 있기 때문에 이용에 조심해야 한다. 또한 사업 초기에는 주식 발행이 불가능하므로 자기자금으로 사업자금을 충당하거나 친인척 자금을 빌려 사업을 하는 경우가 많다. 다만, 최근 정부의 창업지원정책으로 사업자금을 빌려주거나 투자하는 제도가 있으므로 이 제도를 활용하는 것도 유용한 재원마련의 한 방안이 될 수 있다.

또한, 자금 조달 수단별로는 나름대로 장단점이 있으므로 이들을 고려하여 신중히 자금 조달 방법을 선택하여 자금 조달 비용을 최소

🔍 자금 조달 수단별 장단점

	장점	단점
자기자금 및 친인척자금	• 신속한 조달 용이 • 간소한 절차	• 규모의 제한성
엔젤투자자	• 투자회수 관련 증거자료 요구 • 우호적 투자자 만들기 용이	• 규모의 제한성, 높은 투자수익율 요구 • 다수의 이해관계자 참여 • 주주관리 부담 증대
기관투자가 및 벤처캐피탈	• 낮은 조달비용 • 기업의 신인도 제고에 기여 • 기업 투명성 제고에 기여 • 경영안정성 유지 가능	• 과거 영업실적 및 미래 현금흐름 관련 엄격한 검증절차와 관련 증빙서류 요구 • 투자의사결정 장기간 소요 • 외부감사
금융기관 차입금	• 경영권 독립성 보장 • 차입금이자의 손비 인정 • 자금 조달의 용이 • 낮은 금리(은행권)	• 담보 또는 복잡한 융자절차 • 단기 자금 • 채무상환 부담

화하는 방향으로 의사결정해야 한다.

국내 금융기관으로부터 자금을 차입할 경우 필요한 서류와 담아야 할 내용은 조금 복잡하다. 금융기관은 서류 중심으로 대출심사를 한다는 점에서 서류작성은 전문가들의 도움을 받아 작성하는 것이 바람직하다.

벤처캐피탈이나 엔젤투자자들이 투자의사결정을 할 때 창업기업이나 벤처·중소기업들에게 무엇을 요구하는지를 알면 투자자금 조달을 그만큼 용이하게 할 수 있을 것이다. 국내 유력 벤처캐피탈의 한 고위임원은 벤처투자 결정 시 고려하는 주요 포인트를 다음과 같이 들고 있다. 시장성, 수익성, 기술, 재무상태와 벤처투자기관의 포

🔍 K은행 사례로 보는 국내 금융기관 융자서류와 내용

	융자서류명
회사명	**가.** 기업체 개요, **나.** 연혁, **다.** 주주현황, **라.** 경영진 및 기술진 현황, **마.** 관계회사 현황, **바.** 생산 및 판매실적(최근 3년간), **사.** 주요거래처 현황, **아.** 동업계 현황
계획사업 내용	**가.** 개요, **나.** 제품내용, **다.** 시설계획(주요 시설 내용. 공사진행 계획), **라.** 생산계획(생산기술, 시설능력, 생산계획량, 소요인원 확보 계획), 입지조건, 원단위 표준, 소요자금규모 및 조달계획
영업계획	**가.** 추정손익계산서(판매계획, 추정제조원가명세서, 재료비 산출명세, 인력계획, 고정자산상각 계획), **나.** 종합자금계획(자금조달계획. 자금운용계획), **다.** 담보제공계획(담보물건, 연대보증인)
기타 제출 자료목록	**가.** 회사조직도, **나.** 유동자산·부채부문 주요계정 월별잔액(최근 회계연도 유동자산. 유동부채), **다.** 주요원재료 구입실적(최근 3년간), **라.** 금융기관 거래현황(예적금 현황, 차입금 현황, 상환계획) **마.** 제조공정, **바.** 시설별 공사비명세

🔍 벤처투자기관의 벤처·중소기업 경영진 평가요소

경 영 진

과거 비즈니스 경력

핵심기술, 핵심역량

교육과정

위기처리능력

사업동기

도덕성

주주구성

트폴리오 구성에 적합한 투자인지 여부와 경영진 구성 등이다. 이 가운데 경영진과 핵심인력, 포트폴리오 구성에 50% 이상의 가중치를 부여하고 있다고 고백한다. 특히, 경영진의 과거 비즈니스 경력, 교육과정, 사업동기, 주주구성, 도덕성, 위기대처능력, 핵심기술 및 핵심역량 등이 가장 중시되는 고려요소라는 점을 유념해야 한다.

최근 한 언론사가 국내에서 벤처캐피탈을 이용하면서 받았던 질문 가운데 경영진이나 조직구성원에 대한 질문 내용에 대해 상세히 보도한 적이 있다. 사업을 하려는 사람들은 앞으로 어떠한 사람들과 함께 일해야 하는지 참조하면 좋을 것 같다. 몇 가지 예를 들면, 벤처캐피탈의 경우 벤처기업인들에게 창업 이전에 무엇을 하였는지, 공동 창업자와의 관계는 어떠한지, 지분구성과 계약서 작성 여부 등을 질문한다고 한다. 또한, 창업자의 사업 의지와 비전(궁극적으로 이루고자 하는 꿈)과 인재의 구성에 대해서도 알고 싶어 한다. 조직구성원들의 스펙과, 그들과 사업주가 어떻게 인연을 맺게 되었으며, 사업주를 믿고 언제까지 그들이 함께할 수 있는지도 확인한다고 한다. 특히 R&D나 핵심 기술인력에 대해서는 그들의 전문분야에 대해 구체적인 질문을 하는 경우도 많다고 한다. 이밖에 창업자에 대한 사적인 질문도 이어지는데, 사업동기에서부터 인생의 목표와 사업과의 연관성 등에 대한 질문이 이어진다고 한다.

따라서 사업을 시작하기에 앞서 누구와 손을 잡고 공동으로 사업을 시작하고 투자자금을 조달할 것인지를 최우선적으로 고려할 필요가 있다. 혼자 사업을 하는 것보다는 팀을 구성해서 시너지를 내는

것이 유리하다. 주주구성 등이 변변치 못할 경우에는 관련 분야에 경
륜이 있는 분들을 고위 경영진이나 고문 등으로 영입하여 사업상 도
움을 받는 것도 좋은 사업전략이다.

한편, 다음의 사례는 환경 관련 벤처기업의 투자요청에 대해 엔젤
투자자들이 요청한 실제 요구사항이다. 이를 보면 투자자금 조달 시
에 얼마나 많은 정성과 노력을 기울여야 하는지 간접적으로 알 수 있
을 것이다.

한 엔젤투자자가 벤처기업에 요청한 사항

1. 재무상황 – 최근 2년간 대차대조표, 손익계산서, 제조원가보고서
2. 향후 수지예상
   – 각 연도별 매출액, 매출원가, 매출이익, 일반관리비, 세후 당기순이익
     등으로 구분
3. 향후 5년간 부문별 매출계획 – 1) 품목별 2) 국내(B2B, B2C), 국외 등
4. 당사 제품의 경쟁제품 대비 우위 비교(표 또는 그림 등 사용)
5. 향후 소요자금 및 조달계획
6. 현재 주주명세표
7. A/S코스트를 절감할 전략 및 계획
   – 기존 A/S코스트의 분석(발생액, 발생률, 발생원인 등), A/S코스트 절감 방안
   – 신제품의 기술적 또는 실용적 완결성 제고, A/S조직 및 활동의 효율성
     제고
8. 마케팅 전략, 실행계획(국내/국외, 본사직판/총판/대리점 등)은?
9. 와스코WASCO사업의 구체적인 절차와 방법은?
   – 취급기관, 한도, 취급기간, 금액, 취급조건 등은?
   – 앞으로 누가, 언제 어떤 과정을 거쳐 결정되는가?
10. 특허 등 기술부문에서 기존 특허는 회사 명의인가?

      – 기존 특허 또는 제품을 업그레이드 시킨 것 또는 대체하는 신기술 개
         발도 회사에 귀속시킬 것인지?

      – 종류가 다른 새로운 기술 개발이 이루어질 때, 이에 대한 권리를 회사
         에 이전할 것인지?

      – 보상조건은 무엇인가?

11. 새로 나오는 신제품은 무엇이며, 기존 제품 대비 우월한 점은 무엇인지?

      – 마케팅 계획은 무엇인지?

      – 기존 제품은 취급하지 않을 것인지?

      – 기존에 설치된 제품을 신제품으로 교체해 주어야 하는지?

12. 정부 정책과제(물 자원 절약 등)의 실행력을 높이기 위한 활동계획은?

      – 일부 구청의 절수시설 설치의무화 등 공공기관 등에 시달하고 있는
         데, 이에 대한 대응전략과 그 실행계획은?

파이브락스5Rocks의 일본 벤처캐피탈 투자유치 사례

국내 모바일 비즈니스인텔리전스BI 기업 '파이브락스'(대표: 이창수)는 일본 벤처캐피탈 '글로벌브레인Global Brain'(사장: 야스히코 유리모토)으로부터 약 25억 5,000만 원의 투자를 유치했다. 파이브락스가 글로벌브레인으로부터 투자받은 펀드는 글로벌브레인과 니프티Nifty가 공동 운영하는 펀드 '윙WING'과 일본 대표 이동통신사 'KDDI'가 공동 운영하는 'KDDI 오픈이노베이션 펀드'다. 동 투자 유치는 2013년 5월 1일 서울 삼성동 코엑스에서 개최된 스타트업 컨퍼런스 '비론치 2013beLAUNCH 2013'에서 이루어 졌다. 연사로 참가한 이창수 대표와 글로벌브레인의 유리모토 대표가 옆 자리에 앉은 인연으로 시작된 것이다.

파이브락스는 모바일 게임을 위한 데이터 분석과 실시간 마케팅, 운영 기능을 지원하는 비즈니스인텔리전스 툴을 제공하는 스타트업 기업이다. 2010년 9월에 설립된 아블라컴퍼니로 출범한 파이브락스는 2013년 6월 비즈니스인텔리전스 사업을 본격화하면서 사명을 변경했다.

파이브락스가 제공하는 비즈니스인텔리전스는 기업의 신속하고 정확한 의사 결정을 위해 데이터의 수집과 분석 등을 돕는 프로그램이다. 파이브락스 비즈니스인텔리전스의 우수성으로 2011년 5월에는 한국의 '스톤브릿지캐피탈Stonebridge'로부터 20억 원을 투자 유치하기도 했다. 2013년 6월 말 오픈한 클로즈드 베타 비즈니스인텔리전스 서비스는 시작한지 약 한 달 만에 기술력을 인정받아 '선데이토즈', '링크투모로우', '게임빌', '로드컴플릿', '로켓오즈', '모모' 등 국내 대표 모바일 게임 회사들이 자사의 게임분석 운영 서비스로 채택되기도 했다.

마지막으로 자금 조달을 할 때, 다음 사항을 유의해야 한다.

첫째, 조달자금의 규모, 자금상환 기간, 이자율과 배당률, 외화자금 등을 사용하는 경우 위험의 회피(환위험 헤징)방법 등을 고려해야 한다.

둘째, 자금차입 시 융자조건, 부동산 등 담보조건, 연대보증인 입보 여부, 연대보증을 서야 하는 경우 보증한도의 범위 등을 명확히 해야 한다. 특히, 금융기관으로부터 대출을 받는 경우에는 앞으로도 주거래은행으로서 지속적인 관계를 가져야 하므로 사업장과 지리적으로도 가깝고, 사업자 대출제도가 잘되어 있는 금융기관이거나 창업 이전에 거래하던 금융기관이 있을 경우 기존 금융기관과 거래를 한다면 대출금리 할인은 물론 법인카드 발급 등에서 우대를 받을 수 있다.

셋째, 본인이나 가족의 투자자금 이외에 타인이나 벤처투자기관 등으로부터 투자 자본을 받게 되는 경우 경영활동상 많은 제약이 올 수 있다는 점도 유념해야 한다. 투자자금을 초기에 받게 되는 경우 투자자들은 사업의 위험이 높다고 판단하여 높은 자본비용을 요구하

게 된다. 쉽게 이야기하면 적은 돈을 받고 많은 주식지분을 내주어야
한다는 점을 알아야 한다. 물론 사업이 일정 궤도에 올라서면 주식을
비싼 값에 팔아(즉, 낮은 자본비용으로) 많은 투자자금을 조달할 수 있게
된다. 또한, 외부 투자가들이 주식지분을 사서 주주로 참여하게 되면
회사경영 전반에 대한 간섭도 늘어나게 되고, 경영진을 선임할 때나
중요한 투자의사결정을 할 때 사전에 동의 절차를 밟도록 요구하는
등 지배구조에 대한 감시활동이 강화된다는 점을 유념해야 한다. 회

🔍 국내 주요 벤처투자기관 예시

기관명	주요 업무	투자 조건 및 형태	연락처
현대기술투자	창업자 및 벤처기업에 대한 투자	사업개시일로부터 7년이 경과하지 아니한 중소기업·벤처기업을 신주인수, 지분출자, 전환사채, 신주인수권부사채의 인수, 자금 지원	www.hvic.co.kr 02)728-8990
삼성벤처투자	창업자 및 벤처기업에 대한 투자	미래신기술 사업 분야의 신설단계 기업부터 주식시장등록 직전의 기업까지 투자자금, 경영지원, 기술지원, 시장등록 지원	www.samsungventure. co.kr 02)2255-0299
파트너스 인베스트먼트	창업자에 대한 투자 및 구조조정대상 기업에 대한 투자, 벤처기업에 대한 투자	핵심 기술 보유현황 및 경쟁력, 경영진의 우수성 및 기업지배구조, 시장규모 및 시장 확대 가능성을 바탕으로 주식투자	www.partnersi.co.kr 02)6248-7600
대성창업투자	창업자에 대한 투자, 벤처기업에 대한 투자, 창업투자조합의 결성 및 업무 진행, 해외기술 알선, 보급 등	산업 흐름에 따라 벤처투자, 구조조정투자, 창업교육 투자	www.daesungpe.com 02)559-2900

계처리에 대한 투명성 요구도 받게 될 것이다. 이러한 지분참여자들의 회사지배구조에 대한 간섭이나 감시 때문에 주식상장이나 외부 투자자들의 지분 참여를 아예 생각하지 않는 사업가들도 늘어나고 있다.

그리고 크라우드 펀딩Crowd funding을 통해 국내외 불특정 다수인으로부터 투자자금을 모집하는 방법도 있으므로 사업아이디어가 좋다면 이를 활용하는 방법도 적극 강구할 필요가 있다.

크라우드 펀딩은 '대중crowd'과 '자금조달funding'의 합성어로, 인터넷 등을 통해 다수의 사람들(대중)로부터 프로젝트 혹은 벤처의 자금을 조달하는 방식을 말한다. 이는 16세기부터 그 개념이 등장할 정도로 오랜 역사를 가지고 있으나, 정보통신기술의 발달로 많은 온라인 중개 플랫폼이 등장하면서 크라우드 펀딩이 급격히 활성화되는 양상을 보이고 있으며, 실제로 이를 통해 자금을 조달한 사례가 많이 나타나고 있다. 모금액 또한 2010년에는 전 세계에서 1,000억 원 규모에 불과했으나, 2013년 말에는 약 6조 원 규모로 대폭 성장하였고, 2025년에는 1,000조 원에 육박할 것으로 전망하고 있다.

인디고고(www.indiegogo.com)가 2008년 1월 최초로 온라인 크라우드 펀딩을 시작하였고, 미국의 킥스타터(www.kickstarter.com)가 현재 가장 규모가 큰 크라우드 펀딩 플랫폼으로 알려져 있다. 킥스타터의 경우, 개별 프로젝트에 수만 명의 사람들이 후원하여, 수백만 달러를 조달한 사례들이 《가디언》 등 해외 언론을 통해 알려져 있으며, 이 중에는 가상현실VR 헤드셋을 최초로 상용화한 오큘러스 리프트Oculus Rift, 스마트워치Smart Watch의 초기 시장을 주도한 페블Pebble, 개인용 3D프

린터 개발 프로젝트인 'The Micro, FORM 1' 등 미래산업 트렌트를 주
도해 나갈 것으로 예상되는 혁신적인 프로젝트 및 벤처기업들의 자
금모금 사례도 포함된다. 이외에도 문화콘텐츠(소설, 독립 영화, 게임 등)
창작, 사회공헌활동의 후원 등 다양한 프로젝트 및 창업에 크라우드
펀딩이 중요한 역할을 하고 있다.

아래 그림과 같이, 크라우드 펀딩은 프로젝트 등록자, 후원자, 그
리고 중개자에 해당하는 크라우드 펀딩 플랫폼 운영업체의 3자 간에
이루어진다.

먼저, 자금조달을 희망하는 프로젝트 제안자가 온·오프라인 크라
우드 펀딩 플랫폼 업체에 프로젝트를 등록하면, 해당 업체는 다양한
방식으로 불특정 다수의 후원자에게 홍보하고 신용카드·계좌이체
등 후원금 결제 수단을 제공함으로써 원활하게 자금이 조성되도록
한다. 이때 더 많은 후원자를 유인하고 지속적인 후원을 끌어내기 위

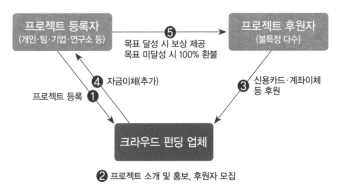

🔍 **크라우드 펀딩 개념도**

*주요 사업영역: 음악, 출판, 비즈니스, 패션, 공연, 스포츠 등 사회 전 분야

프로젝트 등록자
(개인·팀·기업·연구소 등)

프로젝트 후원자
(불특정 다수)

❺ 목표 달성 시 보상 제공
목표 미달성 시 100% 환불

❹ 자금이체(추가)

❸ 신용카드·계좌이체
등 후원

프로젝트 등록 ❶

크라우드 펀딩 업체

❷ 프로젝트 소개 및 홍보, 후원자 모집

🔍 크라우드 펀딩의 분류

구분	설명
기부형 (Donation-Based)	• 금전적 또는 기타 보상을 전제로 하지 않는 순수한 형태의 기부 • 사례: 카렌 할머니의 여름휴가 프로젝트, 미국 코네티컷 초등학교 총격 사건의 피해자를 위한 모금 등 • 대표 플랫폼: 기브 포워드, 볼렌티어 포에버
보상 제공형 (Reward-Based)	• 혁신적인 아이디어를 바탕으로 한 프로젝트에 자금 투자, 티켓 또는 제품 등 후원에 대한 소정의 대가를 제공 • 사례: 페블워치, 3D프린터 등 • 대표 플랫폼: 킥스타터, 인디고고
대출형 (Lending-Based)	• 개인 또는 개인 사업자에 대한 소액 대출 형태로 차입자는 만기에 원금+이자를 상환 • 사례: 라라 밀러의 패션사업 자금 모금 등 • 대표 플랫폼: 프로스퍼, 렌딩클럽
지분투자형 (Equity-Based)	• 창업자 또는 혁신적인 프로젝트에 투자하고 투자자는 주식 또는 수익증권을 취득 • 사례: 햅 하우징 기업에 대한 투자금 모금 등

자료: 크라우드산업연구소

해 보상을 제공하는 것이 일반적이다.

국내에서도 사회적 기업, 금융투자, 한류, 독립문화창작, 패션·디자인 등 분야별로 다양한 크라우드 펀딩 플랫폼이 운영되고 있다. 한국크라우드펀딩기업협의회(www.kcfps.or.kr) 등의 협회 홈페이지를 통해서도 접근이 가능하다. 지분투자형(혹은 증권형) 크라우드 펀딩의 경우, 소액투자가 가능하다는 점에서 새로운 자본금 조달 및 재테크의 수단으로도 주목받고 있으며, 2016년 1월부터 법적으로 일반 투자자의 참여가 허용되고 있다.[5]

. . .

5. 증권형 크라우드 펀딩에 대한 추가적인 정보는 크라우드넷(www.crowdnet.or.kr) 참조.

출구전략Exit Strategy의 수립

사업이든 전쟁이든 모든 일에는 시작과 끝이 있다. 남의 돈을 빌려 쓸 때는 언제 갚을 것인지를 분명히 해주는 것과 같이, 투자자금을 모을 때도 사업을 해서 어떻게 돈을 벌고, 투자원금을 언제 어떠한 방식으로 회수할 수 있도록 해줄 것인지를 밝혀주는 것이 출구전략의 핵심이다. 사업제안서를 작성할 때부터 자금이 필요한 시점과 어떻게 조달할 것인지, 차입금이나 투자원금은 언제 어떠한 방식으로 되돌려 줄 수 있는지를 투자자들에게 분명히 밝혀야 한다. 그래야 투자하는 사람 입장에서도 자신들의 자금수급계획을 세울 수 있는 것이다. 미국의 벤처투자가들은 반드시 사업계획서에 출구전략을 제시하도록 요구한다. 주식발행을 통해 자금조달하는 경우 회사를 언제 증권시장에 상장한다거나 아니면 지분 등을 회사가 되사겠다는 계획 등을 분명히 밝혀주는 것이 좋다.

우리나라는 투자자들이 통상 5년 이내에 투자자금을 회수하려는 경향이 있다. 이로 인해 장기적으로 투자자금이 필요한 벤처기업들 입장에서는 이러한 자금을 사용하는 것이 부담스럽다. 최근 정부의 벤처투자 정책이 사업가들에게 우호적인 방향으로 바뀌고 있으므로 투자자금 사용 시에는 이러한 정책자금의 상환기한이 얼마나 긴지 면밀히 따져 보아야 한다.

창업 전 현장체험

새로운 사업을 하려는 사람은 자신이 진출하고자 하는 사업 분야에 다만 몇 개월이라도 현장체험을 하는 것이 중요하다. 가급적 1년 이상 해당 분야에서 체험을 해보면 사업에 따르는 위험을 사전에 파악하여 대비할 수 있을 뿐만 아니라 적은 비용으로 해당 사업에 진출하는 지혜를 얻을 수 있다. 학교 졸업 후 창업을 하려는 학생이라면 관심 있는 분야의 사업체에 들어가 인턴사원으로 일해 보는 것도 좋은 사업 준비가 될 것이다. 은퇴 후에 창업을 하려는 경우에도 관심 있는 분야에 자신이나 가족들을 해당 분야에서 아르바이트를 시키거나 임시직원으로 일해 보게 하는 것이 성공적인 창업에 많은 도움이 될 것이다.

은퇴를 눈앞에 둔 금융기관의 한 임원이 자기 아내에게 음식점을 내주기로 하였는데, 마포에서 장사가 잘되는 일식집 하나를 벤치마킹하여 서울시 외곽에 유사한 일식집을 차리기로 하고, 가족이 그 일식집에서 몇 개월 동안 아르바이트를 했다고 한다. 그런 다음 몇 개월 준비 후에 응암동에 일식집을 차리게 되었다. 그 부부는 나름대로 충분한 준비를 한 후 사업을 시작하였기 때문에 별 문제가 없을 것으로 생각했다. 처음 몇 개월은 장사가 잘되었고, 직원도 많이 뽑았다. 그러나 이 일식집의 주 메뉴인 주꾸미가 계절상품인 점을 뒤늦게 알게 되었다. 제철인 3월부터 7월까지는 그런 대로 주꾸미가 잘 팔렸지만, 8월부터 그 다음해 2월까지는 장사가 안 돼 파리만 날리게 되었다. 이 부부가 몇 개월이 아니라 1년 이상 일식집에서 임시직원으로 현장체험을 했더라면 주꾸미가 한철 장사인 것을 알아차리고, 이러한 계절성 메뉴의 위험을 미리 파악하여 아예 사업을 시작하지 않거나 하절기에 대비한 메뉴를 개발하여 수지를 맞추는 방법을 강구했을 것이다. 다행히 남편이 현직에 있었기 때문에 경제적인 문제는 그런 대로 해결할 수 있었지만, 이 사업으로 인해 그들은 억대의 손해를 보고 2년 만에 일식집을 문 닫고 말았다. 이와 같이 창업을 하려는 사람들은 1년 이상의 현장체험을 통해 새로운 사업 추진에 따르는 위험을 미리 파악하고 대비하면 좋다.

사업계획서 작성

사업계획서의 중요성

사업은 무無에서 유有를 창출하는 과정이다. 창업단계에서는 사업계획서가 사업체의 간판이자 얼굴이나 마찬가지일 정도로 중요하므로 잘 작성해야 한다. 사업계획서는 사업가 자신은 물론 주요 이해관계자와의 핵심 소통수단이기도 하다. 창업자나 사업가 자신도 사업을 구상하다 보면 수많은 생각을 하게 된다. 어떤 아이템으로 어떻게 사업을 해야 할지 끊임없이 고민하게 되고 사업 방향을 명확하게 설정하게 된다. 이때 비즈니스 캔버스Nine Business Building Blocks를 토대로 사업계획서를 작성하게 되면 자신의 생각을 명쾌히 정리할 수 있다. 사업계획서는 사업환경 변화 등을 고려하여 끊임없이 보완할 수 있도록 열린 마음을 갖고 준비해야 한다. 세상에 완벽한 것은 없다. 언제든 문제가 발견되면 보완할 수 있는 것이 사업의 성공 확률을 높이는 최선의 방책이다. 투자자나 사업파트너, 금융기관, 거래선 등 주요 이해관계자들과 소통함에 있어서도 잘 준비된 사업계획서는 이들을 설득시키고 자신의 편으로 만드는 데 큰 힘이 된다. 특히, 금융기관으로부터 투자나 융자를 받거나 관공서나 대기업 등으로부터 용역이나 사업(대행)권 등을 따내려 할 때는 사업계획서의 역할이 절대적이다.

요즘은 우수 인재를 영입하거나 채용하는 경우에도 사업계획서가 필요하다. 스마트한 젊은이들은 자신들이 함께할 회사의 사명과 비전, 그리고 사업목표가 무엇인지, 사업계획서에 이러한 철학 등이 잘 반영되어 있고 사업주가 진정성을 갖고 사업계획서 내용을 잘 실현하고자 하는지를 확인하고 싶어 한다. 직원들 입장에서는 인생의 가장 황금기를 한 기업에 투자하는 것이기 때문에 그러한 것들을 확인하는 것은 마땅히 해야 할 일이라고 본다.

사업계획서는 간결하고 명료할수록 좋다. 사업계획서의 분량이 많은 경우에는 간략하게 요약을 해야 한다. 남의 사업계획서를 처음부터 끝까지 친절하게 읽어 보는 이해관계자들은 그리 많지 않다. 일반적으로 추천하는 사업계획서 작성양식이나 형식은 있지만 이는 그리 중요하지 않다. 사업계획서를 보고자 하는 이해관계자의 니즈를 잘 반영하고 있으면 된다. 특히, 관공서나 공공기관 등으로부터 용역이나 프로젝트를 수주하려는 경우에는 해당기관에서 요구하는 입찰제안서RFP, Request for Proposal를 숙지하고 이에 부합하도록 사업계획서를 준비해야 한다. 이들 기관들은 사업계획서와 발표내용만으로 사업자를 선정하는 경우가 많으므로 초기 사업자들은 외부전문가나 컨설팅 회사의 도움을 받아 사업계획서를 준비할 필요가 있다.

사업계획서 작성 방법

사업계획서는 앞으로 수년간의 목표와 그 목표를 달성하기 위한 방법을 제시한다. 사업계획서는 성공적인 미래를 위한 청사진 내지는 사업이라는 힘든 항해를 위한 로드맵과 같은 것이다. 사업계획서는 사업체가 올바른 방향으로 가고 있는지 아닌지를 보여준다. 성공하는 기업일수록 사업계획서를 잘 만들어 활용하며, 융통성 있게 수정·보완한다.

사업가는 사업계획서를 작성하는 과정에서 궁리하고 있는 사업에 대해 더욱 깊이 검토하게 되고, 창업 후 사업을 하는 데 필요한 자금규모나 매출액을 구체적으로 예측하는 데 도움을 받게 된다. 또한, 마케팅 아이디어를 보다 정교하게 만들 수 있게 되며, 경쟁자와 시장을 명확히 파악하는 데 도움이 된다. 이렇게 사업에 대한 분석을 면밀히 하는 과정에서 사업의 내용과 사업을 성공시키기 위한 필요조건이 무엇인지도 알게 된다. 이밖에 사업계획서를 작성하다 보면, 현실성 없는 계획 등을 제거할 수 있게 되고, 투자자나 금융기관에 자신의 사업이 투자가치가 있음을 증명하게 된다.

반대로 사업계획을 수립하지 않을 경우, 사업을 하는 것이 아니라 도박을 하는 것과 마찬가지가 된다. 도박은 성공할 수도 있지만 실패할 수도 있다. 그 결과는 아무도 예측할 수 없다. 하지만 사업계획서를 세밀히 작성하게 되면 실패위험이 그만큼 줄어들게 된다. 또한 사업계획서 없이는 투자자로부터 자금을 끌어들이거나 금융기관으로부터 대출을 받기도 힘들다.

　사업계획서를 작성하기에 앞서 자신이 선정한 사업아이템이 미래트렌드에 부합하는지 고민하는 것도 중요하다. 2013년 미래창조과학부는 이와 관련하여 'ICT R&D 중장기 전략'을 발표하고 핵심 10대 미래기술을 선정하였다. 자신이 선정한 사업아이템이 트렌드에 적합한지 확인하면 좋을 것이다.

🔍 핵심 미래기술

미래기술	개 념
1. 하이퍼 넷	현재보다 1,000배 빠른 초연결 네트워크
2. 미래광고	시간, 계절 등 주변 상황에 따른 맞춤형 광고
3. ICT D.I.Y.	누구나 내 손으로 창의적 정보통신기술 융합제품 구현
4. 양방향 교육	실감콘텐츠 기반 양방향 학습자 주도 교육
5. 소상공인 지원	빅데이터 기반 소상공인 창업지원 솔루션
6. 실감방송	사용자들이 원하는 방송 시점과 대상을 선택
7. Join&Joy	멀리 있는 가족, 친구와 함께하는 가상 놀이터
8. ICT 자동차	유해가스 배출량을 줄인 스마트자동차 서비스
9. 스마트 워크	원격 회의 및 실감 협업 솔루션
10. 힐링 플랫폼	생체신호나 생활 습관을 분석해 질병을 예방
11. 스마트 먹거리	농축산물 전 주기 이력관리 자동화
12. 에너지 다이어트	건물이나 단지의 분산·자립형 에너지 서비스
13. 재난 조기감지	기후변화 등 빅데이터 기반 재난재해 예방
14. 사이버테러 대응	사이버테러, 해킹, 악성코드 등 신속 탐지
15. 만리 안	스마트 CCTV나 센서로 범죄 예방

자료: 미래창조과학부, 'ICT R&D 중장기 전략', 2013.

사업계획서의 구성요소는 일반적으로 제목, 개요, 차례, 사업개요, 경영진 구성, 업계개요, 경쟁업체, 마케팅 전략, 예상 매출액, 추정 재무제표 및 재무 분석, 출구전략, 첨부서류 및 결론 등으로 나누어 볼 수 있다.

• 제목

제목 페이지에는 사업체의 명칭과 로고, 대표자 성명, 사업체 주소, 전화번호, 이메일 주소, 홈페이지 주소 등을 기재한다.

• 개요

사업계획의 핵심적인 내용을 담고 있는 부분으로, 투자자들은 이 개요를 읽고 흥미가 있으면 다음 내용을 계속해서 읽지만 그렇지 않으면 더 이상 보려 하지 않는다. 따라서 개요는 투자자들이 매력을 느끼도록 3~4페이지 내외로 작성하는 것이 좋다. 개요에는 '사업이 어떤 것이고, 고객은 누구이며, 다른 경쟁자 사업과의 차별성은 무엇이고, 왜 지금이 투자 적기인지, 얼마나 자금이 필요한지'를 반드시 설명해야 한다. 출구전략에 대해서도 가급적 언급하는 것이 좋다.

개요 부문은 앞에 오지만 전체 기획을 수립한 후에 마지막에 작성하는 것이 바람직하다.

• 차례

각 주제별 제목과 페이지 번호를 표시한다.

• 사업개요

사업의 목표와 성장전망에 대해 정확히 기술해야 한다. 생산 또는 판매하고자 하는 상품이나 서비스의 틈새시장에 대해서도 언급해야 한다. 또한, 기존의 상품이나 서비스와의 차이점, 진출하고자 하는 시장의 규모와 성장가능성 등에 대해서도 설명해 주어야 한다. 특정 지역, 예컨대 제주도에서 소매상을 한다면 제주지역의 소비수요를 전망해 주어야 할 것이다. 그러나 인터넷 사업이라면 전국적인 수요에 대해 설명해야 한다. 사업에 대한 목표 시장을 명확히 하고 이를 토대로 목표 시장점유율을 분명히 해야 한다. 사업체의 형태도 개인 사업자로 할지, 주식회사나 유한회사로 할지 밝혀야 한다.

• 경영진 구성

투자자나 금융기관은 사업체의 경영진 구성원이 누구인지를 매우 중요시한다. 경영진의 능력과 경험을 사업 성공의 중요한 요소로 판단하기 때문이다. 청년창업이나 퇴직 후 소규모 창업을 하는 경우에는 해당 사업 분야에 대한 자신의 역량과 경험 등을 설명하면 된다. 그러나 다른 사람의 도움이 필요할 정도의 규모의 사업이라면 유능한 경영진의 영입이 필요하다. 경영진의 명단을 작성하고, 그들의 주요 경력과 주요 업무를 기술한다.

• 경쟁업체

사업에 있어 경쟁자에 대한 정보를 파악하는 것은 매우 중요하다. 그러나 많은 벤처기업인이나 중소기업인을 만나보면 의외로 경쟁자에 대해 알지 못하는 경우가 많다. 청년창업자들은 경쟁자가 누구인지, 그들의 장·단점은 무엇인지 등에 대해서는 파악하려고 하지 않는다. 그러나 투자자들이나 금융기관에서는 경쟁자의 정보 등을 토대로 중요한 투자나 대출의사결정을 한다.

경쟁업체 내용에는 경쟁사업자에 대한 직접적인 정보를 기술해야 한다. 경쟁업체들이 얼마동안 사업을 해 왔는지, 그들의 장·단점, 사업장 위치, 매출규모, 경쟁업체들을 이기기 위한 구체적인 전략 및 방법 등을 담아야 한다. 예를 들어, 다음과 같은 사항들에 대한 조사 분석 내용들을 기술하면 좋다.

❖ **경쟁자를 이기기 위한 전략은 무엇인가?**(더 좋은 사업장 위치, 저렴한 가격, 편리한 영업시간, 더 나은 품질과 서비스 전략 등)
❖ **경쟁업체들의 강점과 장점은?**
❖ **경쟁업체들의 소비자 니즈 충족 여부와 충족시키기 위한 전략 및 방법은?**
❖ **경쟁업체 고객을 어떻게 자사 쪽으로 끌어들일 것인가?**

• 마케팅 전략

앞서 사업준비 단계에서 마케팅 전략에 대해 생각해 보도록 한 것도 사업계획서에 반영하기 위한 것이었다. 마케팅 전략과 관련해서는 고객이 누구인지, 예컨대 고소득층인지, 일반 대중인지, 젊은층인지 등을 파악해야 하며, 어떠한 가격전략을 구사할 것인지, 어떠한 광고와 판촉정책을 생각하고 있는지 등에 대해 적어야 한다. 만약 이미 계약을 체결한 고객이 있거나 만나본 고객이 있다면 그들에 대해서도 기술하는 것이 좋다.

• 예상 매출액

주먹구구식의 막연한 사업 시작으로 인한 사업 실패를 방지하려면 예상 매출액을 생각해 보는 것이 좋다. 특히, 분기별 매출액이나 월별 매출액까지 추정해 보면 자신이 팔려고 하는 상품이 계절성 상품인지 여부와 어느 때 사람이 더 필요하고, 자금이 더 필요한지에 대해 판단을 할 수 있다. 예상 매출액을 생각해 보는 것이 중요한 또 다른 이유는 사업계획서의 작성 목적인 자금 조달에 있다. 투자자들은 추정매출액의 산출근거를 따져보게 된다. 사업체가 추정한 매출액이 지나치게 부풀려져 있는지 여부와 이를 토대로 매출원가와 이익규모를 파악할 수 있게 된다. 따라서 매출액의 추정은 보수적으로 하는 것이 바람직하다. 일반적으로 투자자나 금융기관들은 향후 5개년 정도의 매출액을 추정해서 재무제표로 만들 것을 요구하므로 사업자는 5개년 매출액을 보수적으로 추정해야 한다.

예상 매출액 내용에는 다음 사항을 포함시켜야 한다.

❖ 향후 월별, 연간 매출량 및 매출액
❖ 5년간 매출량 및 매출액
❖ 예상 매출액의 산출근거가 되는 가정(적용환율, 물가상승률, 수요증가율 등)
❖ 자사의 판매전략(매출목표, 목표고객, 판매기법), 유통기획(도매, 소매, 직접 판매, 인터넷 판매 등), 가격구조(매출액이익률, 손익분기점 매출액 등)

매출액을 추정하는 데 필요한 정보를 구하기는 쉽지 않을 것이다. 관련 정보를 얻기 위해서는 잠재적 경쟁자를 분석하는 것이 도움이 된다. 관련 협회의 자료와 정보도 활용하면 도움이 된다.

• 추정 재무제표 및 재무 분석

투자자들로부터 자금을 끌어 모으려면 5년 정도의 추정 대차대조표, 손익계산서와 현금흐름표 등 재무제표와 이를 토대로 분석한 재무 분석 자료가 제시되어야 한다. 이 부문은 회계사나 재무전문가 등의 조력을 받아 작성하는 것이 가능하며, 엑셀 스프레드시트 등을 활용하면 쉽게 작성할 수 있다.

• 출구전략(투자금 회수전략)

투자자가 투자자금을 어떻게 회수할 수 있는지를 기술해야 하는데, 투자금 회수방법으로는 주식의 상장, 사업체의 매각이나 지분의 자사매입 등이 있으며, 이러한 투자금 회수전략을 구체적으로 기술하면 된다.

사업계획서 목차 예시

1. 개요: 목표(매출액증가율, 목표 이익률, 고객 수 등), 경영이념(상품·서비스에 대한 경영목표, 지역사회에 대한 경영이념, 경제적 경영이념), 성공을 위한 핵심 전략(사업장위치, 품질, 서비스의 질, 명성 등)

2. 기업 소개: 주주 구성 및 지분 비율, 창업비용, 회사의 소재지 및 시설

3. 상품 또는 서비스: 상품 또는 서비스 설명, 경쟁력 비교, 원자재 조달, 기술수준, 미래 상품 또는 서비스

4. 시장 분석: 기업고객, 개인고객, 시장 세분화(고소득층, 학생층 등), 목표 시장 세분화 전략, 시장의 니즈, 시장의 트렌드, 시장의 성장률, 산업분석, 대체재, 유통패턴, 경쟁업체의 유형 및 구매행태, 주요 경쟁업체

5. 전략 및 실행 계획: 경쟁력, 마케팅 전략, 마켓 포지션(목표 고객), 가격전략, 판촉전략, 유통전략, 마케팅 프로그램, 차별성 있는 로고, 광고 및 판촉, 판매전략, 예상 매출액, 판촉계획, 전략적 제휴, 추진일정

6. 경영관리: 조직구조, 경영진, 인사계획

7. 재무계획: 재무계획을 위한 주요 가정(환율, 장단기 금리, 세율, 인건비 부담 등), 주요 재무비율(매출액, 매출총이익, 영업비, 재고회전율), 손익분기점 분석, 예상 손익계산서, 대차대조표, 현금흐름표, 각종 비율(매출액증가율, 매출액총이익률, 총자산순이익률, 자기자본순이익률, 자기자본비율, 부채비율, 유동비율, 총자산회전율 등)

8. 출구전략(투자금 회수전략): 시나리오별 방안 제시, 결론(시나리오 중 경영진이 선호하는 방안)

9. 첨부: 사업계획 수립과 관련한 증거자료 등

회사 설립 절차

개인회사 설립 절차

개인회사를 설립하는 절차는 매우 간단하다. 사업자등록을 위해서는 사업장이 있어야 한다. 사업장이 없을 경우에는 자택을 사업장으로 하여 등록할 수 있다. 다만, 세무서 입장에서는 사무실이나 자택이 사업을 하기에 적절한지를 판단하는 대상이 된다. 사무실을 임차할 경우에는 임대차계약서를, 자가주택인 경우에는 등기부등본을 신청서와 함께 제출한다. 사업자등록 신청서에는 상호, 대표자의 성명, 생년월일, 개업 년·월·일, 사업장 소재지, 사업의 종류, 사무실 임대차계약 내용(보증금, 월세, 사무실 소재지 등)을 기재해야 한다. 등록 신청을 하면 3일 이내에 세무서는 사업자등록증을 발급해 준다.

주식회사의 설립 절차

개인기업과 달리 주식회사의 설립절차는 다소 복잡하고 법적인 절차를 거쳐야 한다. 주식회사의 설립절차는 다음과 같다.

• 자본금 규모 및 지분율 결정

자본금 규모는 크게 두 가지 관점에서 결정되어야 하는데, 첫째는 실제로 사업을 시작하기 위해서 필요한 사무실 보증금, 인테리어 및 집기비품 구입비, 수익발생 시까지의 인건비 및 기타 경비 등을 추정하여 그 금액을 최초의 설립자본금으로 결정하는 것이고, 둘째는 특정 사업(예를 들면, 면허가 필요한 건설업, 인·허가에 해당하는 여행업 등)의 경우에는 법규에 최소 자본금 규모가 정해져 있으므로 대부분 그 최소 자본금 규모를 감안하여 최초 자본금을 결정해야 한다.

또한, 일반적으로 특별히 최소 자본금 규정(법률상 100원 이상)이 없으며 직원도 많이 필요하지 않고 법인설립 이후 소요되는 비용도 미미한 경우(예: 전자상거래, 개인컨설팅 등)에는 향후 몇 달간 매출이 발생하지 않을 경우를 대비한 운영자금 정도로 설립을 진행하면 된다.

누가 얼마나 투자할 것인지도 결정해야 하는데, 1인이 모두 다 투자해서 1인이 100%의 지분을 보유하는 회사로 해도 되고, 몇 사람이 일정 금액을 투자하여 지분을 나누어 보유하는 것도 가능하다.

• 임원 결정

그 다음 과정은 설립할 법인(주식회사)에 법적으로 등기되는 임원(대표이사, 이사, 감사)을 결정하는 것이다. 대표이사와 이사, 감사는 법인설립 후 법인등기부등본에 기재되며, 법인의 업무와 관련하여 주요한 권한과 법적 책임을 동시에 지게 된다.

주주와 임원은 별개의 지위여서 A, B가 주주가 되고, C, D, E가 각각 대표이사, 이사, 감사를 맡는 것도 가능하고, 자연인 A가 70%, B가 30% 주주가 되고, 또다시 A가 대표이사를 맡고 B가 이사, 주주가 아닌 C가 감사를 맡는 것도 가능하다.

또한, 대표이사가 없는 법인설립도 가능한데 상법상(그리고 정관상 특별한 정함이 없으면) 이사 1인, 감사 1인이 최소인원이므로 이렇게 설립

되는 법인은 복수의 이사들 중 대표하는 이사인 대표이사가 존재할
수 없고 1인인 이사가 회사를 대표하게 된다. 실무적으로는 이런 경
우에도 명함에 '대표' 혹은 '대표이사'라는 명칭을 사용하는 경우가
많다. 자본금이 10억 원 미만인 경우 감사를 선임하지 않을 수 있다
는 규정이 있으나, 이 경우 주의를 해야 한다. 만일 이사 1인으로 주
식회사를 설립할 경우 설립과정에서 조사보고라는 것을 하게 되는
데, 조사보고는 이사 및 감사 중 발기인이 아닌 자가 하게 되어 있으
며, 그러한 자가 없는 경우 공증인이 그 조사보고를 하게 규정되어
있다. 하지만 공증인(공증사무소)의 조사보고 비용이 상당하기 때문에
발기인이 아닌 이사가 있는 경우를 제외하고 감사를 선임하는 것이
좋다.

• 사업내용 결정

자본금, 주주, 임원이 결정되면 그렇게 설립할 회사에서 어떤 사
업을 할지를 결정해야 하는데, 이를 '회사의 목적을 정한다'고 하기
도 한다. 사업의 내용은 현재 계획하고 있는 사업을 짧게 정리하며,
대부분은 향후 몇 년 내에 추가로 확장할 사업의 내용까지 함께 기입
하여 5개 내외의 사업목적으로 정리하면 된다.

사업목적을 정할 때는 제조업과 같이 너무 넓은 범위로 지정하는
것은 등기 시 문제가 될 수 있고, 노트 제조업과 같이 너무 좁은 범위
로 지정하면 오히려 제약이 될 수 있으므로, 사무용품 제조업과 같이
적당히 넓은 개념에 해당하는 업종으로 정하는 것이 바람직하다.

• 회사명 결정

회사설립 시 유사상호는 관할등기소(서울의 경우 서울상업등기소)에서 검색하여 동일한 상호가 없는 경우 사용할 수 있다.

• 사무실 결정 및 계약

사무실은 법인설립등기 시에는 본점 주소를 확정한다는 의미가 있고 법인설립 후 사업자등록 시에는 세무서 입장에서 그곳에서 사업을 하기에 적절한지를 판단하는 대상이 된다. 따라서 법인설립 본 절차를 진행하기 전에 사무실을 결정해야 한다.

사무실을 임차할 경우에는 임대차계약서를 작성하는데, 법인설립 전이므로 관인임대차계약서상에 있는 임차인 정보란에는 대표자가 될 사람의 성명과 주민등록번호를 기재한 후 계약을 하거나 상호협의에 의해 공란으로 비워둔 후 법인설립이 완료된 이후에 법인등기번호와 법인상호를 기재하도록 하는 방법을 취해야 한다. 아울러 대표자의 성명과 주민등록번호로 계약을 한 경우에는 법인설립 완료 후 계약서를 다시 작성한다는 취지의 별도 조항을 삽입하는 것이 불필요한 분쟁을 막을 수 있다.

임대차는 법인설립 본 절차가 진행되기 이전에 계약을 체결하고 법인설립 및 사업자등록이 이루어지는 기간인 약 2주 후에 입주하는 것으로 하면 임대차보증금을 법인설립 시 투자했던 자본금에서 지급할 수 있으므로 자금 부담이 줄어들 수 있다. 일정이나 기간을 예측하기 어려운 경우에는 일단 임차보증금을 개인자금으로 미리 납부하고 법인설립 후 자본금에서 보증금을 부담한 개인에게 정산하는 것도 가능하다. 일반적으로 대표이사를 맡을 사람이 보증금 및 법인설립 시 소요되는 비용을 추가로 개인이 부담한 다음 법인설립 후 모두 일괄 정산을 받는 형태로 진행하기도 한다.

전자상거래와 같이 사무실이 별도로 필요 없는 사업을 하는 경우에는 거주하는 자택을 본점으로 해도 법인설립등기 시에는 특별한 문제가 발생하지 않는다. 다만, 사업자등록 시에는 세무서 담당 조사관의 판단에 의해 자택이 사업을 하기에 적절한지를 현장실사 등을 통해 판단하기도 한다.

법인설립등기까지 모두 마쳤으나 사업자등록이 되지 않아서 어려움을 겪는 경우가 있으므로 반드시 법인설립 절차를 진행하기에 앞서 관할 세무서 민원봉사실의 사업자등록 담당자에게 문의를 한 후 진행하는 것이 좋다.

특히, 자택이 자신의 명의가 아닌 전세나 월세의 경우에는 집주인의 사용승낙서를 첨부하라고 요구받는 경우가 있으나 집주인이 사업자등록을 허락해 줄 가능성이 낮으므로 이런 경우는 사전에 집주인에게 사용승낙서를 받아 놓고 절차를 진행하거나 아니면 사업자등록을 위해 사무실의 일부 공간을 임대해 주는 서비스 업체를 이용하는 방법도 있다.

이제 법인설립을 실제 진행해야 하는데, 실제 진행은 전문가에 의뢰하여 전문가가 일괄 진행하거나 '이지비즈(www.ezbizservice.com)'와 같은 사이트에서 법인설립에 관한 서류와 절차 및 일정표 등 설립에 필요한 모든 정보 등을 참조하면 좋다.

• 회사명(상호) 검색과 법인인감 제작

법인설립 예비절차에서 정한 상호는 인터넷등기소에서 동일한 상호가 존재하는지 여부를 검색해야 한다(모음 차이에 의한 경우는 반드시 신중히 해야 한다).

검색 결과 접수한 상호가 사용가능한 것으로 나오면 그 다음은 법인인감도장을 만들어야 하는데 개인의 인감도장과 마찬가지로 중요한 법률적인 행위 등에 이 법인인감도장을 사용하고 나중에 발급받을 법인인감증명서를 첨부하게 된다.

개인도 인감도장과 막도장이 있는 것처럼 법인도 법인인감도장 외에 법인사용인감이란 것을 준비하기도 하는데 법인인감증명서가 첨부되지 않는 일상적인 업무(예: 법인의 경비통장 만들기)에서 도장을 찍을 때 그 법인사용인감을 찍게 된다. 도장집에서 법인인감도장 1개와 사용인감 1~2개 정도를 준비하면 편리하게 사용할 수 있다.

• 법인설립 서류 작성

법인설립을 위해 작성하는 서류는 대략 20여 종인데 주요 서류로는 법인의 정관, 창립(발기인)총회 의사록, 이사회 의사록, 임원의 취임승낙서, 법인인감신고서 등이 있다.

이러한 서류는 법인설립 시 모집설립이나 발기설립 등 설립 방법에 따라 차이가 있으며, 이사의 인원 수 등에 따라 준비되어야 할 서류와 작성 내용이 달라지며, 전문가에게 일괄 의뢰한 경우에는 전문가가 그러한 상황에 적합하게 서류를 작성해 줄 것이다. 온라인에서 법인설립 서비스를 이용하는 경우에는 시스템이 상황에 적합한 문서를 일괄 생성해주게 되므로 특별히 알아야 할 필요는 없다.

• 주요 법인설립 서류 공증

여러 종류의 법인설립 서류가 작성되면 그 다음은 그 서류 중에서 법률적으로 특히 중요한 의미를 가지는 몇 가지 서류들(정관, 총회 의사록, 조사보고서, 이사회 의사록)을 공증받는다.

공증은 개별적으로 작성한 서류에 대해 그 서류가 사실적으로 존재함을 증명하는 법률적인 행위인데, 법인을 설립하기 위해 중요한 서류가 작성되었고 그러한 서류들을 공신력 있는 기관인 공증사무소에서 그 중요 서류와 직접 관계되는 사람들이 직접 방문 혹은 인감증명서 등을 통해 확인하는 것이다. 다만, 자본금 10억 원 미만의 발기설립으로 설립하는 경우에는 공증의무가 면제된다.

전문가에게 의뢰하는 경우에는 전문가가 대리인이 되어 일괄 처리하고, 사업체가 스스로 법인설립을 하는 경우에는 대표이사가 위임을 받아 그 업무를 처리하게 된다.

각각의 서류를 3부씩 준비해서 공증을 의뢰하면 공증을 마친 후 공증사무소에서 1부를 보관하고 2부를 다시 내어주는데 1부는 등기소에 제출하고 1부는 회사에 보관한다.

공증을 의뢰하면 공증수수료를 납부해야 하는데 자본금 규모에 따라 약간의 증감이 있으나 정해진 보수표에 따라 산정되며, 대부분 영수증을 발급해 준다.

• 은행에 자본금 예탁(주금납입)

공증을 마친 후 공증받은 서류의 사본을 만들어 자본금과 함께 정해진 은행에 가서 법인설립 기간에 자본금을 예탁(주금을 납입)한다.

법인설립 서류를 작성할 때 주금을 납입할 은행명과 지점명까지도 사전에 정한 후에 해당 은행의 지점에 찾아가게 되는데 주금을 맡기면 은행에서는 주금을 받았다는 주금납입증명서를 발급하여 준다.

은행에서 받은 주금납입증명서는 원본과 부본 2부를 주는데 그 중 1부는 등기소에 제출하는 것이고 1부는 회사에 보관하면 된다.

다만, 상법 개정으로 '자본금 10억 원 미만, 발기설립의 경우 잔고 증명으로 주금납입 업무를 대체 가능'하다.

• 등록세 및 교육세 납부

법인설립과 관련하여 세금 등을 납부하는 절차인데, 관할 시·군·구청(서울의 경우 구청)의 등록세 납부처에 가서 법인설립등기 신청서를 제시하면 등록세 및 교육세 납부서를 발급해 주고 그 납부서를 관할 시·군·구청 구내은행 등에 납부하면 된다. 내야 할 금액은 자본금에 따라 다른데 수도권을 비롯한 수도권 과밀억제권역에서는 자본금의 1.44%를 납부해야 하며, 그 외의 지역에서는 0.48%를 납부해야 한다.

• 법인설립등기 접수

이제 법인설립을 위한 대부분의 중요 절차를 마치고 등기소에 법인설립등기 신청을 하는 일이 남게 되는데, 작성된 각종 서류, 공증받은 서류(10억 원 미만 발기설립의 경우는 공증의무 면제), 주금납입증명서(또는 잔고증명서), 등록세 및 교육세 납입영수증 등을 모아 정해진 순서에 따라 철을 하면 된다. 동 서류는 대법원 수입증지(3만 원)를 구입하여 법인설립등기 신청서에 붙인 후 제출하면 된다.

• 법인설립등기 완료 확인 후 법인인감카드 발급

법인설립 서류를 등기소에 접수한 후에 담당 조사관에게 배정되어 준비 및 서류작성 등에 관해 검토를 받게 되는데 이상 항목이 있으면 등기소에서 연락이 오며, 그렇지 않으면 하루 정도 후에 법인설립등기가 완료된다.

등기소에서 연락이 오는 경우는 서류를 잘못 준비한 경우 등인데 이때는 무엇을 어떻게 보완하면 되는지를 확인한 후 그에 맞게 대응하면 된다. 법인설립등기가 완료되면 법인인감카드를 발급받아야 하는데, 법인인감카드 발급신청서를 제출하면 법인인감카드를 발급받을 수 있다.

이 인감카드는 법인인감 자동발급기나 법인등기부등본 자동발급기를 통해 서류를 발급받을 때 사용하게 된다.

• 법인인감증명서와 법인등기부등본 발급

법인인감카드를 발급받았으면 법인인감증명서와 법인등기부등본을 각각 5부씩 발급받는다. 발급받은 서류는 사업자등록과 은행에서 주금을 찾을 때, 4대 보험을 신고할 때 등에 사용하게 된다. 인·허가 업무를 진행하는 경우에는 법인인감증명서와 법인등기부등본이 필요하므로 추가로 발급받으면 도움이 된다.

• 법인 명의로 임대차계약서 정정

사업자등록을 위해서는 임대차계약서가 법인의 명의로 되어 있어야 하므로 법인설립 예비단계에서 기술한 바와 같이 최초 법인설립 이전에 체결된 임대차계약서를 법인 명의로 재작성하여야 한다.

• 사업자등록 신청 및 사업자등록증 수령

관할 세무서에서 사업자등록 신청을 하는데 법인의 경우 사업자등록 신청서와 법인등기부등본, 그리고 임대차계약서 사본을 지참하여 신청하며 업종과 사업장 상황에 따라 즉시 사업자등록증을 교부해 주기도 하고 사업장 실사(법정기한 3일) 후에 발급해 주기도 한다.

• 은행에 예탁된 주금 인출

사업자등록까지 마치면 은행에서 주금을 찾을 수 있는데 주금을 찾는 것은 돈으로 내주는 것은 아니고 기업자유예금 통장을 만들어 그곳에 이체를 해주게 되며, 그 이후에는 자유롭게 회사의 업무와 관련된 비용 등으로 사용하면 된다.

자본금 10억 원 미만의 발기설립하는 경우로서 잔고증명으로 주금납입 업무를 대신한 경우 이러한 절차가 필요 없다.

이상과 같이 법인설립 시 필요한 의사결정사항을 확인하고 실제 법인설립 업무를 진행하면 된다.

개인 사업자보다는 법인을 설립하여 사업을 영위하는 형태가 보다 보편적인 방법으로 자리잡아가고 있다. 또한, 설립자금이 넉넉하지 않은 상황이라면 법인설립 시 들어가는 필수적인 공과금은 내야 하지만 수수료는 줄일 수 있다. 온라인에서 법인설립 문서를 자동작성하고 업무를 스스로 처리하는 서비스를 이용하면 수수료를 대폭 줄일 수 있다.

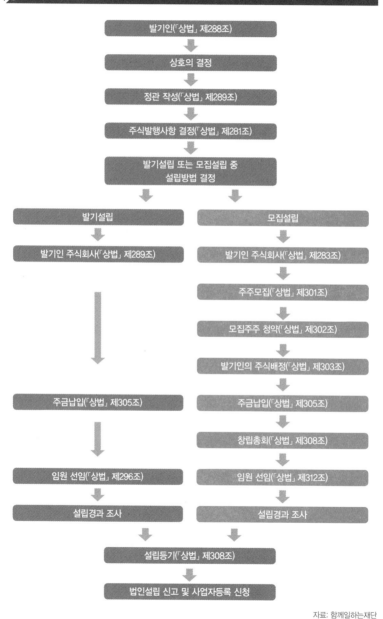

주식회사 설립 절차도

발기인(『상법』제288조)

상호의 결정

정관 작성(『상법』제289조)

주식발행사항 결정(『상법』제281조)

발기설립 또는 모집설립 중
설립방법 결정

발기설립

발기인 주식회사(『상법』제289조)

주금납입(『상법』제305조)

임원 선임(『상법』제296조)

설립경과 조사

모집설립

발기인 주식회사(『상법』제283조)

주주모집(『상법』제301조)

모집주주 청약(『상법』제302조)

발기인의 주식배정(『상법』제303조)

주금납입(『상법』제305조)

창립총회(『상법』제308조)

임원 선임(『상법』제312조)

설립경과 조사

설립등기(『상법』제308조)

법인설립 신고 및 사업자등록 신청

자료: 함께일하는재단

금융기관 거래 준비

평소에 거래하는 은행이 있는 경우에는 그 금융기관을 이용하는 것이 편리하다. 법인은 물론 개인 사업자의 경우에도 기업통장을 개설하고, 개인통장과 분리하여 사용해야 한다. 통장 개설과 함께 법인용 카드를 발급받아 사용하는 것이 편리하다. 법인카드는 발급에 제한이 있다. 4대 보험에 가입된 임직원의 경우에만 법인카드를 발급받을 수 있다. 사업체의 은행 이용에 따른 시간낭비를 줄이고, 편리하게 거래하며, 금융기관 거래의 투명성을 높이기 위해 온라인 거래약정을 한 후 거래대금이나 비용처리를 온라인을 통해 하면 좋다.

사무 관련 업무대행 등

• 영수증 발급 및 세무처리

국세청 'e세로'에 다음의 표와 같은 방법으로 등록하고, 세금계산서를 발행하면 된다. 기존에 거래하는 기업들이 국세청 e세로를 통해 거래를 하고 있으므로 동 제도를 활용하면 쉽게 세무처리를 할 수 있다. 다만, 연말정산이나 종합소득세 신고, 처리 등을 위해서는 개인 사업자의 경우 세무사 등에 기장처리 업무를 대행시키는 것도 좋은 방법이다. 적은 돈으로 기장업무를 대행할 수 있으므로 별도의 직원채용 부담을 줄일 수 있다

국세청 e세로 등록 및 이용 절차

1. 회원가입: e세로 홈페이지에 접속하여 회원가입 신청(e세로 홈페이지를 통한 회원가입 및 전자세금계산서 발급 시에는 공인인증서가 필요)
2. 거래처 e-mail: 매출자는 전자세금계산서를 교부하기 위해 매입자가 수신할 수 있는 e-mail 확보
3. 세금계산서 발급: e세로 홈페이지 로그인 후 '발급, 수정' ➡ '건별 발급' ➡ '공급받는 자 정보, 품목 및 금액 입력' ➡ '발송'

• 전화 수신 서비스

사무실에서 전화응대를 잘하는 것은 매우 중요하다. 전화응대는 고객과의 첫 대면이다. 기업의 첫인상은 전화를 받는 임직원의 태도에 따라 좋아지기도 하고 나빠지기도 한다. 심지어 전화응대 여하에 따라 중요한 거래가 깨지는 사례도 적지 않다. 창업 기업의 경우 사무실에 전화를 받을 직원이 없는 경우가 많을 것이다. 이때는 사무실 전화를 스마트폰에 자동 연결되도록 조치를 해두거나 외부 전화비서 서비스 업체를 활용하는 것도 방법이다. 하루 전화 통화에 따라 이용료가 달라진다. 그러나 사무실에서 자동응답시스템을 사용하는 것은 신중히 할 필요가 있다. 요즘 은행이나 공공기관이 불친절하다고 평가를 받는 것 중의 하나가 자동전화응답시스템이다. 공공기관에 전화를 걸면 이용자가 원하는 직원과 통화하기 위해 몇 단계를 거쳐야 겨우 통화할 수 있다. 공공기관에 처음 전화로 문의하는 사람들은 통화

하고 싶은 사람을 찾아내지 못하고 시간만 허비하다 화가 나서 해당 기관을 욕하는 경우가 비일비재하다. 고객을 배려한다고 만들어 놓은 것이 오히려 회사의 이미지만 나쁘게 만들 수 있는 것이다. 차라리 자동전화응답시스템이 없는 편이 더 나을 수도 있다.

02
사업전략 수립

사업가로서 꿈과 야망을 실천하기 위해 회사를 설립하고 비전과 사업목표를 실현하기 위해서는 전략이 필요하다. 특히, 한정된 자원과 시간의 제약 아래 소기의 성과를 달성하기 위해서는 어디에 우선순위를 두어 선택과 집중을 해야 하며 어느 타이밍에 실행에 옮겨야 하는지가 중요하다. 이러한 전략적 의사결정에 도움이 될 기법이나 키워드들을 정리해 보고자 한다.

타이밍Timing이 전략의 핵심이다

동서고금 어느 분야의 조직을 막론하고 의사결정에서 가장 중요한 요소가 무엇이냐고 묻는다면 타이밍을 들 수 있다. 특히, 사업세계에서는 매 순간 의사결정을 하면서 살아가야 하기 때문에 더욱이 제때 의사결정하는 것이 중요하다.

모든 것에는 때가 있다

하늘 아래
모든 것에는 시기가 있고
모든 일에는 때가 있다.
태어날 때가 있고
죽을 때가 있으며
심을 때가 있고
심긴 것을 뽑을 때가 있다.
죽일 때가 있고
고칠 때가 있으며
부술 때가 있고
지을 때가 있다.
울 때가 있고
웃을 때가 있으며
슬퍼할 때가 있고
기뻐 뛸 때가 있다.
돌을 던질 때가 있고

돈을 모을 때가 있으며
껴안을 때가 있고
떨어질 때가 있다.
찾을 때가 있고
잃을 때가 있으며
간직할 때가 있고
던져 버릴 때가 있다.
찢을 때가 있고
꿰맬 때가 있으며
침묵할 때가 있고
말할 때가 있다.
사랑할 때가 있고
미워할 때가 있으며
전쟁의 때가 있고
평화의 때가 있다.

- 『구약성경: 코헬렛(다윗의 아들)』 제3장 -

『구약성경: 코헬렛』 제3장 "모든 것에는 때가 있다"의 구절을 기업경영 측면에서 생각해 보면 기업이 어느 때 어떠한 의사결정을 해야 할지를 판단하는 데 많은 도움이 될 것이다. 예를 들어 회사를 창업하거나 신사업을 추진할 때, 회사나 사업을 정리해야 할 때, 새로이 투자해야 할 때, 투자원본을 회수할 때, 투자를 중도에 포기해야 할 때, 사업의 궤도를 수정해야 할 때, 감사를 표할 때와 유감을 표할 때, 이의를 제기할 때와 역 제안을 할 때 등등을 생각해 볼 수 있다. 기업은 매 의사결정 단계마다 어느 때 누가 의사결정을 해야 할지 등을 정해야 한다. 조직의 구성원 간에는 올바른 일을 올바로 결정할 수 있도록 일체화alignment시키는 소통문화와 의사결정 시스템 구축도 필요하다.

경영전략가들 또한 기업의 전략 가운데 최고의 핵심 전략이 '타이밍'이라고들 말한다. 성공한 사업가들 중에는 자서전 등을 통해 사업성공 요인을 '사업운'이라고 말하는 이들이 많다. 이는 그들이 겸손해서라기보다는 사업을 추진할 때 타이밍을 맞추기가 그만큼 어려운 일임을 시사하는 것으로 이해된다.

삼성그룹 창업주 이병철 회장도 타이밍 경영을 매우 중시하였음을 그의 자서전을 통해 알 수 있다. 이병철 회장은 "사업은 시기와 정세를 맞추어야 한다. 이것부터 우선 인식하고 나서 사업을 운영하여야 한다"고 했다. 그는 사업 초창기에 실패를 맛본 적이 있다. 그때 처음으로 사업에서 타이밍의 중요성을 깨닫게 되었다. 그는 곡물 거래를 겸한 정비업과 운수업이 궤도에 올랐을 때 토지를 사 모아 부동산 사업을 했다. 정미와 미곡 거래를 통해 지가의 변동에 관심을 가졌고, 토지 투자가 많은 이윤을 낸다는 것을 알았다. 그는 자서전에서 토지 투자의 이윤에 대해서 다음과 같이 말한다.

당시의 토지가격은 평당 25전, 한 두락은 200평이다. 논 200평 한 두락의 쌀 생산량은 대두 26두인데, 소작료는 생산량의 반인 13두를 제하더라도 13두의 소득이 있었다. 당시 13두의 쌀값은 15원이었으므로 관리비 1원, 지세 1원 기타 잡비 1원을 제한 실수입은 12원이 된다. 지가 50원의 논 한 두락에서 연 7푼 3리(7.3%)의 은행이자 3원 65전을 공제해도, 투자액의 16%인 8원 35전의 연간 순이익을 얻는 셈이 된다.

그는 처음으로 김해평야에 있는 일본인 소유 농장을 평당 25원에 40만 평을 구입하고 대금 10만 원은 식산은행에서 그 토지를 담보로 11만 원을 융자받아 지급했다. 그는 식산은행에서 융자를 받아 많은 토지를 구입했다. 그래서 1년이 지나자 그는 연수 1만 지기, 200만 평의 대지주가 되었다. 그리고 부산·대구의 주택용지까지 토지 투자를 확대하기 시작했다.

그런데 1937년 7월 중국의 노구교사건이 일어나 중일전쟁이 확대되면서 어느 날 식산은행에서 일체의 대출이 중단되었다. 토지시세는 폭락하고 대출은 중단되어 일대 혼란이 일어났다. 모든 것을 정리하기로 결심하고 시가보다 싸게 전답을 방매하고, 정미소와 운수회사도 남에게 넘겨주고 모든 부채를 청산했다. 그때 그의 수중에는 전답 10만 평과 현금 2만 원이 남았다.

이병철 회장은 당시 사업 실패를 거울 삼아 사업을 할 때에는 시기와 정세를 맞추기 위해 국내외 정세의 변동을 정확하게 통찰하고자 했다. 또한 무모한 과욕을 버리고 자기 능력과 그 한계를 냉철하게 판단하고, 요행을 바라는 투기는 절대로 피하며, 직관력의 연마를 중시하는 한편 제2, 제3의 대비책을 미리 강구해서 대세가 기울어 이미 실패라고 판단이 서면 깨끗이 미련을 버리고 차선의 길을 택하고자 노력했다.[6]

오늘날과 같이 급변하는 대내외 환경 속에서 사업을 시작할 때는 정확한 정세분석을 통해 적시에 올바른 의사결정을 하는 타이밍 경영전략이 매우 중요하다.

IMF 금융외환위기 때 40세 나이로 사업에 뛰어들어 오늘날 7,000억원대 매출기업을 키워낸 한무경 효림그룹 회장은 자신의 전공(문현정

🔍 효림그룹(회장 한무경) 개요

- 자동차부품 가공업체 효림산업 1998년 설립
- 자동차 모듈사업 진출(2002년)
- 자동차 전자부품사업 진출(2005년)
- 2015년 3,000만 달러 수출의 탑 수상, 7,000억 원 매출 달성

● ● ●
6. 이제홍, '한국의 儒商, 쓰라린 첫 실패로 타이밍경영학 절감', 《아시아투데이》 참고.

보학)을 살려 각종 국내자료와 해외보고서를 검토하고 정리해 둔 덕분에 회사 경영이 고비를 맞을 때마다 결정을 잘 내려 회사를 더 키울 수 있었다고 중앙일보 인터뷰에서 고백한 적이 있다. 그는 고정비를 줄이기 위해 임대공장을 주로 사용했으며, 자동차부품이 점차 모듈화될 것을 예측하여 모듈업체인 효림전공을 인수하였다. 또한 자동차전장에서 IT부품 비율이 높아지는 것을 보고 전장사업에 진출하였으며, 자동차부품업체로 크려면 쌍용자동차를 넘어 현대·기아차를 고객사로 모셔야 한다는 생각에 공급처를 다변화하였다.

필자가 오래전부터 잘 아는 한 중견기업인은 20대의 젊은 나이에 사업을 일으켜 오늘날 중견기업가로 성공하였다. 그 사업가는 젊었을 때는 자신의 능력과 노력으로 사업에 성공한 것이라 생각했다. 그러나 60대가 넘어서는 본인의 사업성공은 90%가 운 덕택이며, 본인의 노력은 10%에 불과하고, 나이가 들면 들수록 더욱더 사업은 운에 달려 있다는 느낌이라고 고백했다.

사업세계에서는 선두주자가 성공하는 경우보다 후발업체가 성공하는 경우가 더 많다. 왜 후발참여자의 성공가능성이 더 높을까? 그것은 소비자나 시장의 불확실성 때문에 시장에 처음 진출하는 기업이 상품이나 서비스의 적절한 출시시기를 맞추기 어려운 점도 한 원인이 될 것이다. 두 번째로 시장에 참여하는 후발사업자는 첫 번째 사업자의 시행착오를 보면서 적기에 대응할 수 있는 능력을 키웠기 때문에 그만큼 실패 확률을 줄일 수 있다. 또 하나 중요한 이유는, 처음으로 시장에 참여하는 기업은 자사가 만든 제품이나 서비스를 소비자에게 제대로 홍보하여 구매하도록 하는 데 얼마나 많은 시간과 투자를 쏟아부어야 하는지 가늠하기가 어렵다. 경제상황이나 주변 여건과 소비자의 니즈가 부합하는 때에 자사제품이나 서비스가 공급된다면 적은 홍보비를 투자하더라도 물건이 더 잘 팔릴 수 있지만, 때를 잘못 만나게 되면 아무리 많은 홍보와 판촉활동을 하더라도 소비자에게 외면당하기 십상이다.

　따라서 기업이 좋은 물건이나 서비스를 만들 수 있더라도 언제 자사제품을 시중에 출시하는 것이 좋은지를 따져보고 때를 기다려 사업을 추진하는 것은 매우 중요한 의사결정이다. 언제가 좋은 때인지는 사업가의 직관이나 경험에 의해서 아는 경우가 많지만, 창업을 준비하거나 신사업을 추진하는 사람들 입장에서는 다른 수단들을 이용하여 자신에게 부족한 지혜를 보충할 수밖에 없다. 예컨대, 관련 분야에 경험이 많은 사람을 멘토로 모셔 자문을 구한다든지, 컨설팅회사의 경영자문을 받을 수도 있다. 이 경우 많은 자문료를 지불할 수도 있으므로 정부나 경제단체 등에서 운영하는 무료 경영자문 봉사제도를 활용할 수도 있을 것이다. 그러나 외부 자문을 구하더라도 최종 판단과 의사결정은 사업가 자신이 내려야 하는 것이므로 나름대로의 원칙을 세워 의사결정을 하는 것이 바람직하다. 이를 위해서는 사업가 자신이 늘 소비자에 대한 분석과 이해를 기초로 판단하고, 신문이나 언론매체 등을 통해 경제상황이나 사업환경 등에 대한 정보를 늘 가까이하는 습관을 갖는 것이 중요하다. 사업가는 규칙적으로 사업과 관련한 대내외 환경을 점검하는 습관을 갖는 것이 바람직하다.

전략의 핵심은 경쟁기업에 비해 장기적인 경쟁력을 확보하는 것이다. 이를 위해 경기변동이나 외부환경 변화 등에 대비하여 생산과 재고관리, 마케팅과 가격결정, 원자재, 환율, 가격변동 등의 리스크관리, 자본적 지출과 차입금 상환 등 자금관리, 기업의 인수·합병과 사업매각이나 사람관리 등을 적기에 실시해야 한다. 그래야 사업의 성과도 획기적으로 높일 수 있을 것이다.

구조조정에도 마찬가지로 때가 있다. 구조조정의 타이밍을 맞추기가 얼마나 어려운지를 보여주는 한 신문 인터뷰 기사가 있다. 홍석우 전 지식경제부 장관은 "지난 2008~2012년 대우조선해양이 흑자를 낼 때 팔지 못한 것이 뼈아프다. 그 당시 매각하지 못한 것은 산업은행 총재를 포함한 모든 정책결정자가 매각 이후 혹시라도 헐값 매각이나 특혜시비에 휘말릴까 걱정했던 까닭이다. 대우조선해양을 제대로 처리하기 위해서는 관료나 정치인을 배제하고 민간전문가로만 팀을 꾸려 구조조정이나 매각을 완수해야 한다"고 말해 타이밍이 얼마나 중요한지 강조했다.

사업을 처분하거나 주식을 매각하는 측에서는 경기가 좋아 기업가치가 최고로 높을 때 팔면 좋겠지만 계속 기업가치가 상승할 것 같은 마음에 주저하다가 실기하는 경우가 대부분이다. 반대로 사업을 인수하거나 주식을 취득하려는 측에서는 가격이 가장 저렴할 때 사고 싶어 한다. 그래야 사업이나 주식을 인수한 후에 기업의 가치를 최대한 높일 수 있기 때문이다. 그러나 사려는 사람 입장에서도 인수가격이 한없이 떨어질 것 같은 마음 때문에 쉽게 매수에 나서질 못한다.

분명한 것은 사업 매각이나 주식 처분은 기업이 잘나갈 때 해야 제 값을 받고 제때 팔 수 있다는 점이다. 경기가 호황일 때는 사려는 사람이 많지만 불황일 때는 몸을 사리고 사려는 투자자가 많지 않다. 설령 사업부문이나 주식이 팔린다고 해도 제값을 받고 팔기란 쉽지 않다. 따라서 사업가는 언제 불어닥칠지 모르는 위기에 대비하여 제때 사업을 정리할 수 있는 타이밍을 파악하고 있어야 한다. 만약 이것이 어렵다면 상시적으로 구조조정하는 것이 차선책이자 최선의 전략이다.

전략적 사고(단순화와 차별화)를 해라

전략이라 하면 지도자나 전문가가 사용하는 개념이고 그들의 전유물처럼 생각하는 사람들이 많을 것이다. 그러나 정작 정치 지도자나 전략가라고 하는 사람들조차도 진정한 의미의 전략의 개념을 제대로 알고 있는지 의문이 들 때가 적지 않다. 전략의 핵심은 단순화 simplification와 차별화 differentiation이다. 『어린 왕자 The Little Prince』의 저자 생텍쥐페리 Antoine de Saint-Exupery은 "완벽 perfection이란 더 이상 보탤 것이 없을 때 이루어지는 것이 아니라, 더 이상 없앨 것이 없을 때 마침내 이루어지는 것이다"라는 명언을 남다. 전략도 이와 마찬가지이다. 가장 단순화해서 최대한의 에너지를 핵심 역량에 집중할 수 있을 때 그 전략은 성공할 가능성이 높아지는 것이다.

세계적 토털 보안솔루션 업체로 성장한 아이디스 Idis의 성장과정을 보면, CEO인 김영달 사장의 핵심 역량 집중과 IBM 등 대형 업체들과의 차별화 전략이 한몫하고 있음을 발견할 수 있다. 그는 1997년 창업 당시 너도나도 뛰어들었던 게임과 인터넷, 무선통신 분야에는 눈길조차 주지 않았다. 아무리 앞선 최신기술이라도 시장이 형성되지 않은 곳에는 승산이 없다고 생각했으며, IBM과 같은 세계적인 회사들이 주력으로 하지 않는 분야를 관심의 대상으로 삼았던 것이다. 경비실 주변에 수북이 쌓여 있는 CCTV 녹화 비디오테이프를 눈여겨 보아 온 김 사장은 이미 존재하는 오프라인 보안시장에서 혁신적인 최첨단 디지털기술 개발로 차별화하여 아이디스를 세계적 기업으로 성장시켰다. 그 당시 그가 검토하다 포기한 화상회의시스템은 수백 개 업체가 뛰어들었지만 결국 시장은 열리지도 못한 채 사그라지고 말았다.[7]

🔍 아이디스 회사 개요

구분	설명
설립자 및 대표자	김영달
설립일	1997년 9월
사업내용	기존 감시카메라 CCTV를 세계 최초로 디지털화한 보안감시장치 DVR 생산 및 판매
주요 생산품목	PC-Based DVR, Stand Alone DVR, 네트워크 제품, 카메라
특징	• 국내 시장점유율 약 40~50% • 세계 생산량 1위 업체 • 전체 인력 가운데 46%가 연구개발 인력
매출액	• 2015년 323억 6,300만 원 추정

자료: 아이디스 홈페이지, 충청투데이 외

• • •

7. 김광일, '김광일의 릴레이 인터뷰: 김영달 아이디스 사장', 《Inews24》 참고.

앞서 말했듯 벤처캐피탈 회사가 투자를 요청하는 벤처기업에 묻는 대표적인 질문 중 하나가 차별화 전략에 관한 것이다. 예컨대, 투자신청회사의 핵심 경쟁력과 다른 경쟁사와의 차별성은 무엇이며, 경쟁사가 있는지, 경쟁사가 있다면 그들에 비해 무엇이 뛰어난지, 경쟁사와 다른 점은 무엇인지, 또 그들에 비해 강점은 무엇인지를 세밀하게 확인하려 한다. 사업이란 시장에서 경쟁자와의 충성경쟁 게임을 하는 것이기 때문이다. 투자자인 벤처캐피탈 입장에서는 동일한 시장에서 다른 경쟁자의 상품이나 서비스와 비교한 후 투자 여부를 결정하는 것은 자연스러운 일이다.

차별화는 자신만의 독창적인 것을 만들어 가는 과정이다. 즉, 차별화는 자신만의 '유일성only one'을 만들어 가는 과정이라고 할 수 있다. 차별화 노력을 통해 독창성을 확보하는 방법은 바닷가의 모래알처럼 많은 방법이 있다. 그동안 우리가 학교에서 배워 온 것들은 극히 제한적인 것이다. 우선, 차별화나 혁신을 하려고 할 때 가장 중심에 두어야 할 것은 고객이다. 고객이 무엇을 소중하게 생각하고 무엇을 구매하기 원하는지를 늘 염두에 두어야 한다. 그런 다음 학교에서 배운 방법론은 물론이고, 시간, 장소, 사람, 공간개념 등 모든 면에서 차별화하는 노력을 기울이는 것이 중요하다. 혼자 생각할 시간도 가져야겠지만 여러 이질적인 집단의 사람들이 모이는 브레인스토밍 Brainstorming에 참여하거나 사업개발 회의를 자주 하는 것이 유용하다. 큰 조직에 근무하는 사람들이라면 그동안의 경험이나 암묵적인 지식 등을 활용하는 것도 많은 도움이 된다. 사업추진 방식의 차별화는 기존의 경영서나 모범사례 등을 활용하는 것도 좋고, 필요한 경우 컨설팅회사의 자문을 받는 것도 한 가지 방법이다.

비즈니스 모델 캔버스의 활용

비즈니스 모델 캔버스는 세계적 컨설팅회사가 기업 컨설팅 시 활용해 온 유용한 사업모델 구축기법의 하나이다. 창업이나 신사업 착수에 앞서 비즈니스 모델 캔버스를 이용해 사업을 구상하고 핵심자원의 조달과 자원배분 방법을 결정하게 되면 새로운 사업구조를 명확히 할 수 있을 뿐만 아니라 사업모델 구축은 물론 사업에 따르는 위험을 최소화하는 데 큰 도움이 된다.

비즈니스 모델 캔버스에는 9가지 구성요소가 있다. 즉, ㉮ 핵심파트너Core Partner, ㉯ 핵심활동Core Activities, ㉰ 핵심자원Core Resources, ㉱ 가치제안Value Propositions, ㉲ 고객관계Customer Relationship, ㉳ 채널Channels, ㉴ 고객 세그먼트Customer Segments, ㉵ 비용구조Cost Structures, ㉶ 수입흐름Revenue Streams 등이다. 이들은 사업의 전 과정을 망라하고 있다. 화가가 하얀 캔버스 위에 어떠한 그림을 그릴지 구상하듯이, 사업을 시작하는 단계에서는 비즈니스 모델 캔버스 앞에서 9가지 구성요소와 활동영역을 확인하고 사업계획을 수립한다. 여기서 나아가 미래의 잠재적 위험이나 실현가능성 등을 점검해 보는 것은 사업의 성공확률을 높이는 데 큰 도움이 될 것이다. 각 영역은 상호 연결되어 있고 서로에게 영향을 미친다. 어떤 조직체든 인적·물적 자원이 제한되어 있기 때문에 한 영역의 활동을 강화하려면 다른 부문의 자원과 예산을 줄여야 한다. 그래서 사업에서는 선택과 집중이 중요하다. 각 영역의 활동을 강화하는 데는 투자나 비용의 지출을 수반하게 되고 이는 수입과 손익에도 영향을 주게 된다. 결국 비즈니스 모델 캔버스는 투자와 비용을 최소화하면서 수입(매출 등)과 이익을 최대화하기 위한 전략을 구상하는 데 유용한 도구인 것이다.

🔍 비즈니스 모델 캔버스 구성요소

핵심파트너 (Core Partners)	핵심활동 (Core Activities)	가치제안 (Value Propositions)	고객관계 (Customer Relationships)	고객 세그먼트 (Customer Segments)
	핵심자원 (Core Resources)		채널 (Channels)	
비용구조 (Cost Structures)			수입흐름 (Revenue Streams)	

자료: 비즈니스 모델 캔버스

비즈니스 모델을 영역별로 보면, 우선 핵심파트너 영역에서는 새로이 시작하는 사업의 핵심파트너인 원자재나 부품 등을 공급하는 사업자와 이들 회사의 임직원이 누구인지 파악하는 것이 중요하다. 그리고 각각의 파트너로부터는 어떠한 주요 자원을 조달해야 하는지도 파악해야 한다. 대기업 사업단위에서 일하는 사람들의 경우에는 복잡한 거래관계 등을 고려하여 핵심파트너들이 어떠한 활동을 하고 있으며, 이들과 협력해야 하는 동기가 무엇인지를 전사적 차원에서 확인해 두는 것은 중요하다. 기업의 규모가 커지고 연륜이 오래되면 상시적으로 구조조정을 해야 하는 상황에 직면하게 된다. 사업정리과정에서 중요 파트너와의 관계가 단절되어 치명상을 입는 경우도 많다. 미래에도 소중한 협력관계를 유지해야 하는 거래처나 파트너에 대해서는 전사 차원에서 반드시 챙겨야 한다. 특히, 조직 내 리더십 변화가 심한 조직에서는 상시적으로 핵심파트너를 파악하고 공유하는 것을 게을리해서는 안 된다. 큰 조직에서는 CEO라 하더라도 각 사업단위나 부서들의 거래내용을 제대로 파악하기가 쉽지 않고 누가 핵심파트너이고 이들이 어떠한 역할을 하는지에 대해 알기가 쉽지 않다. 따라서 사업 시작단계에서부터 누가 핵심파트너이고 이들이 어떠한 역할을 하는지를 전담 직원을 두어 상시적으로 정리하고 공유하는 것은 매우 중요하다. 이렇게 하면 사업을 확장하거나 새로운 시장을 개척할 때 유용하며, 기업이 직면하는 각종 위험을 줄이는 데도 도움이 된다.

두 번째, 핵심활동 영역에서는 새로운 사업이 고객에게 가치를 제공하기 위해 어떠한 활동이 요구되는지를 생각해야 한다. 생산, 유통채널 구축, 고객관계, 플랫폼이나 네트워크 구축 등은 어떻게 해야 하는지도 고민해야 한다.

세 번째, 핵심자원 영역에서는 새로이 사업을 하고자 하는 사업가 자신이나 사업단위에서 보유하고 있는 핵심자원이 무엇인지를 파악해야 한다. 나머지 8개 영역의 활동들을 뒷받침하기 위해 어떠한 자원을 보유해야 하는지를 알아야 한다. 예컨대, 현금동원능력, 기술과 특허권은 물론 인적 자원, 네트워크, 사업 노하우나 명성 등 무형재산이 그 예라 할 수 있다.

네 번째, 가치제안 영역에서는 고객에게 어떠한 가치를 제공할 것인지를 고민해야 한다. 새로운 사업이 고객의 어떠한 문제를 해결하고 니즈를 만족시켜 줄 수 있는지를 고민해야 한다. 새로운 사업이 다양한 고객층 가운데 어떤 고객층에게 어떠한 맞춤형 제품이나 서비스를 제공할 수 있는지 고민해야 한다.

다섯 번째, 고객층(고객 세그먼트)은 어떻게 나누어 맞춤형 서비스를 제공할지 고민해야 한다. 일반 소비자를 대상으로 하는 것인지, 틈새시장을 목표로 할 것인지 고민해야 한다. 연령대, 지역, 종교, 소득별로 어느 계층을 타깃으로 할 것인지 고민해야 한다. 예컨대, 코이Koi 앱은 천주교 개인사업자 신자를 주 타깃으로 하고 있으며, 앱 서비스의 내용과 마케팅 활동도 천주교 신자 맞춤형으로 이루어져 있다.

여섯 번째, 고객관계 영역에서는 새로운 사업단위에서 각 고객과 어떤 형태의 관계를 맺어야 하는가를 고민해야 한다. 고객층별로는 사

🔍 **천주교 개인사업자 신자를 주 타깃으로 만든 어플리케이션 '코이앱'**

자료: 평화방송 홈페이지

업으로부터 어떠한 기대를 갖고 있고 그들과 어떠한 관계를 형성하고 맞춤형 서비스를 제공할지 고민해야 한다. 각 고객층은 사업의 수익 창출에 얼마나 기여할 수 있을지 그리고 기존에 다른 사업이 있었다면 기존 사업부문에 미치는 영향은 무엇인지 고민해야 한다.

일곱 번째, '인지-평가-구매-배송-사후관리' 등의 구매행동과정에서 고객들이 각각 어떤 채널로 접근하기를 원하고 있으며, 새로운 사업에서는 어떻게 접근해야 하는지 고민해야 한다. 그리고 어떠한 채널이 가장 비용이 적게 들면서도 효과적인지와 어떻게 채널들을 소비자의 일상 활동에 동화시킬 것인지를 함께 고민해야 한다.

여덟 번째, 비용구조 영역에서는 신사업의 수익모델이 어떤 유형 비용구조인지 확인해야 한다. 예를 들어 저가서비스를 제공하는 비용 중심 구조인지, 프리미엄서비스를 제공하는 가치 중심 비용구조인지 확인해야 한다. 그래야 자동화 투자로 인건비 부담을 줄여 저렴하게 상품이나 서비스를 제공할 것인지 여부를 결정할 수 있다. 또한, 새로운 사업은 어떤 활동이 가장 돈이 많이 드는지 등도 파악해야 한다. 이밖에 매출과 관계없이 지출해야 하는 고정비와 매출과 연동해서 지출해야 하는 변동비가 무엇인지 확인해야 한다.

마지막으로 수입흐름에서는 고객들이 어떤 가치에 대해 기꺼이 지불하려는지 파악해야 한다. 어떠한 사업을 하는 경우에든 고객의 지불의사WTP, Willingness to Pay를 확인하는 것은 매우 중요하다. 아무리 좋은 기술과 제품을 가지고 있더라도 고객이 구매할 의사가 없다면 사업을 해서 돈을 벌기가 쉽지 않다. 그러나 고객의 지불의사를 파악하기 위해서는 현재 잠재적 고객들이 무엇에 지불하고 있고, 어떻게 지불하고 있는지, 그리고 어떻게 지불하는 것을 선호하는지 등을 파악하면 좋다. 예컨대, 서울 영등포구 신길동에 소재한 '곰집'이라는 한 유명한 맛집이 있다. 그 음식점은 20년 전에는 현금 장사만 하고 있었다. 그러나 이곳의 주요 고객은 신길동 지역 사람이 아니라 인근 여의도 직장인들이다. 이들은 법인카드나 개인카드를 사용하는 사람들이다. 주인을 설득해 결제방식을 카드로 바꾸게 하고 식당공간을 종전보다 몇 배 확장하도록 권유했다. 곰집 주인은 필자의 권유를 받아들여 지금은 유명한 맛집으로 성장하였다.

새로운 사업의 수입흐름이 무엇인지를 수입원별로 파악하는 것도 중요하다. 주 수입원인 매출액의 경우 제품이나 상품단위당 가격이 고정되어 있는지, 판매가격이 거래단위나 시간대별로 바뀌는지 등도 파악해야 한다. 예컨대, 신선식품을 취급하는 유통사업을 하려는 경우에는 재고를 신속히 처리하는 것이 관건이다. 이를 위해서는 시간대별 할인정책을 구사해야 하는 경우가 많을 것이다. 또한 공공기관 등에 수의계약이나 입찰에 참여하는 방식의 컨설팅이나 용역사업을 해야 하는 경우에는 수입흐름 파악이 쉽지 않을 것이다. 이러한 수입흐름 파악의 불확실성과 사업위험 때문에 이들 관공서 용역사업은 사업 초기에 인적 투자를 최소화하고 외부와의 전략적 제휴를 통해 비용을 최소화하는 사업모델 설정이 바람직하다.

비즈니스 모델 캔버스의 활용방법은 정해진 것은 없지만 사업단위가 큰 경우 조직구성원들이 함께할 수 있는 공간(게시판 등)에서 생각나는 것을 수시로 기재하도록 하고 이를 상시적으로 집계하여 핵심조직구성원들이 함께 공유하면 좋을 것이다. 비즈니스 모델 캔버스는 홈페이지(www.businessmodelgeneration.com)를 통해 자세한 정보를 얻을 수 있다.

위기대응능력을 키워라

유명한 경제학자인 프랭크 나이트Frank H. Knight는 "예측이 가능한 위험은 보험으로 처리할 수 있기 때문에 문제가 없지만 '확률에 대한 완전한 무지'를 의미하는 '불확실성uncertainty'은 보험으로 처리할 수 없기 때문에 경제조직에 영향을 미친다"고 말했다.

하지만 이러한 불확실성을 감당하며 사업세계로 뛰어드는 사람이 바로 사업가들이다. 사업가는 불확실성 속에서 이익의 기회를 발견하고 도전하는 사람들이다. 따라서 사업에 실패해 손해를 볼 가능성은 상존한다. 사업가들이 직면하는 위기의 형태는 다양하며, 예측할 수 없는 경우가 대부분이다.

세계적 자동차회사들의 자동차연비 조작 사건, 소니 플레이스테이션Ⅱ 케이블의 카드뮴 검출 사건, 옥시의 가습기살균제 사건, 농협이나 현대캐피탈 등의 고객정보 해킹과 이를 담보로 한 협박 사건, 삼양라면의 우지 파동, 존슨앤존슨Johnson&Johnson의 타이레놀 독극물 사건, 삼성중공업의 서해안 기름 누출 사고, 미스터피자 회장의 빌딩경비원 폭행 사건 등 기업들이 직면하는 위기의 형태는 매우 다양하다.

도요타자동차는 몇 년 전까지만 해도 생산방식TPS, Toyota Production System과 품질관리, 대·중소기업 협력 사례 등으로 세계적 찬사를 받아 왔으며 많은 기업들이 도요타자동차의 방식을 배우기 위해 노력해 왔다.

이렇게 찬사를 받아 오던 세계적 기업이 일련의 자동차부품 결함 등과 관련한 리콜 사태와 진정성이 결여된 허술한 대처로 주가가 폭락하고, 세계 최고기업으로서의 명성과 이미지가 한순간에 날아가 버리고 말았다. 한 번 떠나간 소비자의 마음을 되돌리는 것은 쉬운 일이 아니다. 특히 고객만족경영을 최우선으로 강조해 오던 회사가 소비자를 기만하고 소비자의 안전보다는 자사의 이익추구에만 급급했다는 인상을 준 것은 도요타자동차에 치명적일 수밖에 없었다.

도요타자동차의 제품 결함·리콜 일지

일지		내용
2009년	8월 26일	코롤라 등 4개 차종 68만 대 리콜(중국 시장, 전동창문 스위치 결함)
	8월 28일	렉서스 ES350 가속페달 결함 4명 사망(미국 캘리포니아)
	9월 29일	캠리 등 380만 대 제품 결함 가능성 발표
	11월 25일	제품 결함 416만 대 페달 무상 교환
2010년	1월 21일	리콜 대상 차종 북미지역 생산 중단
	1월 27일	5개 차종 109만 대 추가 리콜 발표
	1월 28일	유럽에 이어 중국에서도 리콜

자료: 매일경제신문

기업이 언제 어떻게 발생할지 모르는 사건과 위험에 대비하기 위해서는 상시적인 위기관리 시스템 구축이 필요하다. 특히 위기상황이 발생하면 신속히 문제해결에 나서고 이해관계자는 물론 조직 내 구성원 간에 원활히 소통할 수 있는 시스템과 조직문화를 구축하는 것이 매우 중요하다. 기업이나 각종 단체는 사람들이 모여 움직이는 조직이므로 실수를 범하거나 사건 등이 발생하는 것은 자연스러운 일인지도 모른다. 그러나 일반 국민이나 소비자는 실수를 솔직히 인정하고 신속히 문제해결에 나서는 조직문화를 가진 기업과 조직에 오히려 더 큰 신뢰를 보내는 경우가 적지 않다는 사실에 주목할 필요가 있다.

기업조직에서 위기대응관리를 다음의 10단계로 나누어 접근하면 좋을 것이다.

첫 번째로 기업에 있어 위기는 이해관계자와 국민이 회사를 심판하는 재판의 과정으로 인식할 필요가 있다. 회사에 위기가 발생하면 기업의 이해관계자나 일반 국민이 어떻게 받아들이는지를 생각해야 한다. 이를 토대로 회사의 이미지를 근본적으로 개선할 수 있는 방향으로 행동원칙을 수립해야 한다.

두 번째, 위기가 발생하면 초기 24시간이 가장 중요하다. 사람들이 만날 때 첫인상이 중요하듯이 위기가 발생한 후 24시간을 잘 관리해야 위기를 기회로 전환할 수 있다. 위기관리에 실패하는 대다수 기업들은 첫 24시간을 제대로 관리하지 못했다. 옥시는 가습기살균제 사건에 대해 영국 본사 대표가 즉시 사과하고 문제해결에 나선 것이 아니다. 사건을 축소·은폐하려다 5년이 지나서야 한국법인 대표가 해명에 나섰고, 이에 피해자 가족과 국민들의 분노만 더 사고 말았다.

세 번째, 위기관리팀을 사전에 구성해 두어야 한다. 위기 발생 시 24시간 내에 신속하고 유연하게 대응하기 위해서는 미리 팀을 구성하고 적절한 교육과 훈련·관리 프로세스를 갖추어야 한다.

네 번째, 위기 발생 시 조직 구성원을 최우선으로 보살피고, 이들을 활용해야 한다. 특히, 사업장 내 사고 등에 있어서는 근로자들의 안전과 피해 구제가 우선이다. 또한, 대외발표에 앞서 조직 구성원들 간 공감대 형성이 제대로 이루어져야 일사불란한 위기대응이 가능해진다.

다섯 번째, 진정성이 담긴 좋은 스토리를 만들어야 한다. 좋은 스토리는 위기를 기회로 바꿀 수 있다.

여섯 번째, 스토리와 시스템으로 소통해야 한다. 위기관리는 소통의 과정이고, 대화와 설득의 과정이다. 대내외 이해관계자 전체를 대상으로 다양한 매체를 통해 전방위적으로 소통이 이루어져야 한다.

일곱 번째, 언론을 회피하기보다는 대의명분에 맞는 스토리를 가지고 적극적으로 대처해야 한다.

여덟 번째, 절대 거짓말을 하면 안 된다. 거짓말은 위기관리에서 가장 흔히 일어나는 실수이자, 가장 어리석은 실수이다. 무엇인가를 숨기는 듯한 인상을 주어서는 안 된다. 그러나 아쉽게도 우리나라의 모든 사건이나 사고에서 대다수 기업이나 협회 등 기관들은 거짓말을 하거나 속인다는 인상을 주는 경향이 있다. 이해관계자 등의 질문에 대한 묵묵부답이나 침묵으로 일관하는 것도 때에 따라서는 진실을 왜곡하거나 속인다는 인상을 준다는 점에서 좋은 대처방식이 아니다.

아홉 번째, 조직구성원의 형사처벌이 이루어지지 않도록 최대한 노력해야 한다. 특히, 경영진의 형사처벌은 기업의 이미지 훼손은 물론 기업의 위기관리 차원에서 심각한 영향을 줄 수 있다.

열 번째, 마무리를 잘해야 한다. 이미 발생한 사건, 사고 등으로 새겨진 부정적인 이미지는 쉽게 사라지지 않는다. 대내외 이해관계자 등과 지속적인 대화와 소통을 통해 서서히 부정적인 이미지를 지워 나가야 훗날 긍정적인 에너지로 반전될 수 있다. 이러한 사례는 존슨앤존슨, P&G와 같은 다국적기업들에서 흔히 찾아볼 수 있다. 국내에서도 음료회사 아리수 등의 위기대응방식은 참고할 만하다.

존슨앤존슨과 듀퐁의 위기대응 사례

존슨앤존슨 위기대응

1982년 시카고에서 존슨앤존슨의 타이레놀 캡슐을 먹고 48시간 내에 7명이 사망하는 사건이 발생한 적이 있었다. 이때 사망원인이 독극물인 시안화물Cyanide로 밝혀지자 이 회사의 타이레놀 사업(총매출의 7%, 순이익의 17% 차지)은 큰 타격을 입게 되었다. 시안화물은 혈액의 산소수송능력을 떨어뜨려 심장, 폐, 뇌를 손상시키는 물질로 알려져 있다. 동사는 사건발생 1시간 만에 즉각적인 대응책을 마련하여 전 제품을 회수하고 생산과 광고를 일시 중단하는 조치를 취하였다. 또한 언론과의 협조체제를 구축하여 제품의 회수부터 구입자의 복용금지, 의사·병원·유통업자에 대한 경고사항 전달과 대응책 안내 등까지 많은 도움을 받았다. 또한 시카고 근교에 임시 실험실을 설치하여 즉각적인 검사와 함께 각계 전문가 확인 작업에 착수하였다. 이 과정에서 약 10억 달러의 비용을 사용하였다. 사건발생 6주 후에는 미국 전역에 회사의 조치와 입장을 밝히는 기자회견을 하였다. 이러한 신속하고 진정성이 깃든 대응조치의 결과로 존슨앤존슨은 소비자 신뢰를 회복할 수 있게 되었다. 그리고 사건발생 6개월 만에 사건 전 시장점유율(35%)에 가까운 32% 시장점유율을 회복할 수 있었으며 오늘날 세계 4위

제약회사에 머무를 수 있게 되었다. 존슨앤존슨은 이 사건을 계기로 회사 차원의 위기관리 및 지속가능성에 대한 인식이 높아져 사건 초기에 구성한 위기관리위원회를 현재까지 운영하고 있다. 또한 1943년 발표된 사내 윤리강령 '우리의 신조Our Credo'에 경영환경 변화를 반영하였으며 세계에서 가장 존경받은 기업 중 하나로 좋은 이미지를 유지하고 있다. 회사 내부적 측면에서도 종업원의 책무와 자부심을 높이는 요인으로 작용하여 존슨앤존슨의 직원 이직률은 글로벌 우수기업들 중에서도 매우 낮은 편이다. 존슨앤존슨은 2002년 《포춘》 선정 '세계에서 가장 존경받는 회사' 7위를 기록하였다. 위기관리능력을 높이 평가받아 미국 PR협회의 실버앤빌상Silver Anvil Award을 수상하기도 했다. 존슨앤존슨의 타이레놀 사건은 나중에 제조과정상의 실수가 아닌 것으로 밝혀졌지만, 이 회사는 제품의 안전성 확보를 위해 패키지를 교체하였을 뿐만 아니라 최초로 FDA에 의해 의무적으로 규정된 훼손 방지 포장을 자발적으로 실행하였다.

듀폰의 위기대응

듀폰은 2004년 미국 오하이오 및 웨스트버지니아에서 테플론Teflon(글라스의 대체 재료인 불소계.필름) 제조에 사용되는 퍼플루오로옥타노익산PFOA이라는 화학물질의 위험성을 간과한 이유로 퍼플루오로옥타노익산으로 오염된 식수와 관련된 집단소송에 걸려 1억 달러의 합의금을 지급하였다. 또한, 이 화학물질의 안전에 관한 정보를 은닉했다는 이유로 미국 환경청EPA에 의해 고발되어 1,600만 달러의 벌금을 부과받은 적이 있었다. 듀폰은 퍼플루오로옥타노익산이 규제대상이 아님에도 불구하고 회사의 명성 훼손을 우려하여 법정투쟁을 포기하였다. 이 사건을 계기로 듀폰은 환경책임에 대한 인식을 제고하여 사건발생 이후 오염방지를 위해 지속적으로 노력해 오고 있다. 또한 회사 경영진이 직접 나서서 지속가능한 성장을 자사의 비전과 전략의 핵심으로 채택하고 신제품 개발 및 기존 제품 업그레이드를 추진하는 등 지속가능성을 통한 매출 성장을 도모하였다. 그 결과 2010년 들어서는 제품 R&D의 생산성을 30% 가까이 향상시키는 성과도 거두었다.

국내 기업들의 과거 행태에 비추어 볼 때 지금까지 운이 좋았다고 안도하는 기업들이 적지 않으리라 생각된다. 아무리 잘나가는 기업이라 하더라도 언젠가 한 번은 실수하기 마련이다. 그러나 지금까지 우리 사회에 만연한 안일한 위기대응방식에 비추어 볼 때, 도요타 자동차와 같이 대규모 리콜사태가 발생하는 상황에 처하게 된다면 국내 기업 중에서 살아남을 수 있는 기업은 그리 많지 않을 것이다.

기업이 성장하는 동안에 다른 한편에서는 자만심과 사소한 것에 소홀해지는 나태함이 독버섯처럼 자라는 법이다. 통상 기업의 평균수명은 30년을 넘지 않는다고 한다. 이는 외부의 경쟁압력 때문이기도 하지만 보다 큰 요인은 기업 내부의 경직되고 폐쇄적인 조직문화와 위기관리능력 부재에서 비롯되는 것임을 기업들의 실패사례들이 보여주고 있다.

21세기 들어 기업 간 경쟁이 치열해지고 불확실성이 증대되면서 기업의 수명은 더욱 짧아지고 있다. 어떻게 하면 기업의 수명을 늘리고 100년 이상 장수하는 조직을 만들 수 있을까? 즉, 지속가능발전에 대해 관심이 높다. 기업이 지속가능한 발전을 하려면 경제적인 성장을 지속적으로 유지하면서도 사회적·환경적으로도 지속가능해야 한다. 지속적으로 이익을 내면서도 기업이 직면하는 모든 리스크를 효과적으로 관리해 나갈 수 있어야 한다. 그동안 대다수 기업들은 경제적 성장과 이익에만 열중해 왔지만 사업과 관련하여 나타날 수 있는 위험관리에 대해서는 소홀히해 왔다.

다행히 기후변화 대응의 중요성과 각국의 환경규제 강화가 무역

장벽으로 나타나면서 기업들이 환경위험관리를 강화하는 추세다. 또한 중국, 인도, 동남아 시장으로 사업장을 옮기면서 현지 지역사회와의 소통과 협력의 중요성을 깨닫기 시작하였다. 그러나 전사적인 차원에서 위기대응 시스템과 고객·사회를 배려하는 기업문화를 구축하는 단계로까지 발전하지는 못하고 있다. 우리나라와 같이 위기관리에 취약하고 단기 업적주의 문화풍토로 기업구성원들이 자신의 이익 챙기기에 급급한 환경에서는 실수나 위기가 발생했을 때 신속하고 진솔하게 대응하기란 쉽지 않다. 위기관리능력은 하루아침에 배양되는 것이 아니다. 오랜 기간에 걸쳐 최고경영자를 비롯해 모든 조직구성원들이 고객중심으로 배려하고 가치사슬망에 있는 모든 기업들이 상생하는 협력문화가 구축될 때 존슨앤존슨과 같은 위기대응 능력이 생기는 것이다.

진입장벽 Entry Barrier 을 높여라

진입장벽이란 새로운 경쟁자가 시장에 진입하기 전에 그들이 극복해야 하는 장애물이나 조건 등을 말한다. 사업을 새로이 시작할 때 자신이 하려고 하는 사업에 진입하기가 쉬운지 어려운지를 아는 것은 매우 중요하다. 진입장벽이 낮은 산업은 같은 업에 종사하는 사업자 수가 많고, 큰돈을 벌기가 어려운 사업 분야다.

한국편의점협회에 따르면, 전국의 편의점은 2000년만 해도 676곳에 불과했다. 하지만 2001년부터 매년 1,000곳 이상, 2008년부터는 2,000곳 이상이 새로 생겼다. 편의점이 늘면서 총매출액도 증가해 2012년 처음으로 10조 원을 넘어섰다. 하지만 편의점 한 곳당 매출액은 제자리걸음이었다. 일일 평균 매출액이 2009년 154만 원에서 2010년에는 156만 원으로 단 1% 성장에 그쳤다. 경쟁이 치열해지면서 편의점 폐업도 급증하였다. 2000년 189곳에 불과하던 것이 2005년엔 526곳, 2010년에는 880곳으로 늘었다. 2010년 새로 창업한 편의점이 3,600여 곳인 점을 감안하면 새로 문을 연 네 곳 가운데 한 곳 꼴로 문을 닫았던 셈이다. 편의점 설립이 쉬운 것, 즉 진입장벽이 낮은 것은 창업비용이 낮고, 편의점을 설립하는 데 특별한 기술을 필요로 하거나 허가절차 등이 복잡하지 않기 때문이다. 실제로 편의점의 창업비용은 다른 업종보다 상대적으로 부담이 적다.

실패한 자영업자는 물론, 은퇴 채비에 나선 베이비부머(출생률이 가장 높았던 1955~1963년생으로 약 695만 명)와 주부, 청년실업자 같은 창업자들이 커피전문점과 더불어 편의점으로 몰려들었다. 그러나 이렇게 누구나 몰려드는 사업 분야에는 미래가 없다. 새롭게 사업을 생각하는 사람들은 이같이 이익기회가 적고 힘만 드는 사업 분야는 아예 생각조차 하지 않기를 바란다. 이러한 사업은 한 사람이 돈을 벌면 다른 사람이 손해를 보는 제로섬 시장에 가깝다. 즉, 레드오션 시장에는 '제살 깎아먹기'만이 만연할 뿐이다.

일단 사업을 시작한 경우에는 자사가 속해 있는 사업에 새로운 경쟁자들이 들어오기 쉽지 않도록 만드는 노력을 기울여야 한다. 다른 경쟁자들이 자신의 사업영역에 진입하지 못하도록 장벽을 높이는 전략을 세우는 것이 중요하다.

진입장벽을 높이기 위한 방안 중 하나는 보유기술 등에 대한 특허권을 확보하는 것이다. 좋은 기술이나 아이디어를 가지고 있다면 다른 사업자들이 도용하지 못하도록 특허등록이나 실용신안권을 확보하는 방안을 생각할 수 있다. 그러나 요즘은 특허등록을 하더라도 기술보호가 제대로 이루어지지 못하는 경우가 늘고 있어 아예 특허등록 자체를 포기하고 사내에 암묵지 형태로 가지고 있는 기업들도 생겨나고 있다.

자사 사업정보의 관리도 경쟁자의 출현을 막는 데 큰 도움이 될 수 있다. 진짜 돈 잘 버는 사업가들은 동료 사업가들에게 자신이 잘 번다는 소리를 하지 않는다. 그렇다고 죽는소리도 하지 않는다. 사업이 안된다는 소리를 하면 언론이나 금융기관에 부정적인 정보가 흘러가 기업의 신용도가 떨어질 수 있기 때문이다. 국내 L그룹의 오너는 계열사 사장단들과의 대화에서 사업환경이 아무리 어렵더라도 광고비, 개발비, 교육비 등 소위 '3K' 관련 비용은 줄이지 말라고 지시한다고 한다. 이유인 즉, 광고비 등 3K 관련 비용을 줄이게 되면 그 사실이 언론사 등에 회사 사정이 좋지 않다는 신호로 작용하여 회사의 주가관리는 물론 금융기관 대출 이용 등에 나쁜 영향을 줄 수 있기 때문이라고 한다.

이러한 예는 무궁무진하다. 필자의 지인인 한 일본 기업인은 물건 외상대금을 회수하러 다닐 때 온라인 거래를 이용하지 않고 큰 거래처들은 사업주 본인이 직접 수금을 하러 다닌다고 한다. 그 바쁜 사업가가 직접 수금을 하러 거래업체를 방문하는 것은 거래업체에 대한 정보를 얻기 위해서이다. 외상대금의 회수는 물론이고, 거래업체 직원들과 대화를 나누는 과정에서 시장환경에 대한 정보와 거래업체의 경영상태 등을 알 수 있어 회사경영에 많은 도움이 되기 때문이다. 회사의 재무제표는 물론 사소한 정보라도 사업가들이나 기업을 이해하는 사람들에게는 중요한 정보로 작용한다는 점을 유념해야한다. 사업을 하려고 하는 사람은 항상 언행을 조심하고, 신중히 의사결정에 임해야 하는 점을 잊지 말아야 한다.

기본적으로 시장경제 사회에서 잉여이익이 많이 생기는 곳에는 새로운 경쟁자가 출현하기 마련이다. 하지만 기존에 사업을 하고 있는 사업가 입장에서는 자신의 사업에 다른 경쟁자가 진입하는 것을 법이 허용하는 범위 내에서 최대한 막기 위해 노력해야 한다.

창조적 디자인 경영으로 새로운 경험가치를 창출하라

> 디자인은 인간이 만든 창조물의 중심에 있는 영혼이다.
> Design is the fundamental soul of a human-made creation.
>
> – 스티브 잡스Steve Jobs, 애플Apple 공동 창업자 –

지난 60여 년간 한국 경제와 기업의 발전과정을 돌아보면 선진국 경제나 기업들을 모방하면서 성장해 왔다고 해도 과언이 아니다. 시장개방이 이루어지기 이전까지는 이렇게 남을 벤치마킹하거나 베껴서 성장하는 것이 가능했다. 이 기간에는 해외정보에 밝고 저렴한 인건비로 값싸게 물건을 생산해 팔 수 있는 기업들이 승자로 살아남을 수 있었다. 그러나 정보통신기술의 발달과 글로벌화로 세계시장에서 무한경쟁을 해야 하는 오늘날에 있어서는 사정이 달라졌다. 더욱이 세계 10위 경제권에 진입한 한국경제에 대한 주요 경쟁국들의 견제와 지적재산권 권리행사 강화 등으로 과거식의 모방경제 유지가 어렵게 되었다. 서방 국가나 다국적 기업들은 한국 기업들에게 기술을 팔려고 하지 않는다. 그만큼 한국 기업들의 덩치가 커져 자국기업에 위협적인 존재가 되었기 때문이다. 또한, 비싸게 외국의 기술이나 특허를 사려고 해도 살 것이 별로 없는 산업이나 기업들이 늘어나고 있다. 예컨대, 반도체, 조선, 스마트폰 등과 같이 세계에서 1등하는 제품이나 산업들은 더 이상 다른 나라의 기술이나 디자인 등에 의존할 것이 별로 없게 된 것이다. 이러한 현실에서 삼성전자와 같은 최고의 기업들은 1등을 지키기 위해 스스로 새로운 것을 만들어 내지 않으면 안 되는 처지에 놓이게 되었다. 그래서 삼성전자는 오래 전부터 어떻게 하면 조직을 창조적으로 바꿀 수 있을까 고민해 왔다. 이러한 노력을 하는 중에 "종업원 25명에 불과한 일본 아사히야마동물원의 사례에서 창조적 디자인 경영을 배우라"는 CEO의 발언까지 나오게 된 것이다.

디자인 경영이라는 용어가 공식적으로 사용된 것은 영국왕실예술협회RSA가 디자인위원회와 함께 격년제로 실시한 디자인 경영상 **Presidential Awards for Design Management**을 시상할 때부터였다.

1966년 영국의 디자인 컨설턴트인 마이클 파르Michael Farr는 디자인 경영을 최초로 정의했다.

디자인 경영은 디자인의 본질적인 의미와는 달리 기업경영의 핵심적 요소로서, '디자인'을 중심에 놓고 경영체제를 구축해 나가는 것을 의미한다. 나아가 개인의 정체성에 디자인 자체를 접목시켜 조직과 기업 그리고 심지어는 개인의 브랜드 가치를 제고하는 것이라 할 수 있다.

유럽연합집행기관에 따르면 디자인 경영은 창의성을 혁신으로 이어지게 하는 것으로, 아이디어를 다듬어 사용자나 소비자에게 실용적이고 매력적인 제안이 될 수 있도록 전환해 창조성을 특정 목적에 맞춰 효율적으로 사용할 수 있게 하는 것이다. 디자인은 경영성과 향상을 위한 핵심 역할을 담당하며 기업의 성장을 견인한다.

디자인은 조직활동의 가장 기반이 되는 효과적인 커뮤니케이션을 가능하게 한다. 또한, 사용자들의 혁신을 위한 디자인은 경제적·사회적·환경적 지속가능성을 고려한 측면에서 사용자의 니즈에 맞는 최상의 인터페이스나 사용자의 열망, 능력에 부합하도록 새롭거나 눈에 띄게 향상된 제품, 서비스, 시스템을 개발해 가는 활동을 의미한다.

디자인 경영에 대한 전문가들의 다양한 정의를 살펴보면 다음과 같다.

"

디자인 경영이란 디자인 문제를 정의하고, 가장 적합한 디자이너를 찾아내어 주어진 시간과 예산의 범위 내에서 그것을 해결할 수 있도록 해 주는 것이다.

— 마이클 파르Michael Farr, 디자인 컨설턴트, 1966 —

범세계적으로 경쟁이 심화되면서, 경쟁 전략의 새로운 차원에 대한 관심이 점점 더 커지고 있다. 그중에서도 디자인과 경영이 가장 중요시되고 있다.

— 존 맥아더John MacArthur, 하버드 경영대학원 학장, 1989 —

디자인 경영은 디자인이 장기적인 기업의 목표 달성에 유용한 수단임을 널리 인식시키고, 기업의 목표를 성취하기 위한 모든 활동에 디자인이 올바르게 활용될 수 있도록 해 주는 공식적인 업무 프로그램이다.

— 로버트 블레이치Robert Blaich, 1993 —

디자인 경영은 꿈을 주는 리더십이라고 생각한다.

— 토마스 월튼Thomas Walton, DMJ 편집인, 1998 —

기술, 인간에 대한 이해를 디자인 속에 함께 녹여라.

— 댄 보아스키Dan Boyarski, 카네기멜론대학교 디자인스쿨 원장 —

오래 써도 질리지 않는 제품을 만드는 게 디자인이다.

— 데이비드 루이스David Lewis, B&O 수석 디자이너 —

디자인 경영은 디자인을 경영전략적 수단으로 활용하여 새로운 비전과 가치를 창출함으로써 조직의 목표를 달성하고 생활문화를 창달하기 위해 경영자, 디자이너 그리고 관련 분야의 전문가들이 활용할 수 있는 지식 체계를 연구하는 분야이다.

— 정경원, 『디자인 경영』 중 —

디자인은 변화와 혁신의 마인드이며, 창의적인 생각의 방식, 틀에 얽매이지 않는 창의적인 생각으로 남보다 앞서 새로운 것을 꿈꾸며 도전하는 것이다.

— 기아자동차 경영 슬로건 —

디자인은 사랑과 증오를 만드는 기본요소이며, 새로운 기업의 영혼이다.

— 톰 피터스Tom Peters, 경영 컨설턴트 —

디자이너는 미래의 연금술사다.

— 리처드 코샐렉Richard Koshalek, 아트센터칼리지오브디자인 총장 —

좋은 디자인이란 그것이 없어지고 난 뒤에야 소중함을 깨닫게 되는 것으로 뭔가를 만들어 내기 위해서 사람들의 욕구에 미술과 인지과학, 그리고 미를 결합하는 르네상스적 태도다.

— 파올라 안토넬리Paola Antonelli, 현대예술박물관 큐레이터 —

사업가들이 디자이너를 깊이 이해할 필요는 없다. 사업가들이 곧 디자이너가 되어야 하기 때문이다.

— 로저 마틴Roger Martin, 로트먼 경영대학원 학장 —

제대로 적용된 디자인은 우리 삶의 질을 높이고 직업을 만들어내며 사람들을 행복하게 만든다.

— 폴 스미스Paul Smith, 패션 디자이너 —

유용한 것이 아름다운 것이란 말은 사실이 아니다. 오히려 아름다운 것이 유용한 것이다. 아름다움은 인간의 생활방식과 사고방식을 개선할 수 있다.

— 안나 카스텔리 페리에리Anna Castelli Ferrieri, 산업 디자이너 —

디자이너가 된다는 것은 변화의 중재자가 됨을 뜻한다.

— 바버라 챈들러 앨런Barbara Chandler Allen, CHAD 개발이사 —

1달러를 투자할 때마다 당신의 비즈니스에 관해 뭔가를 말할 수 있게 해 주는 몇 안 되는 도구 중 하나가 디자인이다. 디자인에는 비즈니스를 더욱 번창하게 만드는 힘이 있다.

— 레이먼드 터너Raymond Turner, 영국 공항관리국 —

값비싼 광고를 통해 심리적으로 인식을 조작하기보다는 보기 드문 상품을 디자인하는 데 더 많은 돈과 시간을 투자하라.

— 필립 코틀러Philip Kotler, 켈로그경영대학원 석좌교수 —

저가 전략은 이제 물 건너갔다. 주로 디자인과 독특한 기능을 인기 품목에 접목한 기업들이 점점 더 많은 시장을 점유한다.

– 《닛케이》, 2004 –

종전에는 기업들이 가격으로 경쟁했고, 지금은 품질로 경쟁한다. 미래는 디자인 경쟁의 시대가 될 것이다.

– 로버트 헤이스Robert H. Hayes, 하버드경영대학원 명예교수 –

앞으로 비즈니스 세계에서 키워드는 디자인이다.

– '디자인 사고력', 《Think》, 2007 –

혁신과 경쟁력 강화를 위해 디자인 경영이 매우 중요함에도 대다수 신생기업이나 중소기업은 디자인 경영의 중요성을 인식하지 못하고 있으며, 디자이너를 고용하거나 제대로 아웃소싱하지 못하고 있다.

기업이 글로벌 무한경쟁시대에서 살아남기 위해서는 경쟁기업과의 차별화가 시급하며, 이를 위해서는 가격과 기술·품질 면에서는 물론 품격 측면에서도 경쟁력이 있어야 한다. 오늘날 기업 간 경쟁에서 가격, 기술, 품질, 서비스 영역을 넘어 새로운 차별적인 요소를 만들어 내지 못하면 승자가 될 수 없게 되었다. 기업 부가가치의 원천이 '양보다 질'에서 '질보다 품위'로 진화했기 때문이다. 소위 감동과 경험을 고객과 나누는 감성의 시대를 맞이하게 된 것이다. 새로운 체험이나 경험 등을 통해 고객에게 독창적이고, 높은 감성적 부가가치를 제공해야만 돈을 벌 수 있는 시대가 되었다.

　이처럼 기업은 가격에 어울리는 상품과 서비스의 가치를 고객이 느끼고 즐길 수 있게 만드는 '디자인'의 중요성을 깨달아야 한다. 1990년대 말 일본 정부와 산업계가 한국 등 후발국과의 가격 및 품질 면에서 경쟁에 한계를 느끼고, 품격 면에서의 차별화를 위해 21세기를 '품격경쟁'의 시대로 규정하고, 국가 차원의 디자인 정책을 강화했던 것도 이와 같은 이치다.

　《비즈니스위크》에서는 기업 전략을 4단계로 나누었는데, 그중 2000년대를 '디자인 전략 시대'로 규정했다.

　제1단계는 1980년대로 기술과 정보가 특별한 차별적 가치가 없는 대중화된 상품을 통해 글로벌 영역으로 확대되는 단계였다. 제2단계는 1990년대로 대중화된 상품과 공동화, 아웃소싱의 시대였으며, 2000년대인 제3단계에 들어서는 각 기업의 디자인 전략이 식스시그마Six Sigma를 대체하기 시작하였다. 4단계에는 창조적 혁신이 성장을 추진하는 시대가 되어, 그다음에는 새로운 '이노베이션 DNA'를 갖는 창조적 기업이 주도하는 사회가 온다고 전망했다.

　이처럼 경제의 근본이 '지식'에서 '창조성'으로 이행하고 있으며, 지금까지 기술 주도의 혁신이 디자인 주도형으로 바뀌어 가고 있다.[8]

　'장수하는 기업은 지속적으로 혁신하는 기업'이며, 이러한 지속적 혁신은 디자인 경영을 통해 조직구성원은 물론 이해관계자와의

8.　'Get Creative', 《비즈니스위크》 참고.

비전 공유와 원활한 소통을 이뤄야 성공가능성을 높일 수 있다. 혁신이란 지속가능한 발전을 위하여 (고객의) 환경 변화에 지속적으로 적응해 가는 과정이며, 그렇기 때문에 21세기 혁신의 키워드는 '디자인 경영'이라 할 수 있다.

GE, P&G, 애플 등 글로벌 선진 기업들은 이미 디자인을 제품 및 비즈니스 혁신의 핵심 수단으로 활용해 왔다. 우리나라도 21세기 들어 제조 대기업과 카드사 등을 중심으로 디자인 경영을 추진하면서 글로벌 기업으로 발돋움하고 있다.

최신 트렌드로서의 경험가치는 경험경제, 경험경제 마케팅, 경험가치 매니지먼트 등의 표현으로 점차 그 영역을 넓혀 나가고 있고, 경험 디자인이나 경험가치 디자인 등이 생겨나고 있다. 조지프 파인 2세B. Joseph Pine II 와 제임스 길모어James H. Gilmore는 『경험경제The Experience Economy』라는 책에서 200년 전에 산업혁명을 겪고, 20년 전에는 제조업에서 서비스 경제로 이동했듯이, 지금의 경제도 경험이라는 분야로 엄청난 이동을 하고 있다고 강조한다. 소비자에게 제품의 가격이나 품질을 파는 것이 아니라, 경험을 할 수 있는 환경을 판매한다고 보았다. 다시 말해 새롭게 디자인된 제품이나 서비스를 통해서 경험가치가 창조되고, 이 경험은 경제적 가치가 있다는 것이다.

도널드 노먼Donald A. Norman은 『이모셔널 디자인Emotional Design』이라는 책을 통해서 정서 디자인이나 감동 디자인에 대한 주장을 펼치기도 했으며, 콜롬비아대학교 번 슈미트Bernd H. Schmitt 교수는 1990년대 말에 디자인적 사고를 경험가치 마케팅 이론으로 확장시키기도 했다.

경험가치는 앞으로 비즈니스에서 새로운 영역을 구축할 수 있을 것이다. 가장 가까운 예를 찾아보자. 왜 스타벅스의 커피는 자판기 커피보다 비쌀까? 이것은 단순히 커피 한 잔 값에 관한 문제가 아니다. 커피의 질은 물론이고 그 커피를 마시고 있는 장소의 분위기, 의자의 편안함, 인테리어에서 느끼는 만족감 등 커피를 마시는 사람이 오감을 통해 온몸으로 체험하는 직접적인 가치가 반영된 결과이다. 그리고 스타벅스 브랜드의 파워도 무시할 수 없는 요소이다. 자판기 커피는 맛을 떠나서 스타벅스의 커피 한 잔이 주는 경험을 제공해 줄 수 없기 때문에 감동의 크기와 깊이, 그리고 여기서 얻어지는 행복감과 의미, 즉 경험가치가 떨어질 수밖에 없는 것이다. 물론 이것은 사랑하는 사람과 길거리에서 담소를 나누며 마시는 자판기 커피 한 잔과는 또 다른 의미이다. 스타벅스는 최고경영자인 하워드 슐츠**Howard Schultz**의 말대로 단순한 소비재로서의 커피 한 잔이 아니라 특별한 품질, 서비스와의 만남을 통해 색다른 체험과 관계를 만들어 가는 공간이다. 스타벅스는 문화적 경험을 브랜드화한 커피 서비스를 제공하는 데 역점을 두는 전략과 철학을 가지고 스타벅스만의 문화를 체험할 수 있는 기회를 제공하고 경험가치를 창조해 내는 것이다.

그런데 문제는 지금까지 경험가치의 중요성을 주장하는 사람들은 그 경험가치를 이끌어 내는 경영자의 힘, 즉 실행할 수 있는 대안을 우리에게 가르쳐 주지 못했다. 그것이 곧 디자인이며, 디자인 경영인데도 말이다.

마케팅의 대가인 필립 코틀러**Philip Kotler**는 고객은 제품 퍼포먼스

보다도 경험을 중시한다고 했다. 소비자인 고객은 제품 자체의 특징보다도 '제품을 통해 어떤 경험을 할 수 있는가?'에 초점을 맞추고 있다는 점이다. 체험 관광이 인기를 끌고 있는 이유는, 단순히 동물원의 동물들을 구경하듯이 눈으로만 보는 것이 아니라 자신이 직접 몸으로 체험함으로써 느낄 수 있는 경험가치를 중요하게 생각하기 때문이다. 농촌에서 직접 작물을 수확해 보거나 소젖을 짜 보거나 물고기를 잡아 보는 직접적인 체험이 새로운 가치를 만들어 내는 것이다. 물론 레저를 목적으로 즐기는 스포츠나 놀이기구 이용, 그리고 아무것도 하지 않고 앉아서 산림욕을 즐기는 일도 직접적인 체험을 통해 경험가치를 창출해 낸다. 또 독서를 통한 간접 경험도 책을 어디에서 어떻게 읽고 있느냐에 따라서 그 자체가 새로운 지적 경험을 만들어 내는 경험가치이다.

우리들이 하는 모든 행동과 사고는 경험가치를 창조해 내는 일과 밀접한 관련이 있다. 우리들의 일상생활 자체가 경험가치를 창출하는 디자인이며, 그래서 우리들은 디자이너이다.

현재 전 세계를 중심으로 디자인의 중요성과 디자인이 새로운 미래 경쟁력이라는 공감대가 확산되어 가고 있다. 본질적인 경험가치 창조를 위한 원점은 디자인이다. 디자인은 개인에게 경험가치를 제공해 주며, 기업에게는 고부가가치를 창출시킨다. 또한 개인의 브랜드 가치를 높여 주기도 하고, 기업의 지속가능한 발전과 미래 경쟁력을 확보할 수 있게 만드는 수단이 될 수 있다.

소비자 및 시장 분석 시 근시안^{Myopia}적 사고를 피하라

전자공학과 출신 박사 C씨는 최근 대박 사건을 터트렸다. 세계 최초로 상용화가 가능한 최고 기능의 음성기술 A를 발명했기 때문이다. 그는 이 기술에 모든 것을 걸기로 했다. 특허를 출원하고 벤처를 시작했다. 스타트업 CEO로서 엔젤투자자의 지원도 받고 A기술을 활용한 휴대폰 모듈을 개발했다. 이제 이 혁신적인 기술이 전 세계 휴대폰에 탑재될 그날만을 꿈꿨다. 하지만 그 결과는? 실패였다. 기술의 우수성에도 불구하고 아직까지 A기술을 채택할 휴대폰 업체는 나타나지 않았으며 투자도 끊기고 말았던 것이다. 여기서 C씨의 실수는 무엇인가? 자신의 경쟁상대가 누군지 모르고 기술개발과 신제품에만 몰입해 시장에서 무조건 성공할 것이라고 믿어버린 점이다.[9]

소비자와 시장 분석 시 대체재가 무엇이고 왜 중요한지를 대략 검토해 보자. 자신의 경쟁상대가 누구인지 정확히 아는 것은 사업전략을 세우는 데 있어 매우 중요하다. 브리태니커 백과사전을 만드는 사업자의 경쟁자는 누구이며, 경쟁상품은 무엇인가? 과거의 사고방식으로는 동아출판사 등 사전을 만드는 출판사들이라고 생각했을 것이다. 그러나 브리태니커 출판사를 망하게 만든 것은 과거에는 상상도 할 수 없었던 마이크로소프트사가 제공한 '컴퓨터용 사전 프로그램'이었다. 소비자들은 자신이 알고 싶은 용어를 두껍고 비싼 백과사전에서 찾아보는 것이 아니라 컴퓨터에서 쉽고 편리하게 검색하여

---

9. 이병욱, 《TIM alive》 참고.

궁금증을 해결하고 있는 것이다.

컴퓨터가 백과사전의 잠재적 대체재가 되리라는 것을 사업자들이 일찍이 인식할 수 있었다면 백과사전 만드는 것을 조기에 포기하고 다른 산업에 진출하든가 출판사들이 연대하여 자신들의 지적재산권을 보호받기 위한 대책을 강구할 수 있었을 것이다.

이러한 제품이나 시장에 대한 근시안적 시각은 어디에서나 쉽게 발견할 수 있다. 예컨대, 부동산 중개시장이 포화상태인 부동산 중개업의 경우 변호사 등의 부동산 중개업 진출과 부동산 앱 등의 등장으로 심각한 경쟁에 시달리게 되었다. 요즘 변호사, 주택임대관리 회사 등이 부동산 중개업에 진출을 시도하는 데다가 직방, 다방 등 O2O^{Online to Offline} 회사들이 등장하면서 전통적인 부동산 중개시장은 무한경쟁의 시대를 맞게 되었다. 더욱이 가상현실이 본격화되면서 방문하지 않고서도 인터넷을 통해 사려는 집 내부를 미리 살펴보고, 가상으로 인테리어를 해 보는 일까지 가능해졌다. 이에 따라 부동산 중개사는 더 이상 설 자리가 없어졌다. 이젠 비싼 임대료를 부담하면서 동네 물건만 거래하는 방식의 공인중개사들은 버티기 어렵게 되었다.

광고시장도 마찬가지다. 광고시장에는 잠재적 경쟁자들이 무수히 많다. 신문사, 방송사, 잡지사, 포털사이트 등은 외형적으로 전혀 다른 비즈니스를 하는 회사들처럼 보이지만 그들의 수익모델이 광고 수입이라는 점에서는 동일하다. 이들 사이에서 국내 광고시장은 제로섬 게임 시장이라 할 수 있다. 4개의 종편 방송사가 출현하면서 중소규모의 잡지사들이 심각한 경영난을 겪고 있다. 광고주들이 경기 침체 등으로 광고물량을 줄여야 할 판인데, 광고를 따내야 하는 4개의 종편 방송사가 늘어나다 보니 이들에게 광고물량을 나누어 주기 위해 힘없는 잡지 등에 대한 광고를 줄일 수밖에 없었기 때문이다. 따라서 광고를 수입원으로 하는 잡지사라면 종편 사업자들이 진입하기 전부터 경쟁자가 크게 늘어날 것에 대비해야 했던 것이다.

이러한 근시안적 사고에 빠지기 쉬운 계층은 독과점 사업자나 소규모 개인 사업자들이다. 새로이 창업을 하려는 사람들은 늘 자신의 상품이나 서비스의 경쟁자가 누구인지 큰 틀에서 바라보는 시각을 갖고 있어야 한다. 시장경제에서는 영원한 승자가 없다. 아무리 독과점 품목이라 하더라도 새로운 이익기회가 존재하는 한 누군가가 이러한 기회를 찾아 나서기 때문이다.

TPM 원리를 유념하자

오랫동안 중소기업 정책에 열정을 바쳐 왔던 허범도 전 중소기업청 차장이 중소기업 현장을 일일이 방문하여 조사·인터뷰를 한 결과, 중소기업을 경영하는 데 있어 가장 어려운 영역은 기술개발도 생산도 아닌 마케팅이라는 사실을 깨닫게 되었다고 한다. 다시 말하면, 기술개발의 어려움이 1,000미터의 고지라면, 생산은 3,000미터 고지이고, 마케팅은 7,000미터 고지라는 것이다. 이를 두고 허 차장은 'TPM 원리'라고 명명하였다.

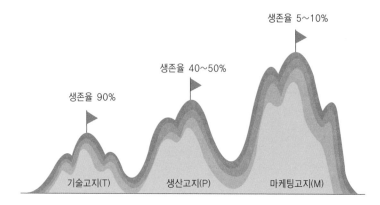

벤처·중소기업들의 단계별 생존율

생존율 5~10%

생존율 40~50%

생존율 90%

기술고지(T)   생산고지(P)   마케팅고지(M)

자료: 허범도, TPM 이론

    필자가 벤처기업이나 중소기업 관계자들과 상담을 하면서 가장 안타깝게 생각하는 점은 그들이 기술개발과 신제품만 중요시하고, 생산이나 마케팅을 소홀히 여긴다는 점이다. 특히, 많은 벤처기업인들이 기술개발에 성공해 신제품을 만들어 냈는데도 금융기관들이 자금을 대주지 않아서 어려움을 겪고 있다고 불평할 때는 당혹감마저 느낀다. 그림에서 보듯 창업을 해서 기술개발 단계까지의 생존율은 90%이지만 마케팅 단계에서까지 살아남을 확률은 5~10%에 불과하다. 기술 창업의 경우는 더욱 심각하다. 미국의 창업컨설팅회사인 새러토가벤처파이낸스Saratoga Venture Finance가 미국증권거래위원회SEC 자료를 분석한 결과에 따르면, 신설 벤처기업이 벤처캐피탈 출자 후 상장신청 단계까지 이르는 비율은 10분의 1, 투자심사에서 상장까지 도달하는 비율은 1,000분의 6이고, 창업 아이디어에서 상장에 이르는

비율은 1,000,000분의 1에 불과하다고 한다.[10]

투자자 입장에서는 기술 개발이나 신제품 개발에 성공한 것만으로는 투자원금 회수에 자신이 없기 때문에 어떻게 제품을 팔아 수익을 낼 것인지에 관심을 더 가질 수밖에 없는 것이다.

모든 마케팅 활동의 중심에는 소비자에 대한 철저한 이해와 분석이 전제되어 있어야 한다. 즉, 사업의 성공은 마케팅의 성공이며, 마케팅의 성공은 시장과 소비자를 잘 알고 있다는 뜻과 같다. 기술을 개발하는 벤처기업이든, 물건을 생산하여 판매하는 제조기업이든, 유통업 또는 음식점이나 카페 같은 서비스업체든 사업가 입장에서 누가 가장 중요한 고객이며, 그들의 니즈가 무엇인지 파악하는 것을 모든 전략 수립의 출발점으로 삼아야 한다. 1970~1980년대 미국 기업들은 아시아 국가들에 비해 질이 좋지 않은 상품과 서비스를 제공하여 소비자를 홀대했고, 이로 인해 실패했다. 또한 인구구조의 변화는 소비자의 구매행태 변화를 가져오므로, 인구구조의 변화 등 거시변수들에 대한 동향에도 민감해야 한다. 인구가 있어야 소비시장도 있다.

벤처기업의 성공을 위해서는 사업 아이디어나 기술 이외에 생산 시스템의 구축과 마케팅 역량의 확보가 매우 중요하므로 벤처·중소기업 지원기관들은 물론이고, 대학의 경우도 산·학·연 협력을 통해 자금조달, 생산 및 판매에 따르는 어려움을 극복할 수 있도록 많은 지원을 아끼지 않아야 한다.

---

10. 김학진 외, 『기술창업 이렇게 한다』, 지식경제부·대덕연구개발특구지원본부, p.12 참조.

펭귄 효과와 사업 초기 위기 극복

　마케팅에서 펭귄 효과The First Penguin Effect라는 현상이 있다. 펭귄은 겁이 많은 대표적 동물 중 하나다. 배가 고파 죽을 지경이 되어도 무리 중에서 참지 못하고 먼저 바다에 뛰어든 펭귄이 천적의 공격을 받지 않는지를 지켜본다. 첫 펭귄이 천적에 잡혀 먹히지 않은 것을 본 후에야 나머지 펭귄들이 물속에 뛰어들어 물고기를 잡아먹는다.

　소비자들도 마찬가지이다. 값비싼 새로운 혁신제품이 출시되면 대다수 사람들은 먼저 구매에 나서지 않는다. 새로운 것을 구매하기를 좋아하는 '혁신구매자Early Adopter'가 구매해서 사용해 보고 난 후 입소문 등을 통해 상품가격보다 사용가치가 더 크다는 확신을 갖게 될 때 그때서야 서서히 새로운 상품 구매에 나서게 된다.

　유명브랜드 상품이 아닌 벤처기업이나 개인사업자가 만든 제품

사업 초기에 치명적 위험이 될 수 있는 펭귄 효과

이라면 혁신구매자를 찾기조차 쉽지 않을 것이다. 따라서 기술개발 등을 통해 새로운 상품이나 서비스로 창업이나 사업에 나서는 사람들이라면 이러한 펭귄 효과가 사람들에게도 동일하게 나타날 수 있다는 점을 염두에 두고 사업을 준비해야 한다.

앞서 'TPM 원리'에서 언급했듯이 제품개발단계나 생산단계보다 더 험난한 고지가 마케팅 단계라고 하는 이유도 상품이나 서비스를 소비자들에게 알리고 구매해서 사용한 소비자가 이에 만족하여 재구매하거나 입소문을 내는 단계에까지 이르는 데는 많은 시간과 홍보비 등이 소요되기 때문이다. 이러한 점에서 사업을 시작하려는 사람들은 창업단계에서부터 사업계획을 수립할 때 신중히 해야 하는 것이다.

신생기업들이 한때 판매액이 생겨 잘될 것처럼 보이다가 죽음의 계곡이나 틈새^{chasm}에 떨어지는 순간을 맞게 되는 원인 중 하나도 이러한 펭귄 효과와 무관하지 않다. 신제품이 나오는 초기에는 혁신구매자가 구매에 나서면서 매출이 일어났으나 제품의 완결성이 떨어져 불량품이 나오고 AS 등에 문제가 발생하게 되면, 일반 대중의 구매로 이어지지 못해 결국에는 신생 기업이나 새로운 사업이 위기를 맞게 될 가능성이 높아진다.

고객은 왕이다

> 나는 회사의 운명은 고객이 쥐고 있다는 점을 누구보다 잘 알고 있
> 다. 유통업계에 오랫동안 몸담아 오면서 고객만족은 본능과 습관이
> 되어 버렸다고 해도 과언이 아니다.
>
> – 가갑손, 『변화와 고객은 기업의 생존조건』 중 –

1960년대까지만 해도 물건은 만들기만 하면 팔린다는 생각이 통
했다. 그 당시는 시장에 경쟁자도 거의 없었고 대량으로 물건을 만드
는 기업들도 별로 없었기 때문에 기업들은 소비자를 그리 의식하지
않아도 물건을 파는 데 큰 어려움이 없었다. 설령 경쟁상대가 일부
나타난다 하더라도 물건만 싸게 대량으로 만들 수 있다면 소비자를
끌어들이는 데는 별 어려움이 없었다.

그러나 시장에 참여하는 경쟁기업들이 늘어나고 대량생산이 보편
화되면서 소비자들이 물건을 고를 수 있는 위치로 바뀌었다. 사업체
입장에서 아무리 좋은 물건을 만들어 시장에 내놓고 홍보해도 소비자
가 다른 경쟁상품을 선호하게 되면 내 물건은 안 팔리게 되는 것이다.

소비자가 선호하고 구매하는 것이 시장에서는 항상 올바른 것이
다. 즉, 소비자가 왕인 셈이다. 옳지 않다고 소비자를 설득하고 교육
시킨다고 해서 그들이 단기간에 마음을 바꾸어 내 물건을 사지 않는
다. 오히려 지나치게 자사제품이 좋다고 홍보하게 되면 역효과가 나
타나기도 하고, 경쟁기업들로부터 역공을 받을 수도 있다. 설령 소비
자를 설득시키는 데 성공한다 하더라도, 막대한 소비자 교육비와 홍

보비 부담 때문에 회사 자체의 존립기반마저 위협받을 수도 있다. 특히, 규모가 작은 기업들이 소비자를 설득시켜 가며 물건을 판다는 것은 과도한 판촉비 부담 때문에 사실상 불가능에 가까운 일이다.

한 예로, 건축자재의 하나인 한국식 온돌의 해외 판매를 추진하던 국내 벤처기업이 있었다. 온돌시스템을 패널식으로 만들어 특허도 여러 개 취득하고, 해외 저널이나 유명 잡지에 홍보성 기사가 실린 적도 여러 차례 있었다. 피나는 노력 끝에 사업장을 미국으로 옮겨 세계적인 건축자재 판매업체인 홈데포Home Depot에 접근하였다. 그러나 매뉴얼, 홍보 비디오와 권위 있는 인증기관의 인증서 제출 등의 요구로 인한 과도한 비용부담과 출시기간의 장기지체로 이 기업은 자금난을 이기지 못하고 사업을 포기하고 말았다.

창의적인 고객 맞춤형 전략(충성고객은 입소문을 낸다)

> 나는 몇몇 이업종교류회 모임에 10년 이상 출석하고 있다. 이런 모임에 참가하는 것만으로도 사업에 도움이 되는 여러 업계 사람들을 알게 되며, 여러 업계 사람들이 이런 모임에서 만나 서로의 비즈니스 영역을 넓혀가고 있다.
>
> – 카야노 카츠미, 『약자의 전략』 중 –

세계 인구가 70억 명에 달하고 있지만 사람마다 각기 다른 욕구(니즈)를 갖고 있다. 사람마다 각자 원하는 것이 다르지만 기업들은 제품이나 서비스를 값싸게 만들어 수지타산을 맞추기 위해 몇 가지로 유형화된 제품이나 서비스를 대량생산하여 소비자에게 파는 것이다.

물건이 없어 사기 어렵던 시절에는 기업 마음대로 표준화하여 대량생산하더라도 물건이 잘 팔렸다. 그래서 소위 '물건은 만들기만 하면 팔린다'는 법칙이 통했던 것이다. 그러나 물건이 넘쳐나고 경쟁자가 계속 늘어나는 현대에는 다양한 고객의 니즈에 부합하는 맞춤형 상품이나 서비스를 공급하지 못하면 소비자나 시장으로부터 외면당하기 십상이다.

많은 사업가들은 어떻게 하면 대량생산을 통해 생산비용을 줄이면서도 고객들이 원하는 맞춤형 상품이나 서비스를 제공할 수 있을지를 고민한다. 삼성전자의 경우도 2000년대 초반에 세계적인 마케팅 전문가를 모셔다가 대량 맞춤형Mass Customization 생산판매 방식에 대한 강연을 듣는 등 고객 맞춤형 전략에 대해 고심해 온 것으로 알려져 있다.

일본의 아사히야마동물원의 경우, 고객 맞춤형 서비스 제공이 1996년 폐쇄 위기에 있던 동물원을 2010년대 들어 세계적인 동물원으로 거듭나게 만드는 원동력이 되었다. 예컨대, 아사히야마동물원 내 북극곰관의 경우 고객의 안전을 위해 북극곰이 우리를 넘어오지 못하도록 우리에 보호장치를 겹겹이 설치하였다. 이로 인해 관람객들은 북극곰을 구경하기가 쉽지 않았다. 특히, 동물원의 핵심 고객인 어린 아이들이 곰을 가까이서 볼 수 없게 되었다. 아사히야마동물원은 이러한 어린이 고객을 위해 맞춤형 서비스를 개발하였다. 북극곰관에 지하터널을 만들어 터널 중앙 천정 위에 구멍을 내고 그곳에 캡

일본 아사히야마동물원의 혁신 경영

일본의 북해도 아사히가와에 위치한 아사히야마동물원은 악조건 속에서 시민들에게 저렴한 휴양시설을 제공하자는 구호를 가지고 1967년 시립 동물원으로 개원했다. 저렴한 입장료와 북해도 최초의 동물원이라는 매력 덕분에 곧 좋은 반응을 얻게 되었다. 그러나 주변의 대형 놀이공원이 등장하자 쇠락의 길을 걷기 시작하였다. 1994년에는 '에키노코쿠스 기생충 사건'으로 시설·위생 개선이 요구되었지만 기존의 과다한 놀이시설 투자로 추가 재정 투입이 어려워 시의회에서 폐원하자는 논의까지 이루어졌다. 에키노코쿠스 기생충 사건 이후, 임시 폐원 조치에도 불구하고 경제 불황까지 겹쳐 관람객 수는 계속 감소하였다.

직원 출신이었던 마사오 원장이 취임한 이후 창의적인 혁신과 디자인 경영체제가 돌입되기 시작했다. 이후 동물원은 폐원 위기에서 벗어나 일본의 제1의 동물원으로 탈바꿈하는 기적의 동물원이 되었다.

전 임직원이 함께 참여하는 학습회를 통한 혁신 노력으로 겨울철 개원(1999년), '펭귄과의 산책 프로그램(2002년)' 등 아이디어를 지속적으로 사업화하여 고객의 경험가치를 창출했고, 입소문이 자자해지면서 많은 고객을 끌어들이게 되었다.

이와 같은 지속적인 혁신 노력으로 아사히야마동물원은 《닛케이》 주관 2004년 일본의 10대 히트상품으로 선정, 2005년 후지TV에서 '기적의 동물원 이야기'로도 방영되었다. 2005년에는 동경 우에노동물원을 제치고 관람객 206만 명의 일본 내 1위 동물원으로 등극했다.

슐지붕을 내어 눈앞에 있는 곰을 볼 수 있게 만들어 놓은 것이다. 이 동물원을 찾은 아이들이 다른 아이들에게 북극곰을 가까이에서 봤다고 자랑하자 이를 보기 위해 다른 아이들도 부모님을 졸라 동물원을 다시 찾게 되는 충성고객을 창출하게 된 것이다.

이밖에도 아사히야마동물원의 고객 맞춤형 서비스 사례는 여러 부문에서 발견할 수 있다. 고객층이나 사용기간 등에 따라 티켓 가격을 차별화한다든지, 고객의 도착 시간이나 머무는 시간 등에 맞추어 개장시간이나 폐장시간을 신축적으로 조정하는 것, 티켓판매 장소를 시내 백화점 등으로 개방한 점, 사육사들의 원 포인트 가이드, 실버고객을 위한 차량 및 좌석 서비스 등은 노동조합이 있는 공무원 조직에서는 상상조차 할 수 없었던 고객 맞춤형 서비스 전략으로, 이는 배울 만한 사례이다.

일본 아사히야마동물원의 사례는 창조적 경영의 모범으로도 추천하고 싶다. 아사히야마동물원은 일본에서 가장 추운 북해도의 인구 35만 명이 사는 소도시인 아사히카와에 위치해 있다. 겨울이 되면 영하 25°C까지 온도가 떨어지는 추운 날씨와 한겨울에는 8시간밖에 사용하지 못하는 짧은 낮 시간 때문에 1967년 개원 이래 관람객 수가

창의적 고객 맞춤형 전략으로 성공한 아사히야마동물원

점점 줄어 1990년대 중반에는 폐원 위기까지 몰린 적이 있었다. 그러나 임직원들의 창의적인 사고와 혁신적인 디자인 경영으로 2000년 들어 경이적인 관람객 수를 기록하며 세계적인 동물원으로 성장하였다. 아사히야마동물원의 사례는 약자 위치에 있는 소규모 기업들의 생존과 장수를 위해 창조적 사고와 디자인 경영이 무엇인가에 대한 해답을 줄 수 있음을 보여주고 있다. 특히, 세계 최초의 행동전시 디자인을 바탕으로 최악의 지리적 조건을 경한 조건으로 차별화시키고, 시민들의 자발적인 입소문과 언론의 이슈화로 세계적인 동물원으로 재탄생한 성공 스토리는 눈여겨 볼 필요가 있다.

다만, 사업가나 기업의 구성원들이 창의적인 사고를 할 수 있도록 만들기 위해서는 우선 조직구성원들에게 각자 자기만이 사용할 수 있는 공간과 시간을 갖게 해야 한다. 구글의 직원들은 근무시간 중 20%의 시간을 자신이 만들고 싶은 것을 만들며 보낼 수 있다. 이 자유시간에 놀면서 직원들이 만들어 내는 것들이 구글 신제품의 절반을 차지하고 있다고 한다. 아사히야마동물원의 경우도 각 사육장 및 주변의 게시판이나 안내판을 직원들이 자율적으로 사용하고 관리하도록 권한을 부여하였더니 창의적인 아이디어들이 많이 나와 관람객들을 감동시키고 있다.

또한, 사업자는 이업종교류회 등에 적극 참여하여 다른 업종의 사업자들과 정보교류를 확대하고, 기술개발 등에 협력하는 방안을 적극적으로 찾으며, 직원들 간에는 자율적인 학습조직을 운영할 수 있도록 배려하는 것이 좋다. 그들 자신이 자발적으로 자신들의 노하우와 실패경험 등을 공유할 수 있도록 배려하는 것은 임직원들로 하여금 창의적 사고 유발은 물론 도전정신을 갖게 만든다.

이업종교류회를 활용하라

사업은 무에서 유를 창출하는 것이다. 사업을 하다 보면 불확실하고 매 순간 결정해야 할 것들이 많기 때문에 사업가들은 누군가와 상의하고 협력할 수 있는 파트너가 있었으면 하는 바람들을 갖고 있다. 그러나 같은 업종에서 사업을 하는 사업가들은 경쟁관계에 있고 회사기밀 유출 등을 우려하여 사업가 상호 간에 사업과 관련된 대화를 진솔하게 나누는 데 한계가 있다.

하지만 서로 다른 업종에서 사업을 하는 사업자들 간에는 사업을 하면서 느끼는 애로나 경영 노하우 등에 대한 의견교환이나 정보교류가 가능하고, 공동 기술개발이나 사업협력까지도 가능하다. 우리나라에는 2011년 12월 기준 13개 시·도연합회를 중심으로 318여 개 단위 이업종교류회에서 7,029개 기업들이 매월 지역별로 모여 교류활동을 하고 있다.

2009년 기준으로 중소기업융합중앙회가 조사한 바에 따르면, 국내 이업종교류회의 활동유형은 정보교환형(83.6%), 자원협력형(30.8%), 융합기술개발형(신제품개발, 24.1%)으로 다양한 것으로 나타나고 있다. 사업가들은 이러한 이업종교류회에 가입하여 경영정보나 기술정보를 얻거나 정부의 기업지원정책 등과 관련된 정보를 얻고 인맥을 형성하는 데 도움을 받고 있으며, 참여기업 간 거래를 하거나 신제품 개발을 위한 공동 협력도 도모할 수 있다.

일본에서 취업, 이직, 창업의 실패로 인한 일곱 번의 좌절 끝에 여덟 번째에 '인터클로스'로 성공한 사업가이며, 명강사인 카야노 카츠미는 그의 저서 『약자의 전략』에서 이업종교류회를 활용하는 것이 약자의 성공에 얼마나 도움이 되는지를 잘 설명해 주고 있다. 『성공하는 이업종교류 실천법』편에서 그는 이업종교류회를 통해 인맥이 생기면 어떤 비즈니스도 훨씬 수월해진다고 밝힌다. 그는 중소기업가 동호회와 윤리법인회, 타케다 란체스터 전략사장 학원, 야즈야 성공철학회 등 몇몇 이업종교류회 모임에 10년 이상 출석하고 있다. 이런 모임에 참가하는 것만으로도 충분히 사업에 도움이 되는 많은 사람을 알게 되며, 여러 업계 사람들이 모여 서로의 비즈니스 영역을 넓혀 가고 있다는 것이다.[11]

필자가 이업종교류회의 자문위원으로서 경험한 바에 따르면, 이업종교류회는 기업 간 정보교류는 물론 새로운 사업 아이디어와 지식의 활용을 촉발시키는 촉매작용을 하고 있으며, 나아가 기업 간 교류활동을 넘어 사회적인 지식의 확대·재생산에 기여할 수 있다. 이제 사업을 시작하는 사람들은 이러한 이업종교류회의 장점을 활용하여 융·복합 관련 사업을 도모하거나 전략적 제휴를 통해 사업 확장 등에 활용하면 좋다. 실제로 에어붐의 장석환 사장은 필자의 권유에 따라

• • •
11. 카야노 카츠미(오대영 역), 『약자의 전략』, 〈성공하는 이업종교류 실천법〉 편, pp.70~74 참조.

(복수응답)

참가 목적	응답기업인 수
인적교류 및 정보교환	530
공공지원기관의 정보입수	189
참가기업의 발전 도모	138
경영자원의 상호 이용	125
경영기법의 개선	108
판로개척	63
제품의 공동 개발	54
공장의 프로세스 개선	31

자료: 한국중소기업이업종교류연합회(현 중소기업융합중앙회), 『이업종교류조사연구보고서』, 2005.

두 곳의 교류회 모임에 참여하고 있으며, 동 교류회를 통해 자본투자가의 유치는 물론 해외 판로개척에도 큰 도움을 받게 되었다면서 지인들에게도 융·복합 교류회 가입을 적극 추천한다고 한다.

이업종교류회에 참가하는 방법

기존 교류회에 가입하려는 경우에는 이업종교류회 회원명부를 열람하거나 13개 지역 연합회 사무국과 상담 후 가입 희망 그룹을 지정 또는 비지정한 후에 가입 신청서를 제출하고 해당 그룹의 기존 회원사 동의를 얻으면 신입회원으로 가입할 수 있다. 통상적으로 1~2개월가량 기간이 소요되며, 일정 이상의 기업교류와 경영자 경력이 요청되기도 한다.

신규 교류회를 창립하려는 경우, 지역 연합회 사무국에 이업종교

신규 이업종교류회 결성 시 일반적인 절차

1. 지역 연합회 사무국을 통한 사전 설명회 개최
2. 발기인 대회(창립 예비모임) 개최
   - 그룹의 명칭 결정
   - 그룹의 운영기준이 되는 회원의 자격, 운영규칙, 회비 등 회칙 작성
   - 임원 선정 및 향후 활동방향에 대한 사업계획 및 예산계획 등을 수립
3. 교류회 창립총회 개최
   - 안건상정: 발기인 대회에서 논의된 내용으로 임원 선출·회칙(안) 상정·사업계획 및 예산(안)을 심의의결
4. 해당 지역 연합회에 가입
5. 중소기업융합중앙회에 가입

류그룹 참가 신청서를 미리 제출하고 교류회 관계기관에서 회원을 모집하여 그룹을 결성할 때 창립멤버로 가입하는 방법이 있다. 이 경우 교류회원은 경쟁관계에 있지 않은 이업종 영위업체로서 기업의 소재지, 매출액, 업력, 경영실적, 경영자 성향 등을 고려하여 모집하게 되며 적정 회원 수(약 20~30개사)의 모집에 상당한 시간이 소요되는 관계로 참가에 상당한 시간이 걸린다.

또한, 이업종교류 활동에 대한 취지와 목적을 이해하고 본 활동에 참여하고자 하는 중소기업의 경영인으로서 자체적인 모임(약 20~30개 사)을 결성한 후 연합회에 단체가입을 신청하여 이사회의 승인을 받아 교류활동에 참여하는 방법이 있다.

정부 차원에서는 중소기업들이 상호 협력하여 생산성을 높이고 공동 기술개발 등을 통해 새로운 사업기회를 모색할 수 있도록 적극

적인 정책적 배려와 정책자금의 확대 지원이 필요하다. 이업종 간 협력이 중요함에도 불구하고 동업을 꺼리는 우리나라 풍토에서는 시장 기능에만 맡겨 중소기업 간 공동 기술개발과 지식활용을 통한 신사업 창출 활성화를 기대하는 것은 무리이다.[12]

특히, 중소기업들은 정보부족 등으로 협력 파트너를 찾기도 어려울 뿐만 아니라 설사 협력파트너를 찾았더라도 어디서부터 대화를 풀어 나가야 할지 모른다. 그리고 공동 연구개발에 따른 인력, 자금 조달, 특허권 및 경영권의 확보 및 행사, 판로 확보와 수익배분 등과 관련한 노하우나 전문성이 떨어져 공동 사업화에 성공하기가 매우 어려운 실정이다. 따라서 적어도 기업 간 협력을 촉진할 수 있는 교류회 등 민간 전문가 조직이나 공동 사업 참가자 간 신뢰기반을 조성해 줄 수 있는 인프라 구축이 필요하다.

우리나라의 중소기업의 이업종 간 교류와 협력은 일본처럼 별도의 지원법 없이 「중소기업기술촉진법」상 공동 기술개발 지원 규정이나 「중소기업진흥 및 제품구매촉진에 관한 법률」상 협업지원 등 미약한 근거 규정에 입각하여 제한적인 지원만 간헐적으로 이루어지고 있을 뿐이다.[13]

• • •

12. 이병욱, "이업종 기업 간 교류 및 지식기술 융합 활성화 전략", 중소기업이업종중앙회 '중소기업 지식·기술융합 활성화 포럼', 2009.11.25 참조.

13. 일본은 2005년 3개의 관련 법으로 분산되어 있던 지원시책체계를 정리·통합하여 「중소기업신사업활동촉진법」을 제정하였다.

기업 인수·합병$^{M\&A}$ 시장을 알면 도약과 퇴출이 쉽다

글로벌 경제위기 이후 많이 쓰이고 있는 '출구전략$^{Exit\ Strategy}$'이란 용어가 있다. 이는 미국 등 벤처기업제도가 잘 발달된 나라에서 벤처투자가들의 투자자본 회수전략에 관한 것으로서 투자의사결정의 핵심요소이다. 투자위험이 높은 벤처·중소기업 등에 자본을 투자하는 경우 투자원금을 언제, 어떠한 방법으로 회수할 수 있는지를 사전에 분명하게 하여 투자위험을 최소화하자는 것이다. 이러한 출구전략을 제시해 주어야 투자자들은 투자의사결정을 보다 쉽게 할 수 있게 된다.

벤처캐피탈 회사의 경우 투자를 요청하는 벤처기업에게 투자심사 시 묻는 핵심 질문 중 하나가 구체적이고 실현가능한 출구전략을 갖고 있는지 여부이다. 예컨대, 최종 출구전략이 인수·합병인지, 기업공개^{IPO}인지, 어떻게 지속가능한 사업으로 만들어 갈 수 있는지 등을 확인한다. 또한 투자금의 상환스케줄은 어떠한지, 인수·합병을 출구전략으로 삼는 경우 가장 매력적으로 생각하는 유력 인수자가 누구라고 생각하는지 등을 알고 싶어 한다. 심지어 내일 당장 인수·합병 제안이 들어오면 어떻게 할 것인지 묻기도 한다.

따라서 벤처·중소기업 등이 투자자들에게 출구전략을 제시하고, 그들의 투자자본 회수를 용이하게 해 주려면 기업 자체나 회사지분 일부 또는 특허권 등을 다양한 형태로 쉽게 팔 수 있는 기업 인수·합병 전략이 필요하다.[14]

● ● ●
14. 기업의 인수·합병이란, 협의로는 두 기업이 하나로 합쳐지는 합병과 다른 기업의 주요 자산이나 자본의 일부를 매입하는 인수를 의미하며, 넓은 의미로는 기업의 지배권 행사에 충분한 지분을 확보하는 행위(경영권 시장, Market for Control)를 말한다.

벤처·중소기업을 세워 사업으로 성공하기란 매우 힘들다. 그래서 이러한 벤처기업의 일반 투자자본 유치도 결코 쉬운 일이 아니다.

처음 사업을 시작하여 기술을 개발하고 새로운 제품 생산에 성공한다는 것 자체가 힘들고, 이러한 신기술을 이용해 제때에 경쟁사에 비해 저렴하고 품질 좋은 제품을 생산할 수 있는 기업으로 성장하는 것은 더욱 힘든 일이다.[15] 게다가 아무리 우수한 제품을 생산하였더라도 마케팅을 잘해서 시장에서 이익을 내는 기업으로 성공하는 것은 훨씬 더 힘든 일이며, 이 단계까지 기업을 성장시키는 기업인은 극소수에 불과하다.

이같이 대다수 벤처·중소기업이 처음 기술개발을 하여 생산과 마케팅 등 전 과정에서 성공하여 돈을 버는 일이 쉽지 않은 것은 우선 자본의 투자회임 기간이 긴 데다가 초기 기업설립부터 기술개발, 생산 및 마케팅 등 경영의 전 과정을 치밀하게 준비하고 잘 관리할 수 있는 기업인이 그리 많지 않기 때문이다. 설령 그러한 기업인들이 있다 하더라도 경제 전체적으로 보면 효율적이지도 않고 바람직하지도 않다. 기업 간 협력이나 아웃소싱, M&A 등을 통해 기술개발이나 생산, 마케팅을 특화업체에서 하도록 하는 것이 사업위험의 분산은 물론 국가경제 전체의 건전한 발전을 위해서도 바람직할 수 있다.

예컨대, 기술개발 능력이 뛰어난 이공계 출신 대기업 퇴직자가 기

***

15. TPM 이론은 허범도 전 국회의원이 중소기업청 재직 시절에 수많은 중소기업의 산업현장 인터뷰 등을 토대로 조사한 것으로, 우리나라 중소기업의 경우 기술개발 단계까지 생존율은 90%, 생산단계까지 생존율은 40~50%이며, 마케팅 단계까지의 생존율은 5~10%에 불과한 점을 밝혀낸 것이다.

술개발 전문회사를 창업하여 개발한 기술이나 신제품 또는 회사 자체를 생산이나 마케팅 능력을 갖춘 중소기업이나 대기업에 넘겨 그들이 사업하게 한다면 같은 사업일지라도 성공가능성은 그만큼 커지게 될 것이다. 뿐만 아니라 창업 벤처·중소기업인과 투자자들은 투자자금을 조기에 회수할 수 있게 되고, 투자자들의 위험을 줄여 줄 수 있게 되어 그만큼 새로운 사업을 시도할 수 있는 기회와 역량이 생기게 된다. 이러한 사업환경이 조성되면 새롭게 사업을 해보려는 사람들이 자연스럽게 늘어나게 되고, 국가적으로는 더 많은 일자리 창출이 가능해지는 것이다. 대기업 입장에서도 창의적이고 유연한 벤처·중소기업들의 기술이나 신제품 등을 인수하여 새로운 사업 포트폴리오를 구성할 수 있는 기회가 늘어난다면 사업위험 분산은 물론 새로운 성장기회를 만드는 데도 큰 도움이 될 것이다.

국내에서 '인수·합병 교과서'라 불리는 온라인 게임 1위 업체인 '넥슨'은 1994년 창립 이래 다양한 장르의 온라인 게임들을 개발하여 성공을 거두었으며, 빠른 속도의 성장을 지속하고 있다. 이와 같은 성장의 이면에는 인수·합병 전략이 한몫하고 있다. 넥슨은 유수의 게임 기업들을 자회사로 편입시키는 전략을 사용해 오고 있다. 넥슨의 매출증대에 견인차 역할을 하는 '메이플 스토리'와 '던전앤파이터' 온라인 게임은 모두 인수·합병을 통해 얻은 것으로, 메이플 스토리는 2004년 인수한 '위젯Wizet'에서, 던전앤파이터는 2008년 인수한 '네오플Neople'에서 제작한 것이다.

이같이 기업의 인수·합병 시장은 벤처·중소기업이나 대기업의 발전은 물론 국가경제 전체의 성장을 위해 매우 중요한 제도이지만, 우리나라에서는 아직 활성화되지 못하고 있다. 이는 글로벌 경제위기와 '대우건설' 인수 등과 같은 대형 인수·합병의 실패사례 등으로 국내시장에서 인수·합병 거래가 위축되었기 때문이기도 하지만 여러 가지 제도적·문화적 제약요인과 인수·합병 등에 대한 부정적인 시각에도 크게 기인하고 있다. 그러나 실패사례가 많다고 해서 인수·합병 시장이 위축되어서는 안 된다. 인수·합병 시장이 발달한 미국 등 선진국에서도 성공확률은 20~30%대에 불과하다. 하지만 미국의 GE 등 세계적인 우량기업들은 인수·합병을 기업성장의 핵심 전략으로 계속 활용해 오고 있다.[16] 기업의 인수·합병은 위기상황이나 불황기 때 추진해야 성공할 가능성이 높다. 이는 버블붕괴 과정에서 거품이 제거된 후 저렴한 가격으로 기업을 인수·합병하는 것이 용이하고 우수인재와 핵심 기술의 확보 또한 호황기 때보다 훨씬 용이하며, 사업구조 재편전략 수립에도 도움이 되기 때문이다.

상생^{Win-Win} 전략만을 구사한다

시장에서 거래를 한다는 것은 물건이나 서비스를 사려고 하는 소비자와 이들을 팔려고 하는 공급자(사업자) 간에 물량이나 가격조건, 품

---

16. 미국의 McKinsey & Co.가 1972~1986년 동안 인수된 116개 기업의 인수·합병 프로그램을 조사한 결과에 따르면, 63%가 실패하였으며, 23%는 성공하였고, 16%는 그 성과를 평가하기가 불확실하다고 하였다. 그 후의 조사결과들은 M&A 성공확률이 25% 내외에 불과한 것으로 밝혀지고 있다.

질이나 납기 등 제반조건이 서로 맞다고 합의하여 계약을 체결하고, 이를 이행하는 것이다. 따라서 시장에서의 거래는 서로에게 이익이 될 때 성사되는 것이다. 즉, 거래 당사자 간은 상생의 관계인 것이다.

그러나 실제 거래가 이루어지는 현장에서는 어느 일방만이 과도한 이익을 취하는 경우가 많이 발생하고 있다. 특히, 세계화 등으로 기업 간 무한경쟁이 이루어지게 되면서 힘센 기업들의 과도한 이익 챙기기 현상이 심화되고 기업 간 격차도 더욱 벌어지고 있다. 요즘 기업 간 거래를 '을사조약'이라고 부르는 기업인들이 많다. "대기업인 '갑'과 중소기업인 '을'과의 거래계약에서 중소기업이 무조건 죽는다"는 의미의 말이다.

앞으로 장수하고 지속가능한 기업으로 발전하게 만들려는 사업가는 상대방과 거래함에 있어 자신이 강자의 위치에 있더라도 약자인 거래 상대방에게 이익이 되지 않고 자신에게만 이익이 되는 거래는 하지 않는다는 원칙을 확립하고, 이러한 원칙을 조직 구성원 모두가 지키도록 해야 한다. 이러한 조직문화가 정착되어야 거래처나 소비자 등이 입소문을 내며 반복적으로 물건을 사가는 충성고객으로 바뀐다. 만일 얄팍한 상술을 쓰는 경우, 한두 번 거래가 성사될 수는 있겠지만 경쟁자가 많은 오늘의 시장세계에서는 오랜 관계를 유지하기 힘들다.

사업체 또는 주식을 사고팔거나 거래소에 주식을 상장시키는 경우에도 파는 사람과 사는 사람이 서로 이익이 되는 거래가 이루어지도록 협력해야 한다. 사업장이나 주식을 사고파는 과정에서 상대방과의 거래 행태나 실적에 대한 기록은 증권거래소 등에 그대로 남아 있기 마련이다. 기업 인수·합병 시장에서조차도 상생의 정신으로 거래하면, 기업 간 신뢰가 쌓여 훗날 좋은 조건의 인수·합병 기회가 많이 찾아오게 된다.

더 나아가 GE처럼 자신의 거래처와 경쟁관계에 있는 기업체나 사업에 대해서는 아예 인수·합병의 대상으로 삼지 않는다는 원칙을 확립하는 것이 바람직해 보인다. 예컨대, GE는 발전용 터빈과 관련 사업을 영위하면서 이와 관련된 기업의 인수·합병에 대해서는 활발히 하는 편이지만 GE의 발전용 터빈을 구매하여 발전사업을 하는 발전소는 인수·합병하지 않는다는 것이다. 이는 GE가 발전사업에 참여할 경우 발전사들이 GE와 경쟁관계에 놓이게 되어 서로 상생할 수 없기 때문이었다.

국내 기업 가운데 백화점이나 마트 등 유통판매 회사를 운영하면서 이들 유통채널에서 판매할 상품을 생산하는 제조업체들이 제법 있다. 이로 인해 일부 경쟁관계에 있는 유통업체들은 경쟁 유통업체의 계열사에서 만든 상품의 구매를 기피하거나 거절하는 사례가 나타나고 있다. 이제 국내 기업들도 기업 인수·합병을 하거나 새로운 산업에 진출함에 있어 기존 거래업체나 중소기업 등과의 상생관계에 도움이 되는지 여부를 감안하여 GE처럼 의사결정을 하는 원칙을 세울 필요가 있다.

약자는 전략적 제휴전략을 지혜롭게 활용해야 한다

모든 역량을 갖춘 사업가라도 혼자서 모든 것을 해결할 수는 없다. 설령 능력이 있어 혼자 모든 일을 처리할 수 있다 하더라도 시간과 기회비용이 너무 커서 혼자서 하게 되면 오히려 비효율적이기 십상이다. 여러 사람이 모여 함께 아이디어를 모으고 협력하여 일처리를 하는 것이 능률도 오르고 시너지도 거둘 수 있게 된다.

시장에서는 강자만이 살아남을 수 있다. 사업을 시작하려는 사람들은 모두가 약자라 해도 과언이 아니다. 기존에 경쟁자들이 터를 잡고 있는 시장에 진출해 살아남는다는 것은 매우 힘든 일이다. 강자와의 경쟁에서 경쟁력을 확보하기 위해 그들과 차별화된 새로운 업의 개념을 창출하여 사업을 하는 것도 좋은 방법이다. 직접적인 경쟁이 불가피한 경우에는 비슷한 처지에 있으면서 협력하면 상호 이익이 되거나 비용을 줄일 수 있는 사업자들끼리 모여 상생의 전략적 제휴를 시도하는 것도 좋은 대안이 될 수 있다.

앞서 이야기했던 아사히야마동물원은 열악한 시 재정 때문에 1996년 당시만 해도 시의회에서는 동물원 문을 닫기로 결의하였던 곳이다. 전체 종업원 수도 25명에 불과한 소규모 조직에 불과했다. 1년에 이곳을 다녀가는 관람객 수가 지금은 300만 명을 넘지만 1996년 당시만 해도 불과 20~30만 명에 불과했다. 10여 년 전이나 지금이나 근로자 수는 거의 변한 것이 없지만, 불과 10여 년 사이에 생산성은 10배 이상 높아졌다. 이같이 생산성을 높이는 데는 전략적 제휴가 한몫을 하였다. 동물원 입장권을 팔아주는 시내 백화점, 목욕탕이나 음식점들, 동물원

안에서 안내도 해 주고 커피나 먹거리 판매를 도와주는 은퇴노인이나 시민들, 동물원 홍보를 도와주는 공무원들이나 공항 등 공공조직과의 전략적 제휴로도 동물원의 생산성이 크게 향상되었다.[17]

사업을 하다 보면 수많은 이해관계자들과 관계를 맺고 소통을 하게 된다. 임직원과 거래선, 고객, 은행이나 세무서 등 공공기관은 물론, 협회, 언론사 등 모두가 서로를 도와줄 수 있는 잠재적 파트너가 될 수 있다. 심지어는 동종 업종에서 사업을 하는 경쟁자도 전략적 제휴의 상대가 될 수 있다.

요즘에 신문기사를 보면, '적과의 동침'이라는 제하의 기사로 경쟁기업 간에 전략적으로 제휴하는 사례를 흔히 발견할 수 있다. 이러한 사례는 도심 한가운데서도 쉽게 찾아볼 수 있다. 한 예로, 강남 압구정동 일대 중소 디자인 업체 중에는 2000년대 초반까지만 해도 각자 독자적인 사무실을 갖고 사업하는 업체들이 많았다. 그러나 최근에는 한 사무실에서 여러 디자인 업체가 각자 사업을 하되, 프로젝트별로 협력하여 일하면서 사무실 임대료와 관리비, 비서 인건비와 회의실 사용료 등을 공동 분담한다. 이와 같은 결과로 전체 사무실 운영비는 2000년대 초반의 3분의 1 수준으로 줄어들었으며, 공동 수주 등으로 매출액이 늘어나는 업체들도 생겨났다.

국내 건설업체들의 경우 해외 대형 건설 프로젝트나 플랜트 공사에 컨소시엄 형태로 수주에 참여하거나 시공하는 사례를 쉽게 볼 수

• • •
17. 이병욱, 『아사히야마 동물원에서 배우는 창조적 디자인 경영』, 2008 참조.

있다. 혼자 하기 어려운 프로젝트나 공사를 함께 힘을 보태 수행하면 그렇지 않은 때보다 더 많은 사업을 할 수 있고, 도전하기 힘든 대형 사업에도 진출할 수 있는 기회가 주어지는 것이다.

다만, 전략적 제휴나 동업을 하는 데는 많은 문제점과 위험이 도사리고 있다는 점을 주의해야 한다. 전략적 제휴 파트너의 선정, 사업 추진에 차질이 빚어질 경우 떠안게 될 책임의 범위와 책임소재 규명, 이익이 발생할 경우 이의 배분 방안, 그리고 사업추진 과정에서 누가 어디까지 의사결정을 하고 지휘, 통제할 것인지 등 지배구조에 대해서도 보다 분명히 하고, 이를 문서로 받아두거나 명확히 해야 한다. 이러한 전략적 제휴를 할 때는 멘토나 변호사의 도움을 받는 것이 바람직하다. 변호사 고용 등에 따르는 비용이 부담된다면 창업을 도와주는 기관의 법률 서비스나 중소기업 창업지원 기관들의 도움을 구할 수도 있다.

매사를 지속가능발전 차원에서 접근한다

기업의 설립목적은 기본적으로 이윤을 추구하는 것이며, 이윤 축적을 통해 기업은 성장·발전해 나간다. 기업이 장수하기 위해서는 가능한 많은 이익을 지속적으로 내면서도 다른 한편으로는 사업에 수반되는 각종 위험을 최소화해야 한다.

기업들이 위험에 대해 관심을 갖게 된 것은 20세기 후반에 들어서다. 당시에는 기업의 위험을 영업위험Business Risk과 재무적 위험Financial Risk 또는 Leverage Risk 정도로만 인식하고 있었다. 그래서 전문가들은 건

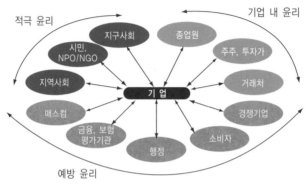

적극 윤리 · 기업 내 윤리 · 지구사회 · 종업원 · 시민, NPO/NGO · 주주, 투자가 · 지역사회 · 기 업 · 거래처 · 매스컴 · 경쟁기업 · 금융, 보험 평가기관 · 행정 · 소비자 · 예방 윤리

자료: 이수철 일본 메이조대학교 교수

물이나 기계 등 고정투자에 따르는 영업위험과 금융기관 차입금 등 타인자본을 사용하는 데 따른 재무적 위험(부채비율 등) 관리만 잘하면 된다고 생각해 왔다. 그러나 20세기 말에 들어 기존의 비즈니스 위험 이외에 환경적인 문제나 소셜덤핑Social Dumping 이유 등으로 인해 기업의 손실이 커지고, 주가가 폭락하는 등 종전에는 상상하지 못했던 변수들로 도산위험이 커졌다. 이로 인해 기업들은 지속가능한 발전을 위해 경제적인 성과는 물론 환경적으로나 사회적으로 위험을 잘 관리하는 방안에 대해 큰 관심을 갖게 되었다. 일본 소니Sony의 경우, 2001년 12월 플레이스테이션 게임시스템의 케이블에서 카드뮴 Cadmium 발견으로 네덜란드 정부로부터 수출품 반입을 금지당했는데, 이로 인해 한순간에 1억 3,000만 달러(130만 박스)를 손해 보게 되었으며, 주가도 크게 떨어졌다. 이를 두고 전문가들은 소위 '카드뮴 위기' 라고 부른다.

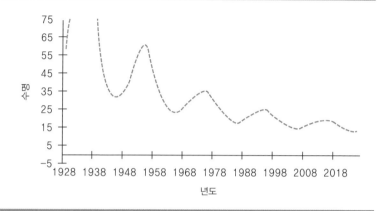

세계 500대 기업의 평균수명

이러한 사건 이후 대다수 스마트한 기업들은 지속가능발전 차원에서 환경적 문제나 사회적 문제들에 대한 전략적 대응을 통해 경쟁력을 확보하고 있다.

더욱이 사업환경의 불확실성 증대로 현금흐름과 기업이윤의 변동성이 커지고, 기업을 둘러싸고 있는 이해관계자들의 이해관계가 복잡해지면서 기업의 수명이 급속히 짧아지고 있다. 세계적 500대 기업들의 평균수명을 보면, 위의 그림에서 보는 것처럼 1940년대에 50년 정도였던 기업의 평균수명이 오늘날에는 20년 정도로 짧아지고 있다.

사업을 새로 시작하는 사람들은 눈앞의 이익에만 급급하지 말고 사업체가 장수할 수 있도록 멀리 내다보면서 나름대로 원칙을 세워 장기이익 관점에서 사업위험을 관리하는 안목을 갖도록 힘써야 한다. 예를 들어, 당장 돈이 되는 사업이라 하더라도 환경적 문제나 사회적 갈등을 야기할 소지가 있는 사업이라면 처음부터 참여하지 않는 것이 바람직하다. 지난 몇십 년간 대만 기업들이 중국 본토에 진출하여 다른 나라 기업에 비해 더 크게 성장할 수 있었던 것은 현지 지역사회는 물론 주민들과의 소통과 갈등관리에 관심을 두고, 그 지역사회 발전에 기여하면서 공생관계를 유지해 온 덕분이라고 BCSD 대만 사무총장 등을 비롯한 대만의 전문가들은 전한다.

03
사업운영 노하우

모범사례^{Best Practice}의 벤치마킹을 함부로 하지 마라

한 바둑전문 채널에서 해설가가 이창호, 이세돌, 조훈현, 조치훈 등 당대 최고의 바둑 고수들의 한 가지 공통점에 대해 말하는 것을 들은 적이 있다. '그들은 절대 스승이 가르치는 대로 바둑을 두지 않았다. 심지어 스승이 호되게 혼내고 회초리를 들어도 모범답안이 아닌 자기만의 방식의 바둑을 두었기 때문에 성공했다'는 것이다.

한국인 최초로 일본 프로야구 챔피언시리즈에서 최우수선수에 오르고 미국 프로야구 역사상 두 번째 장거리 홈런과 아시아인 최초 9회 말 역전 만루 홈런을 쳐 진가를 인정받은 이대호 선수. 그도 비슷한 사례다. 이대호 선수는 프로에 데뷔한 지 얼마 되지 않아 그라운드를 떠날 뻔했다. 부상 때문이었다. 이대호를 은퇴까지 몰고 갈 뻔했던 부상은 다름 아닌 무리한 체중 감량에 의한 것이었다. 무리한 체중 감량은 이대호 선수를 지도하던 감독의 지시로 벌어졌다. 당시 감독은 '살이 쪄서는 좋은 타격을 할 수 없다'고 하며 기존의 교본에 이대호 선수를 맞추려고 했다. 하지만 체중 감량에 실패했음에도 이대호 선수는 130kg에 가까운 큰 덩치로 타자가 받을 수 있는 상을 모두 휩쓸었다. 지금도 비슷한 체중을 유지하고 있는 이대호 선수 덕분에 이제는 누구도 전처럼 체중이 선수들의 타격을 방해한다고 생각하지 않는다.

이 두 사례를 보면 스테판 샤피로Stephen M. Shapiro의 저서 『혁신을 혁신하라(원제: Best Practices Are Stupid)』가 생각난다. 책에서는 '경영학을 배울 때 모범사례를 연구하고 이를 가르치는 것이 보편화되어 있지만, 실제 사업가들은 이러한 모범사례의 함정을 알아야 한다'는 교훈을 던져 주고 있다. 예컨대, 일반적으로 골프에서 모범사례라 하면 '파 플레이Par-Play를 하는 법'을 가르치는 수준일 것이다. 일반 아마추어 입장에서 보면 파 플레이를 할 수 있는 정도로 골프를 칠 수 있게 된다면, 이는 더 이상 바랄 나위 없는 수준일 것이다. 그러나 타이거 우즈나 박세리 같은 세계적 프로골퍼를 생각해 보면 파 플레이를 할 정도로는 프로세계에서 살아남는 것이 불가능하다.

사업의 세계는 프로의 세계다. 사업은 아마추어 선수들이 경쟁하는 시장이 아니라 프로선수들이 모여 경쟁하는 시장인 것이다. 남의 모범사례를 배워 자신의 사업에 적용하는 수준으로는 경쟁자들을 앞서가는 것은 물론이고 따라잡기도 힘들다.

창의적인 사업을 도모하거나 혁신을 하려는 사업가는 일반적으로 경쟁자들의 모범사례에서 배우는 데 신중해야 하겠지만 모든 모범사례를 배척해야 한다는 것은 아니다.

기업규모가 커지고 임직원이 늘어나 조직이 복잡해지면 이미 앞선 기업들이 행한 경영 전반에 걸친 크고 작은 많은 모범사례나 노하우의 축적이 기업의 발전에 큰 도움이 될 수 있다. 임직원들이 업무를 추진함에 있어 다른 기업들의 모범사례나 암묵지를 참조하여 자사만의 독특한 업무추진 방식으로 적용할 수 있다면 사업체의 생산성 제고는 물론 경쟁력 강화에도 많은 도움이 될 것이다.

OEM 계약은 노예계약이 되기 쉽다

제조업에 진출하려는 사람들은 대부분 기술개발이나 생산기술에 관심이 많은 사람들이다. 이런 사람들은 좋은 물건을 만들 줄은 알아도 이를 어떻게 소비자에게 알려 많은 물건을 팔 수 있을지는 잘 모른다. 그러다 보니 마케팅에 드는 비용은 많고, 소비자의 인지도를 높이는 데도 시간이 많이 걸려 자기 자신의 브랜드로 물건을 파는 것에 대해서는 아예 엄두를 내지 못하는 경우가 많다. 기술개발이나 제품생산 단계까지 이르는 데 진이 빠진 대다수 사업가들이 제조 대기업이나 유통 대기업을 찾아가 거래협상을 하려 하면 십중팔구 OEM으로 계약하자는 제안을 받게 될 것이다. 사실상 이를 뿌리치기란 쉽지 않다.

OEM 계약을 체결하게 되면 사업 초기에는 별 문제가 없지만, 물건을 납품받는 대기업이나 유통기업이 어려워지게 되면 OEM 업체들은 거래처의 요구에 따라 생산을 축소하거나 거래조건을 맞추기 위해 많은 노력을 기울여야 한다. 현실세계에서는 제조업체가 일단 큰 기업과 OEM 납품계약을 체결하게 되면 일종의 노예계약을 체결한 것이나 마찬가지라는 이야기들을 많이 한다.

필자의 지인인 한 소비재생산 기업인은 중견 대기업의 요청에 따라 기존 제품에 일부 내용물을 추가할 수밖에 없었다고 한다. OEM 생산업체의 연구소장과 생산담당 임원은 대기업의 요청대로 하면 문제가 발생할 수 있다고 지적하였지만, 대기업 측의 막무가내 요구로 인해 일부 제품을 그들 요구대로 생산하여 납품하였다. 하지만 동 제품에 소비자의 클레임이 제기되자 납품받은 대기업이 자기 브랜드로 소비자에게 판매한 것이므로 해당 대기업이 책임을 져야 함에도 불구하고 OEM 생산업체에게 모든 책임을 전가시키는 것은 물론이고, 대금지급까지도 차일피일 미뤘다. 물론 대기업의 명백한 「공정거래법」 위반행위이지만 OEM 납품기업은 고발할 엄두를 내지 못했다. 그 사건으로 인해 해당업체는 엄청난 경제적 손실과 자금난을 겪게 되었지만, 고발하면 기존의 거래마저 단절되어 회사 문을 닫게 될 것을 우려했다. 거래관계에서 한 번 거래하고 말 것이면 몰라도 계속 거래를 하려는 기업들은 아무리 모기업이나 발주기업이 횡포를 부려도 법에 호소할 수 없는 것이 현실이다.

따라서 사업을 시작하려는 사람들은 OEM 계약의 문제점을 제대로 알고 자가 브랜드로 시장에 진출하는 방안을 염두에 두어야 한다. OEM 계약은 일시적인 거래이거나, 발주기업이 무리한 요구를 할 때 거래처를 변경할 수 있는 위치에 있는 경우 등 유리한 조건으로 거래

할 수 있는 경우에만 제한적으로 사용해야 한다.

'제살 깎아먹기'Cannibalization'식 사업을 피하라

경기도에 소재한 한 라면공장을 방문해서 보니 지난 30년간 라면 공장에서 만들어 낸 라면의 종류만 수십 가지에 달했다. 홍보관에 전시된 라면들을 보면서 필자가 공장장에게 "매년 새로운 포장의 신제품을 출시하다 보면 기존 제품의 판매가 신제품의 판매 때문에 줄어들지 않습니까? 줄어든다면 어느 정도나 줄어듭니까?" 하고 질문하였다. 이 질문에 공장장은 판매가 줄고 있는 제품이 있다는 것은 알고 있지만, 신제품으로 인해 얼마가 줄어들고 있는지는 정확히 모른다고 하였다. 이렇게 동종 제품인 라면에 대해 다양한 브랜드의 상품이 나오게 될 때 기존의 상품 판매시장을 잠식하는 현상을 소위 '제살 깎아먹기'라고 한다.

임직원들이 경쟁적으로 사업을 벌이다가 기존의 시장을 잠식하는 현상이 나타나지 않도록 사업가는 잘 들여다보아야 한다. 새로운 제품을 내놓아 늘어나는 판매량보다 기존의 제품시장 잠식이 크게 이루어진다면 그때는 신제품 개발을 막아야 하기 때문이다. 이러한 문제는 대기업에만 나타나는 현상이 아니다. 소규모 식당을 창업하는 경우에도 식사 메뉴를 무엇으로 할 것인지에 대한 선택을 해야 하고, 때로는 기존의 메뉴를 바꾸어야 할 때 새로운 메뉴가 기존의 메뉴에 어떠한 영향을 미치는가를 면밀히 따져 보아야 한다.

고정비를 변동비로 바꾸어라

기업이 지불해야 하는 비용 중에는 고정비와 변동비가 있다. 고정비란 회사의 생산이나 영업 여부와 관계없이 고정적으로 지불해야 하는 비용을 말한다. 금융기관 대출금 이자, 사무실 임차료, 기본 인건비 등이 이러한 비용에 속한다. 이러한 비용들은 경기변동이나 판매 여부와 관계없이 일정하게 지급해야 하는 비용이다. 이에 반해 변동비는 생산량 또는 판매량 증감에 비례하여 지불되는 비용을 말한다. 이러한 비용 중에는 원자재비, 성과급 임금, 전기료 및 유류비용, 판매수당 등과 같이 생산량이나 판매량과 연동되어 발생하는 비용을 말한다. 이러한 변동비는 경기변동에 따라 자동적으로 조정되기 때문에 사업가 입장에서 보면 큰 부담이 되지 않는다. 따라서 잦은 경기변동에 따른 위험에 대비하기 위해서는 가급적 고정비 비중을 줄이고 변동비 비중을 높이는 것이 좋은 전략이다. 이를 위해서는 고정비 중에서 변동비로 전환할 수 있는 방안을 강구하는 것이 바람직하다.

한 예로 고용계약 변경을 통해 임금지급 방식을 바꾼다면 고정비를 변동비로 바꿀 수 있다. 즉 근로자와 임금계약을 체결할 때 매월 고정적으로 지급하는 기본급 임금의 비중을 낮추고, 제품 생산량이나 판매액에 연동시켜 지급하는 성과급 임금 비중을 높이는 계약을 체결하는 것이다. 이미 지급하던 방식의 임금계약 조건을 변경하는 것은 매우 어려우며, 근로자의 사기를 떨어뜨릴 수도 있기 때문에 회사설립 초기에 임금계약서 양식 등도 꼼꼼하게 챙겨 준비해 두는 것이 바람직하다. 필자는 2008년 글로벌 금융위기 때에 경영난을 겪고 있던 대구성서공단 입주업체들을 방문, 인터뷰할 기회가 있었다. 그런데 업체 간에는 특이한 점이 있었다. 대다수 중소기업이 공장 가동을 완전 중단하거나 20~30%만 가동하고 있는 것과 달리 삼성그룹 협력사와 일부 중소기업들은 위기 속에서도 공장을 정상적으로 가동하고 있었다. 동일 공단 내에 있는 업체들 간에 위기대응능력이 현저하게 차이가 난 이유는 각사의 다른 임금지급 방식에 있었다. 일부 대기업 협력사들이 성과급제를 실시하고 있었던 반면, 심각한 경영난을 겪었던 대다수 기업들은 생산이나 판매와 무관하게 고정급 임금을 지급하고 있었던 것이다.

요즘에는 사무실 임대료나 관리비도 변동비로 바꾸는 기업들이 늘고 있다. 예컨대, 대형 빌딩에 입주하고 있는 커피숍 등의 임대차 계약방식을 들여다보면, 보증금과 임대료를 낮추는 대신에 커피숍 매출액에 연동하여 임대료를 지급하는 계약이 늘어나고 있다. 이렇게 임대료를 판매액과 연동시키는 경우 경기가 어려울 때는 임차료도 판매 감소에 비례하여 줄어들기 때문에 소규모 업체들의 위기대응이 그만큼 쉬워진다.

기회비용 개념을 염두에 두자

모든 비용을 정확히 알려면 무엇인가를 얻기 위해 포기해야 하는 그 어떤 것의 가치인 '기회비용'의 개념을 파악해야 한다. 경제적 비용이라고도 불리는 기회비용은 다음과 같이 설명할 수 있다. 어떤 자원의 비용은 그 자원이 다른 기회에 사용될 경우 얻을 수 있는 가치 중 최대의 가치로 계산되어야 한다. 사업을 하든, 대학에 진학하든 어떠한 의사결정을 할 때는 모든 가능한 선택에 대한 기회비용을 정확히 아는 것이 중요하다. 이러한 비용은 눈에 보이는 명시적 비용Explicit Cost과 보이지 않는 묵시적 비용Implicit Cost이 있다. 명시적 비용에는 물품 구입비 등 돈의 지불이 이루어지는 비용이 해당하며, 실제로 눈에 보이지는 않지만 한 곳에 사용함으로써 다른 곳에 사용하지 못하는 묵시적 비용이 있다. 묵시적 비용이 주로 기회비용에 해당된다. 예를 들어, 운동선수가 대학 진학을 포기하고 프로선수가 된다는 것은 대학 진학의 기회비용(운동선수로서 받게 될 연봉 등의 포기비용)이 크기 때문이다. 즉, 대학 진학 비용이 대학생으로서 얻게 될 이득보다 크기 때문에 프로선수가 되는 것이다.

사업과 관련한 의사결정을 할 때는 실제 비용지출이 일어나지 않지만 사업을 하지 않고 다른 일을 했으면 받았을 사업가의 보수, 자가 사업장 건물 사용료나 가족의 인건비 등과 같은 기회비용을 의사결정에 반영해야 하는 것이다. 일반적으로 음식점 등을 가족과 함께 운영하는 자영업자가 월 500만 원을 벌었다면, 실제 기회비용의 관점에서는 적자를 보고 있는 것으로 이해해야 할 것이다. 이 자영업자의 경우 기회비용 개념을 이미 알고 있었더라면 그는 아마 식당을 차리지 않고 다른 사업을 물색하거나 취업의 길을 선택하였을지도 모른다.

사업과 관련된 의사결정을 할 때에는 반드시 기회비용이 존재한다는 점을 고려하여 어떠한 선택을 함에 따라 포기해야 하는 비용을 면밀히 따져보는 습관을 갖도록 해야 한다. 이러한 기회비용의 중요성을 회사 내 모든 임직원에게 주지시킨다면 불필요한 자원과 비용의 낭비 방지는 물론 합리적인 투자의사결정에 큰 도움이 될 것이다.

임직원에게 철저한 원가 및 비용 개념을 갖게 한다

사업가는 자신의 사업자금이 지출되기 때문에 매 순간 원가와 비용 개념에 철저할 수밖에 없지만, 근로자들은 자신들의 돈이 들어간 것도 아니고, 이익이 난다고 해도 자신들에게 별 혜택이 생기지 않는다는 생각을 하기 쉽기 때문에 원가개념이 없거나 약할 수밖에 없다. 따라서 사업가는 자신은 물론 함께 일하는 동료들이 원가개념에 철저하도록 가르쳐야 한다.

오늘날 삼성그룹이 세계적인 기업으로 발전할 수 있었던 데는 창업자인 이병철 회장의 철저한 원가개념과 임직원들이 원가개념에 철저하도록 훈련시킨 결과이다.

이와 관련된 유명한 일화가 있다. 공무원 출신으로 삼성그룹 부회장과 삼성물산 회장까지 역임한 현명관 회장이 신라호텔에서 이사로 재직할 때의 일이다. 하루는 이병철 회장의 요청으로 신라호텔 중국 식당에서 새로 내놓은 만두를 만들어 장충동 회장댁으로 가져갔는데, 만두의 맛이 흡족하지 못하였다고 한다. 이 회장은 당시 신라호텔 손영희 사장을 통해 현명관 관리담당 이사에게 그날 가져간 만두의 가격은 얼마이고, 만두 한 개의 원가와 가격과 이익은 얼마이며, 만두의 맛과 크기가 다른 호텔의 중국식당 만두와 어떠한 차이가 있는지를 분석하여 보고하라고 지시하였다. 그래서 현 이사는 롯데, 플라자, 쉐라톤 호텔의 만두에 대해 가격부터 내용물, 크기 등에 대해 철저히 조사하였고, 다른 호텔에 가서 만두를 직접 시켜 먹고 나서 샘플을 가져다 분해하면서 재료를 분석했다. 그리고 직원들과 밤새워 가며, 만두의 원가, 맛, 재료, 규격, 이윤, 가격 등을 비교하여 이 회장에게 완벽하게 보고하였다.

대그룹의 회장이 이렇게 사소한 것에 대해 구체적으로 지시하기도 힘들지만 임원이 그렇게 정확하게 준비하여 답변하기도 거의 불가능에 가까운 일일 것이다. 이를 계기로 현 이사와 신라호텔 임직원들은 철저한 원가의식을 갖게 되었다고 한다. 이러한 사업가와 임직원의 철저한 원가개념이 오늘날 최고급 호텔과 세계적인 대그룹기업을 만드는 원동력이 되었던 것이다.[18]

원가개념에 눈을 뜨게 되면, 불필요한 자원의 낭비를 없애는 데 모두가 자발적으로 나서게 된다. 특히, 임직원들과 임금계약을 체결할 때 기업의 성과나 비용절감 등과 연계하여 성과급을 지급하는 경우, 기업의 생산성은 한층 높아지게 된다.

회계적인 비용뿐만 아니라 기회비용의 개념을 이해하며, 경제적 비용의 관점에서 의사결정을 하고, 인력과 자원을 활용하는 지혜 또한 필요하다.

---

18. 현명관, 『아직 끝나지 않은 도전』, 〈만두에서 배운 원가의식〉 편 참조.

매몰비용 개념을 알면 위기 때 의사결정이 쉬워진다

투자의사결정을 할 때 투자자는 미래의 현금흐름을 중시하기 때문에 과거에 이미 지급된 비용으로 현재 투자 여부에 상관없이 회수할 수 없는 비용(매몰비용)은 투자의사결정에 영향을 주지 못한다. 예컨대, 투자안의 타당성 여부를 파악하기 위해 과거에 이미 지출한 시장조사비 등은 투자비의 일부로 간주하지 않는데, 이는 이러한 과거의 시장조사비용이 미래 투자의사결정과 관계없이 회수할 수 없는 비용이기 때문이다. 벤처 기업인들은 그들이 사업하면서 투자했던 모든 비용에 대해 가격을 매겨 투자자들에게 팔고 싶어 한다. 그러나 투자자 입장에서는 미래의 현금흐름에 기여할 수 있는 투자 가치만큼의 투자비만을 보상해 주려고 한다. 이러한 현상 때문에 벤처 기업인들은 자신들이 투자한 돈의 5분의 1도 안 되는 가격으로 벤처기업을 사려는 투자자들을 회사를 빼앗아가려는 날강도로 취급하는 경향이 있다.

특히, IMF 금융외환위기를 극복하는 과정에서 가장 힘들었던 것은, 기업을 팔려고 내놓은 대기업들과 이를 인수하려고 하는 투자자 사이에 협상가격의 현저한 차이로 인한 사업구조조정의 지연이었다. 반도체 빅딜과 관련하여 사업체를 파는 입장에 있던 LG전자와 사는 입장에 있었던 현대전자 측의 반도체 사업장 인수가격 차이가 무려 2배 이상이었던 것도 이러한 매몰비용에 대한 이해 부족이 한몫하고 있었던 것이다.

매몰비용은 일종의 콜 옵션과 같은 것이다. 콜 옵션은 살 수 있는 권리에 불과하다. 행사가격이 맞지 않아 옵션을 행사하지 않으면 옵션을 사기 위해 지급한 비용은 회수할 수 없는 매몰비용이기 때문이다. 정책의사결정에 있어서도 매몰비용에 대한 이해만 제대로 되어 있다면 합리적이고 효율적인 의사결정이 한결 용이해진다. 우리는 미래 사업타당성이 없는 사업인 줄 뻔히 알면서도 이미 투자한 비용이 아까워서 투자를 끝까지 해야 한다고 주장하는 지도층 인사나 언론보도를 접하는 경우가 많다. 만일 이러한 생각을 가진 이들이 '매몰비용은 미래 의사결정을 하는 데 전혀 도움이 되지 않는다'는 사실을 이해한다면 이와 같은 어리석은 의사결정을 하지는 않을 것이다. 이미 투자한 비용을 희생하더라도 미래의 더 많은 비용 낭비를 막을 수 있다면 그에 따라야 하는 것이 합당한 이치이다.

이미 지불하고 난 뒤에 다시 회수할 수 없는 비용인 매몰비용은 의사결정을 할 때는 고려해서는 안 된다. 우리가 커피전문점에서 커피를 시켰는데 이를 엎질러 마실 수 없게 되었다고 하자. 마음씨 착한 주인이 다시 한 잔 준다면 그냥 마시고 한 잔 값만 지불하고 나오면 그만이다. 그러나 한 잔 값을 더 내야 커피를 마실 수 있는 상황이라면 우리는 어떠한 의사결정을 해야 하는가? 기분이 나빠 다른 커피전문점을 찾아가더라도 한 잔의 커피 값은 다시 내야 한다. 그 카페에서 그냥 마시는 경우에도 이미 엎지른 한 잔의 커피 값은 피할 수 없이 내야만 한다. 따라서 이것은 매몰비용이 된다. 즉, 의사결정에는 도움이 되지 않는다는 것이다. 이 경우 의사결정의 대상이 되는 상황은 추가로 한 잔 값을 내고 커피를 마실 것인가 아니면 그냥 갈 것인가 하는 것이지 커피 두 잔 값을 내고 커피를 한 잔 마시느냐 마느냐의 문제가 아닌 것이다. 이

것은 처음 주문할 때의 상황과 달라진 것이 없다.

영국과 프랑스가 자존심을 걸고 개발했지만 결국 2003년 운항을 중단한 콩코드 여객기와 로밍 서비스의 대중화로 인기를 잃은 위성 휴대폰에 투자를 지속한 모토로라. 이 두 회사의 공통점은 매몰비용의 덫에 빠졌다는 점이다. 미래에 손해 볼 것이 예상되는데도 그동안 공들인 노력이나 시간, 투자비 때문에 포기하지 못하고 사업이나 투자를 계속 이어가는 현상이 여기에 해당한다. 집을 구입하기 위해 무리하게 대출받았다가 이자 빚에 허덕이고 있는 가계가 좋은 예다. 본전 생각에 집값이 오르기만을 기다리다가 손실을 키우고 있는 경우다. 매몰비용에 발목 잡힌 가장 흔한 사례는 주식시장에서 찾을 수 있다. 고점에서 물린 주식을 손절매하려면 굉장한 용기가 필요하다. 소위 '물타기'를 했다가 손실을 키운 사례가 많은 이유다.

필자의 지인 중 한 사람은 직장을 은퇴하기 직전에 같은 교회 신자의 권유로 김포에 건설 중인 아파트 분양권을 3,000만 원 웃돈을 주고 샀다. 그 당시는 주변 아파트 가격이 당초 분양가격보다 비싸던 때라 잘 투자했다는 생각도 들었다. 그런데 글로벌 금융위기를 맞으면서 아파트 가격이 급락하기 시작하자 그는 아파트 생각만 하면 불안해서 잠을 설치기가 일쑤였다. 웃돈을 주고 산 분양권만 포기하면 될 줄 알았는데, 계약상 반드시 입주할 수밖에 없다는 사실에 절망감마저 들었다. 결국, 아파트에 입주하고 나서 보니 이웃 입주자는 당초 분양가보다 20%나 싸게 미분양 아파트를 구입해 입주하였다. 건설기간 중 이자 비용도 부담하지 않았다. 더구나 그는 억대의 금융기관 차입금을 안고

서 인기도 없는 중대형 아파트를 산 터라 매월 지불할 높은 이자비용
도 큰 걱정거리였다. 지금 살고 있는 아파트만 생각하면 화가 치미는
데다가 앞으로의 부동산 전망도 밝지 않아 싼 가격에라도 빨리 팔아서
이자비용이라도 줄이고 싶은 심정이다. 그러나 아파트를 팔려고 해도
이미 낸 이자비용과 웃돈을 주고 산 분양권 생각이 나서 낮은 가격으
로 아파트를 내놓을 수가 없단다. 이러한 처지에 있는 분들이 적지 않
을 것이다. 그러나 주식투자처럼 일종의 '손절매'를 제때에 하지 못하
게 되면 더 큰 손해를 보게 된다. 이 또한 매몰비용에 대한 이해가 부족
한 데 원인이 있다. 아파트 구입에 목돈을 쏟아 부은 가계들은 이미 매
몰비용의 덫에 빠져 버린 셈이다.

　　미국 뉴욕대학교의 커즈너 교수가 강의에서 즐겨 사용했다는 표현
인 '이미 가버린 것은 가버린 것Bygones are bygones 또는 What is gone is gone'은 매
몰비용의 적확한 표현이라 생각된다. 마치 현재의 의사결정에 따라 엎
질러진 커피 값을 지불하지 않을 수도 있다고 판단하여 의사결정을 하
는 것은 잘못된 것이다. 따라서 한 잔의 커피를 마심으로써 얻는 만족
이 돈의 가치를 따질 때 한 잔의 값과 같거나 더 크다면 새로 주문하여
커피를 마시고 나오면 되는 것이다. 즉, 처음 커피를 마실 때의 상황과
마찬가지인 것이다.[19]

● ● ●
19. 박상수·박원규, 『핵심 재무관리』, pp.22~23 참조.

아웃소싱 전략을 구사하라

벤처기업의 성공을 위해서는 사업 아이디어나 기술 이외에 생산시스템의 구축과 마케팅 역량의 확보가 매우 중요하다. 하지만 이 모든 부분을 동시에 잘 수행할 수 없다고 판단되는 경우 생산이나 마케팅을 아웃소싱하고 자신은 기술개발회사로 남는 것도 좋은 전략이 될 수 있다. 미국이나 이스라엘 기술벤처기업들의 성공가능성이 다른 나라에 비해 높은 것은, 자신들은 기술개발에 특화하면서 M&A나 전략적 제휴 등을 통해 투자금을 회수하는 선순환 구조가 형성되어 있기 때문이다.

2010년 10월 미국 워싱턴에서 세계 각국의 싱크탱크Think Tank와 NGO의 대표들이 참석한 세미나에 초청되어 많은 NGO 대표들과 이야기를 나눌 기회가 있었다. 그러다 알게 된 사실 중 하나가 선진국의 연구소나 NGO들은 아웃소싱과 전략적 제휴를 통해 그들의 조직을 비용효과적으로 운영해 나간다는 사실이다. 또한, 2011년 5월경 영국 애덤스미스연구소ASI, Adam Smith Institute의 버틀러Butler 소장과의 오찬간담회에서 세계적인 정책연구소인 애덤스미스연구소의 상근인력이 8명에 불과하다는 사실을 알게 되었다. 유럽 주요국의 규제정책이나 민영화, 재정정책 등에 많은 컨설팅과 정책자문을 하는 동 기관은 일단 프로젝트가 생기면 외부의 전문가들이 모여 공동 작업을 하고 정책자문을 하는 형태의 개방적 협력과 아웃소싱으로 수많은 정책연구를 수행하고 있는 것이다. 프로젝트를 수주하고 관리할 수 있는 핵심 인력만 자체적으로 보유하고, 경제전문가들은 각자 자기 일을 하거나 연구소를 운영하면서 필요시 공동 연구와 정책자문에 응하는 것이다. 이렇게 할 경우 연구소는 사무실 등 고정비용을 많이 절약할 수 있으며, 매월 지급해야 하는 인건비도 절약할 수 있기 때문에 경기변동에 따르는 연구소의 사업위험을 줄일 수 있게 된다.

　제조업체도 마찬가지이다. 예를 들어, 자동차 제조업체의 경우 과거에는 모든 것을 회사 내부에서 생산하여 해결하던 부품이나 원자재들을 점차 외부에서 조달하여 해결하고, 핵심 부품이나 차체만 자가생산하는 방식으로 전환하고 있다. 자동차 생산업체가 2~3만 개의 협력업체를 거느리고 있다는 것은 그만큼 외부에서 아웃소싱하는 부품이나 원·부자재가 많다는 것을 의미한다. 미래에는 스포츠 용품을 생산하는 나이키처럼 자동차 제조업의 경우도 디자인과 엔진이나 연료전지만 자체 생산하고 나머지를 모두 아웃소싱하는 중소기업형 자동차회사가 출현할 것이다. 세계적 다국적 기업인 나이키의 경우 본사 인력은 200명도 안 되는 것으로 알려져 있다. 이들 인력은 나이키 내부에서 반드시 해야 하는 디자인, 마케팅 전략 수립 등과 관련된 인력이 주를 이루고 있다고 한다.

　이제 사업을 시작하는 사람들 입장에서 아웃소싱제도를 제대로 이해하고 활용한다면 자신들이 생각하는 것보다 훨씬 큰 역량을 발휘할 수 있게 되며, 경우에 따라서는 기존 기업들의 사업 중 일부를 아웃소싱하는 것도 사업기회로 활용할 수 있을 것이다. MRO^{Maintenance, Repair and Overhaul} 사업이나 인력알선주선업, 회계업무대행업 등은 아웃소싱 사업의 대표적 사례라 할 수 있다.

핵심 역량(업무)은 자신이 직접 맡아라

사업을 하다 보면 어디까지를 내가 직접하고 어느 부분을 외부(시장)에 맡겨 해결할 것인가를 매 순간 고민해야 한다. 아웃소싱한다는 말과 시장에 맡겨 해결한다는 말은 같은 의미로 생각하면 된다.

아웃소싱 여부 및 범위의 결정에 있어 고려해야 할 점은 자신이 스스로 처리할 것과 시장에 맡겨 해결하는 것 중 어느 쪽이 비용 효과적인지를 판단하는 것이다. 비용 산정 시, 기회비용을 포함한 실질적인 코스트를 따져보는 것이 중요하다. 세상에는 공짜가 없다. 어떠한 일은 본인 스스로 하게 되면 다른 일을 하지 못하는 데에 따르는 기회비용, 즉 희생이 수반된다. 본인 스스로 또는 회사 내부의 임직원이 직접 하지 않고 시장에 맡기게 되면 회사 내부직원들은 더 소중한 다른 일을 할 수 있는 것이다. 이때 시장에 지불하는 가격보다 더 적은 비용으로 회사 내부에서 할 수 있는 경우에는 회사 자체적으로 해결하는 것이 더 나을 것이다. 특히, 그러한 일이 회사의 핵심 역량과 관련되는 업무라면 회사 자체적으로 해결하는 것이 바람직하다.

반면, 회사 내부에서 해결하는 것이 시장에 맡겨 해결하는 것보다 비용이 적게 드는 경우에도 시장에 맡겨 해결하는 것이 더 낫다고 느낄 때가 있다. 이러한 생각이 드는 때는 아마도 내부에서 처리하는 업무의 기회비용을 잘못 계산한 경우일 가능성이 높다. 예를 들어, 기회비용이 큰 사업가 자신의 시간비용 등을 감안하지 않고 자체 비용을 계산한 경우도 있을 것이고, 미래 기업의 현금흐름에 영향을 줄 수 있는 요소들을 과소평가한 데서 발생하는 문제들도 있을 것이다. 아무튼

사업가나 회사 임직원들은 매 순간, 매 의사결정 단계마다 회사 내부에서 처리하는 것이 유리한지 외부에 맡겨 해결하는 것이 유리한지 꼼꼼히 따져보는 자세를 확립하는 것이 필요하다.

아웃소싱할 때는
내 일처럼 일해 줄 사람을 찾아 맡겨라

일단 회사 내부에서 해결하는 것보다 외부 시장에 맡겨 해결하는 것이 유리하다는 판단을 하게 된 경우에도 누구에게 맡겨 해결해야 할지 결정하는 일은 쉬운 일이 아니다. 결론부터 말하면 아웃소싱할 일을 맡겼을 때 내 회사 일처럼 일해 줄 수 있는 기업이나 사람을 찾아내야 한다. 기업이나 사람을 찾아내는 데 도움을 줄 수 있는 사람은 주변에 많이 있을 것이다. 먼저 사업을 시작한 선배들이나 사회적 경험이 많은 사람들에게 자문을 구하거나 상담하여 지혜를 구하는 것도 좋은 방법이고, 협회나 컨설팅기관을 이용하는 것도 좋은 방법이다. 사람을 구해서 해결하는 경우에는 헤드헌터 등을 활용하는 방법도 있다. 요즘은 인터넷과 SNS 등의 발달로 평소에 소통하는 사람들의 지혜를 구하는 것도 좋은 방법이다. 일단 아웃소싱할 대상을 발견하였다면, 그들과의 면담을 통해 아웃소싱하려는 업무에 대한 경험이나 암묵지가 많은지, 내 일처럼 해 줄 의지와 니즈를 갖고 있는지를 꼼꼼히 확인해 보는 것이 중요하다.

결국 성공하는 사업가는 아웃소싱할 수 있는 대상과 그들을 다루는 노하우를 많이 갖고 있는 사람들이라 해도 과언이 아닐 것이다.

측정 없이는 개선도 없다

사업을 하다 보면 실수도 하고 능률이 오르지 않는 때를 종종 경험하게 된다. 그래서 실수나 시행착오를 반복하지 않기 위해 많은 개선 노력을 기울이게 된다. 이때, 무엇을 개선해야 할 것인지를 먼저 찾아 내야 하는데 이를 위해서는 사업상 일어나는 판매나 비용지출에 대한 기록이 이루어져야 하며, 이러한 판매나 지출의 근거가 되는 판매량이나 사용량 등을 측정하고 기록해야 한다. 예컨대, 매월 전기료가 100만 원이 지출된다면 전기사용량에 대해 사용처별로 사용시간과 사용량을 정리한다. 이러한 과정에서 효율이 떨어지는 가전제품이나 불필요하게 과다 사용하는 기구 등이 발견된다면 전기사용량을 줄일 수 있고, 전기료도 절약하게 되는 것이다. 제품이나 서비스 판매금액의 경우에도 거래처별, 제품별, 판매원별로 정리하여 판매실적을 측정하고 관리하다 보면, 개선할 곳이나 분발해서 판촉활동을 강화해야 하는 부문 및 담당자를 찾아낼 수 있다. 그렇게 되면 개선방안도 쉽게 찾아낼수 있게 되며, 비용 또한 적게 들여 개선할 수 있게 된다.

기록하고 측정하는 것은 사업 초기부터 회사 내에 정착시키는 것이 좋다. 초기에 부담이 되고 시간이 많이 걸린다 해서 거래와 관련된 사항들을 측정하고 기록하는 것을 소홀히 하게 되면 사업이 정상궤도에 올라갔을 때 측정과 기록을 사내에 정착시키는 것이 더욱 힘들어진다. 특히, 근로자들의 생산성과 관련된 측정지표를 만드는 데는 상당한 저항을 받을 수도 있다. 사업가가 처음부터 사소한 것이라도 측정하고, 개선방안을 찾는 일을 일상화한다면 회사에서 함께하는 근로자들 또한 기업의 모든 활동을 측정하고, 기록하며, 개선책을 찾는 데 동참하게 될 것이다. 기록하고 측정하는 것을 원칙으로 삼는 기업문화의 확립은 기업의 지속가능한 발전에 크게 기여한다.

헛똑똑이 가려낼 평가 시스템을…

우리는 좋든 싫든 매 순간 평가에 노출돼 있다. 평가대상은 한 개인은 물론 팀이나 기업, 사회단체, 정당, 국가, 정책과 심지어 상품과 서비스에 이르기까지 일상에서 접하는 모든 것이 망라된다. 보다 나은 삶을 위해서는 제대로 된 평가를 통해 현명한 선택을 할 수 있어야 한다. 그런데 우리 사회는 평가에 대한 불신이 팽배해 평가제도를 혁신하기가 쉽지 않다.

이로 인한 피해는 고스란히 경제적 약자나 취약계층에게로 돌아간다는 점을 주목할 필요가 있다. 예컨대, 금융회사의 취약한 신용 및 미래 순현금흐름 평가능력이 전당포식 담보 위주의 대출관행을 고착화시켰다. 기업 대출 때 대표이사 개인의 연대보증을 중복적으로 요구하는 무리한 관행은 우리나라에서만 지속되고 있다. 담보능력이 떨어지는 중소기업이나 개인들은 금융회사에서 차입하기가 쉽지 않으며 과도한 금융비용을 부담해야 한다.

대졸자 취업시장에서 우수인재 선별능력을 갖추지 못한 조직들은 '간판' 위주로 직원을 채용한다. 우수인재 평가능력을 보유한 조직이 늘어야 능력 위주로 뽑아 일할 수 있는 기회를 주게 된다. 벤처기업 육성을 위해서도 벤처기업의 기술과 미래 순현금흐름을 제대로 평가할 수 있는 시스템 구축이 중요하다. 성공확률이 낮은 벤처기업에 투자자들이 관심을 갖게 하려면 투자위험과 미래 기대 현금흐름을 제대로 평가할 수 있는 환경을 만들어 줘야 한다.

교육현장의 교원평가, 수학능력평가, 그리고 학교평가 등도 학생이나 학교는 물론이거니와 대학 당국 등 수요자가 제대로 판단할 수 있는 평가지표와 정보를 제공해 주는 방향으로 개선되어야 한다. 수요자가 학생이나 학교를 제대로 평가할 수 없다면 현재의 특목고나 자립형 사립고 출신 중심의 학생선발 관행이 고착화되기 쉽다.

21세기 들어 대·중소기업 상생협력이 잘 이루어지지 않는 데는 단기 업적 중심의 평가가 한몫하고 있다. 외환위기 이후 단기 투자이익 중심의 기업평가가 자리를 잡았다. 이에 따라 기업구성원들은 협력기업과의 장기적 거래관계 개선보다는 단기 업적을 보다 많이 내기 위해 납품단가를 엄격하게 관리하거나 글로벌 소싱을 강화하고 있다. 이 같은 결과가 대·중소기업 관계를 소원하게 만들고 국내 납품기업들의 자립기반을 취약하게 만드는 한 원인이 되고 있다. 대기업의 납품단가 인하요구 관행이 사라지지 않는 것은 현재 임직원들의 성과급 평가체계상 그러한 비용절감 노력이 승진이나 성과급 보상에 도움이 되기 때문이다.

제대로 된 평가 시스템 구축은 무임승차 문제나 타인의 재산권 침해 방지에 기여함은 물론 취약계층이나 약자의 보호에 중요한 것임을 재인식할 필요가 있다. 『군주론』의 저자인 이탈리아의 역사학자 마키아벨리Machiavelli는 "사람들은 실제 유능한 사람보다 유능해 보이는 사람에게 호감을 가진다"고 말한 바 있다. 그래서인지 사회에서는 유능해 보이는 사람이 승진도 빠르고 연봉도 많은 경우가 적지 않다. 이같은 현상이 나타나는 것은 사람을 제대로 평가하기가 쉽지 않고 제대로 평가하는 데 시간과 자원이 많이 소요되기 때문이다.

이 세상에 완전한 평가 시스템이란 없다. 다만 정보왜곡이나 무임승차 문제가 발생하지 않도록 지속적으로 평가 시스템을 혁신해 합리적인 선택이 이루어지도록 해야 한다. 그래야 우리 사회의 선진화는 물론 사회적 약자에게 더 많은 기회가 주어질 것이다.

자료: 이병욱, 중앙일보

04
인재관리 비법

그룹 다이내믹스(역동성)의 중요성을 체득하자

필자가 미국에서 MBA 과정에 입학하여 오리엔테이션을 받을 때의 일이다. 보스턴 지역에는 눈이 많이 오기 때문에 학기 중에 눈이 많이 오는 경우를 대비하여 학생들에게 위기대처 방법을 가르쳐 준다. 우리나라 학교에서는 이러한 재난 대처법을 가르쳐 주지도 않지만 만약 가르쳐 준다 하더라도 관리책임자가 일방적으로 문서로 알려 주는 데 그칠 것이다. 그런데 미국 MBA스쿨에서는 각자에게 눈 사태 시 위기대처 방법을 생각할 시간을 주고 발표를 시키더니, 한참 후에는 몇 사람씩 그룹으로 나누어 토론을 하고, 여기서 모아진 의견을 발표하게 하였다. 이러한 토론과정에서 학생들은 사소한 문제라 하더라도 혼자 해결책을 찾을 때보다 그룹으로 토론하며 의견을 수렴하는 것이 보다 현명한 대안을 만들어 내고, 재미있게 문제를 해결할 수 있다는 사실을 깨닫게 되는 것이다. 교수가 이렇게 시간을 들여가며 가르치려고 했던 것은, 혼자서 문제를 해결할 때보다 여럿이 협력하여 답을 찾는 것이 보다 좋은 결과를 가져다준다는 그룹 다이내믹스(그룹 역동성)의 가치였다.

사업이라는 것은 혼자만 하는 것이 아니다. 조직구성원 간의 협조는 물론 경쟁자나 다른 시장 참여자들과의 협력 없이는 아무것도 할 수 없는 것이 사업이다. MBA 과정을 이수하는 학생들은 미래의 기업세계에서 일할 사람들이고, 조직의 리더가 될 사람들이기 때문에 그룹의 역동성을 이해하고, 조직구성원 간의 협력과 시너지를 추구하는 것을 일상화하도록 만들기 위해 의도적으로 그러한 방식으로 위기극복 방법을 가르쳤던 것이다.

사람 채용은 신중히 하되, 채용 후에는 믿고 맡겨라

국내 한 그룹에서 1, 2년차 신입사원부터 희망퇴직 대상에 포함시켰다는 기사가 나오자 많은 사람들이 흥분하며, 대기업의 경영행태를 맹비난하는 것을 본 적이 있다. 우리나라는 사람을 채용하면 해고하기가 힘든 나라이기 때문에 사업가 입장에서는 사람을 채용하기가 여간 어려운 일이 아니다.

참고로 직원의 해고와 관련된 제도에 대해서는 어느 정도 알 필요가 있다. 직원 해고 시에는 해고 사유의 정당성을 입증할 수 있어야 한다. 예를 들어, 업무실적이 현저히 부진한 경우 인사고과, 업무수행실적 등이 객관적으로 입증되어야 한다. 해고와 관련한 절차는 다음과 같다.

❖ **1단계 해고 사유**: 해고 사유 정당성의 객관적 입증.

❖ **2단계 해고 통보**: 해고 통보는 문서로 하고 해고 사유를 정확히 명시.

❖ **3단계 해고 절차**: 사규에 정해진 해고 절차(징계위원회, 소명권, 징계통보 등 절차)가 정해진 것이 있으면 반드시 동 규정대로 하고, 없으면 일반적으로 징계통보, 본인소명, 징계결정 등의 절차를 거침. 그런 다음 30일 전에 해고 예고를 하거나 해고 수당 지급.

❖ **4단계 쟁송 단계**: 재판은 노동위원회-중앙노동위원회-법원-1심-2심-3심으로 진행되며, 노동위원회는 사실조사(본인 주장-회사 반박)와 판정위원의 대질심문회의를 통하여 판단함. 근로자가 승소하는 경우에는 원직에 복직하게 되며, 해고 기간 중 임금지급 또는 금전보상을 요구할 수 있음. 물론 회사가 이기는 경우 기각결정이 내려짐. 그러나 국내에서는 일반적으로 노동위원회는 근로자 입장에서 판단하는 경향이 있다는 점을 간과해서는 안 됨.

한편, 근로자 입장에서도 자신의 귀중한 시간을 바쳐 일하는 것이기 때문에 일단 취업했다가 다른 회사로 옮겨 가는 것이 여간 어려운 것이 아니므로 오랫동안 한 회사에서 열정적으로 일하고 싶어 한다.

중소 사업가들은 대체로 사람을 채용하고 나서 직원들을 믿고 일을 맡기는 것을 잘 못하는 경향이 있다. 그러나 사람은 믿고 맡겨 주는 만큼 더 큰 일을 한다는 점을 이해해야 한다. 직원은 윗사람의 신뢰를 얻게 되면 단순히 근무시간에만 일하는 것이 아니라 사업가처럼 시간과 장소를 초월하여 사업이 잘되길 기원하고, 회사 문제를 해결하기 위해 솔선한다. 이러한 간단한 이치를 사업가들이 적용하지 못하는 것은 지난 날 자신들의 월급쟁이 시절 근무행태와 인식에 기반을 두고 판단하기 때문이다.

요즘 기업들은 함께 일할 만한 좋은 인재를 구하기가 매우 힘들다. 더구나 이제 막 사업을 시작하려는 사업가의 처지에선 높은 임금을 부담하면서 우수인재를 채용한다는 것은 엄두가 나지 않을 것이다. 직원들 입장에서도 자신의 귀중한 청춘을 바쳐 승부를 거는 것이므로 미래가 불확실한 신생기업에서 일하고 싶지는 않을 것이다.

사업가는 고용 관련 제도가 엄격하고, 사용자보다는 근로자를 더 보호하려는 입장을 취하고 있기 때문에 직원 채용 시 매우 신중을 기하되, 자신의 일처럼 열정적으로 정직하게 일할 사람을 찾도록 노력해야 한다. 일단 직원을 채용한 후에는 그들을 동반자로서 귀하게 여기고 그들을 믿고 크게 쓰는 용기를 가져야 한다. 그래야 사업하는 것도 재미있고 힘도 덜 들게 된다.

권한이양Empowerment을 잘하는 사업가의 성공확률이 높다

같은 시기에 동일한 업종으로 사업을 시작한 사업가들 가운데 대다수 기업들은 여전히 중소기업으로 남아 있는 반면에 몇몇 기업은 대기업이나 세계적인 그룹기업으로 성장하기도 한다. 이들 두 집단 간의 차이는 여러 요인들에 의해 발생하겠지만 임직원들에게 대한 권한이양이 어느 정도로 잘 이루어지고 있는가에서 큰 차이가 있음을 쉽게 발견할 수 있다. 우리나라 그룹기업 가운데 삼성그룹 계열사들이 다른 대기업들보다 하부에 대한 권한이양과 함께 책임과 의무 부과가 가장 체계적으로 이루어지고 있는 것으로 알려져 있다. 기업규모가 작아질수록 권한이양이 제대로 이루어지지 못하고 오너 한두 사람에 의해 경영의사결정이 이루어지는 전 근대적인 경영행태를 보이는 기업들이 많다. 특히, 중소기업으로 내려갈수록 사업주의 독단적인 경영행태가 만연되어 있다. 사업가 스스로 사업하기 힘든 환경을 만들고 있는 것이다. 이러한 환경 속에서는 임직원들이 주인의식을 갖고 열과 성을 다해 기업발전에 노력할 마음이 생기질 않는다.

스티븐 코비Stephen R. Covey의 『성공하는 사람들의 8번째 습관』에 따르면, 인간은 동기를 유발시키고, 감독해야 할 물건이 아니다. 인간은 신체·지성·감정·영성의 4개 차원의 욕구를 가진 존재이다. 현재 직장에 널리 퍼져 있는 '사람=물건'이라는 통제적이고 부분적인 패러다임과 관리자와 조직이 개인의 재능과 열정을 끌어내지 못하는

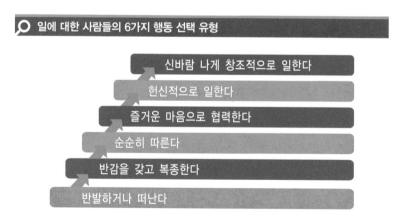

일에 대한 사람들의 6가지 행동 선택 유형

신바람 나게 창조적으로 일한다

헌신적으로 일한다

즐거운 마음으로 협력한다

순순히 따른다

반감을 갖고 복종한다

반발하거나 떠난다

자료: 스티븐 코비, 『성공하는 사람들의 8번째 습관』, p.49.

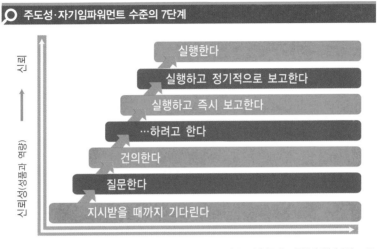

주도성·자기임파워먼트 수준의 7단계

실행한다

실행하고 정기적으로 보고한다

실행하고 즉시 보고한다

…하려고 한다

건의한다

질문한다

지시받을 때까지 기다린다

신뢰성(성품과 역량)

신뢰

자료: 스티븐 코비, 『성공하는 사람들의 8번째 습관』, p.191.

것은 '사람은 선택을 할 수 있다'는 점을 간과하고 있기 때문이다. 인간은 의식적·무의식적으로 대우받는 정도나 4가지 삶의 욕구영역〈살고(생존), 사랑하고(대인관계), 배우고(성장과 발전), 유산을 남기고(의미와 기여)〉을 개발시킬 기회가 주어지는지에 따라 헌신의 강도를 결정한다.

오늘날과 같은 정보·지식경제시대에는 분업이 아닌 완전한 직무를 수행하고, 전인적인 인간으로 존중받는 사람만이 즐거운 마음으로 협력하거나 헌신하고 신바람 나게 창조적으로 일한다는 점을 사업가들은 이해해야 한다.

사업을 편하고 스마트하게 하려면 함께 일하는 사람들에게 권한이양의 범위와 이에 따르는 책임과 의무를 분명히 해야 한다. 이러한 권한이양으로 조직이 효율적으로 운영되고, 조직구성원 간에 상호

협조와 견제로 도덕적 해이나 부정이 발생하지 않도록 해야 한다. 이를 위해서는 사업가가 정직하고 투명한 경영의지를 보여야 하며, 성과의 합리적인 측정관리와 이에 상응하는 보상에 신경을 써야 한다. 사업초기부터 직원 채용 시 임금계약서에 구체적인 직무와 성과급지급기준 등을 명확히 하면 직무의 권한이양 범위를 설정하거나 기준을 만들고 시행하는 데 큰 도움이 될 것이다.

특히, 사업이 빠른 속도로 확장되어 나아갈 때는 이러한 권한이양 시스템을 만들어 두어야 환경변화에 신속히 적응할 수 있으며, 기업이 지속적으로 성장해 갈 수 있는 것이다. 권한이양과 함께 정보, 지식과 고객에 대한 데이터 등도 공유되어야 함을 잊지 말아야 한다.

함께 일하는 사람들에게 칭찬하고
감사하는 마음으로 살자

젊고 힘이 있어서 주변에 사람이 많을 때나 큰 조직에서 월급쟁이 생활할 때는 주변에 있는 사람들의 소중함을 잘 모른다. 오히려 회의가 많고 연말연시에 모임이 잦아 사람들과 교류하는 기회가 많아지면 사람 만나는 것이 귀찮다는 생각마저 들 때도 있다. 그래서 몇 달쯤 사람들이 없는 먼 곳에 가서 혼자 지내고 싶다고 느낄 때도 있을 것이다.

그러나 나이가 들고 조직에서 떠나 자기사업을 하게 되는 경우에는 함께 일할 만한 좋은 사람을 만나기가 쉽지 않다는 것을 알게 된다. 그래서 세월이 지난 후에 "그때 동료들과 잘 지내고 칭찬도 많이 해 주었어야 했는데……" 하고 후회하는 이들이 많다.

또한, "조직에서 높은 자리에 있을 때 부하직원들을 나무라거나 비판하기보다는 칭찬해 주고 격려해 주었어야 했는데……" 하고 후회하는 장년층을 많이 본다. 이렇게 후회할 때는 이미 너무 늦었다. 사업을 하려는 사람들은 사전에 "비난과 질책, 남의 탓으로 돌리는 일은 없다"라고 선언하고 사업에 뛰어들었으면 좋겠다. 함께 일하는 사람들은 아무리 당연히 지적받아 마땅한 일을 했더라도 "네 탓이야. 자네가 책임져" 등의 비난이나 책망을 듣게 되면 이에 수긍하기보다는 반발심을 갖기가 쉽다. 더욱이 사업가가 많은 사람들 앞에서 야단을 치고 호통을 치게 되면, 당장 회사 분위기가 가라앉고 무거워지는 것은 물론이고, 조직구성원 간 신뢰에 금이 가며, 나쁜 마음을 갖게 만들 수 있다.

물론 사장이 직원들의 실수에 대해 책망하지 않고 지나가기란 쉽지 않다. 그러나 주변 사람들을 비난하거나 책망하는 행위는 회사발전을 위해서나 사업가 자신에게 큰 손해가 되는 것임을 명심해야 한다. 오히려 주변 사람을 칭찬하고 격려하는 것을 돈 안 드는 큰 투자라고 여기고 사업에 임해야 한다.

그러나 다른 사람이나 함께 일하는 동료를 칭찬하는 것은 생각처럼 쉽지 않다. 집에서 가족들에게 칭찬하고 격려하지 않는 사람들은 사업장에서도 칭찬하고 격려하는 습관을 갖기 쉽지 않다. 나름대로 규칙을 세워 칭찬하는 습관을 만들어 가는 훈련이 필요하다. 예컨대,

하루에 한 번 이상 가족이나 동료들에게 칭찬하고 격려하기를 목표로 세워 행동에 옮기는 것도 좋은 방법이다. 만일 칭찬 대신에 남을 비난하는 행동을 하였을 경우에는 스스로 벌칙을 세워 바로 잡도록 힘써야 한다.

사업가라면 데일 카네기Dale Carnegie의 『데일 카네기 인간관계론』을 머리맡에 두고 틈틈이 읽기를 권한다. 그가 제시하는 반감이나 반발 없이 상대를 변화시키는 9가지 방법 중 첫째가 '칭찬과 감사의 말로 대화를 시작하라'는 것이다. 인간은 장점에 대해 칭찬을 받고 나면 안 좋은 소리를 듣기가 훨씬 편해지기 때문이다.

이러한 훈련과정을 통해 임직원들에게 공적으로나 사적으로 칭찬과 감사의 말을 잘하는 위대한 보스가 되길 바란다.

반감이나 반발 없이 상대를 변화시키는 9가지 방법

1. 칭찬과 감사의 말로 시작하라
2. 원망하지 않고 비판하는 법을 배워라
3. 자신의 잘못에 대해 먼저 얘기하라
4. 명령받고 싶은 사람은 아무도 없다
5. 체면을 세워 주어라
6. 사람들의 성공을 도와주자
7. 개에게도 착한 개라고 말해 주어라
8. 고치기 쉬운 잘못이라고 말하라
9. 내가 원하는 것을 상대가 기꺼이 하게 만들어라

자료: 데일 카네기(강성복 역), 『데일 카네기 인간관계론』

소통하는 법을 배우자(80% 경청, 20% 말하기)

> 때때로 집단은 손쉽고 비공식적인 몇 가지 방법이나 조치만으로도 더 현명해질 수 있다. 간단한 방법 중 하나로 집단의 리더가 말을 아끼고 다른 구성원이 이야기하도록 부추기기만 해도 종종 최고의 성과를 얻게 된다.
>
> — 캐스 R. 선스타인Cass R. Sunstein, 『와이저Wiser』 중 —

리더십의 핵심은 소통이다. 리더십을 잘 발휘하는 지도자가 되려면 다른 사람과 대화할 때 그저 듣는 척을 하거나 대충 알아듣는 척을 해서는 안 된다. 인내심을 가지고 상대방의 말을 끝까지 듣고 간명하게 본인의 메시지를 전달해야 한다. 또한, 대다수 사람들은 상대방의 말을 건성으로 듣고 대충 파악하는 경향이 있다. 따라서 타인과 대화를 한 다음에는 본인이 전달하고자 하는 메시지를 상대방이 분명히 알아들었는지 물어보고, 그것을 복창해 보도록 주문하는 것이 회사업무 추진에 있어 많은 도움이 될 것이다.

제프리 폭스Jeffrey J. Fox가 그의 저서 『위대한 보스가 되는 법How to become a great boss』에서 밝힌 10가지 성공법칙 가운데는 소통과 관련된 항목이 5개나 된다. 이는 소통을 잘하는 사람이어야 결국 훌륭한 리더가 될 수 있음을 말해 주는 것이다.

소통을 잘하기 위해서는 다른 사람들이 하는 말에 귀 기울여야 한다. 사업가나 경영진의 못된 습관 중에 대표적인 것이 일방적으로 자기 이야기만 하거나 상대방의 말을 중간에 끊는 습관이다. 이러한

위대한 보스가 되는 10가지 성공법칙

1. 우수인재만을 채용하라
2. 적합한 직무에 적합한 인재를 배치하라
3. 사람들에게 해야만 하는 일을 말하라
4. 사람들에게 왜 일이 필요한지 말하라
5. 일(권한)을 하부에 이양하라
6. 훈련을 시켜라
7. 경청하라
8. 사람을 속박하는 장벽이나 좌절감을 제거하라
9. 진행과정을 점검하라
10. 공적으로나 사적으로 감사의 말을 하라

자료: 제프리 폭스, 「위대한 보스가 되는 법」

윗사람의 무례한 행동에 임직원들이 상처받게 되면 진정성을 갖고 회사에 충성하려는 마음을 접는다는 사실을 알아야 한다. 각종 조사에 따르면, 대부분의 사람들이 직장에서 '자신의 재능을 발휘하지 못하고, 가치를 인정받지 못하며, 의사소통이 왜곡되고 있다'라고 느낀다고 한다. 이로 인해 사람들은 직장에서 자신의 목소리를 내지 못하고 자신만이 할 수 있는 공헌을 하지 못하고 있다는 것이다.

많은 소통 전문가들은 "남의 이야기를 80% 듣고 20%만 말한다"는 기분으로 대화에 임하라고 권한다. 누구나 많은 경험을 갖고 있으므로 다른 사람들의 말에 경청하는 것이 좋다. 그들의 경험이 나와 관련이 있을 수도 있으며, 그들의 아이디어와 지혜가 단지 교육을 많이 받은 사람들보다 나을 수도 있다. 특히, 시장과 소비자에 대한 경험과 정보는 현장에서 얻는 것이 더 유익할 때가 많다. 예컨대, 1971년 정주영 회장의 조선소 프로젝트[20]에 관심을 갖고 경청했던 한 영국 선박컨설턴트 기업인 A&P애플도어A&P Appledore의 찰스 롱바톰 Charles Longbottom 회장과 영국 버클레이즈은행의 해외담당 부총재의 배려가 오늘날 현대중공업을 있게 했고, 그 또한 투자은행가로서 많은 돈을 벌 수 있었던 것이다.

위대한 보스는 남녀노소는 물론 바보나 사기꾼 같은 사람들의 말에도 귀 기울인다. 그들은 아이디어의 원천을 중시하는 것이 아니라 아이디어의 질에 관심을 갖고 있기 때문이다. 수사 경찰관은 범죄자나 밀고자로부터 정보를 얻는다. 경찰은 그들의 단서들이 바람직하지 않은 사람들로부터 얻는 것에 대해 별로 신경을 쓰지 않는다. 상대방이 불손한 태도로, 큰 소리를 질러가며 이야기하더라도 인내심을 갖고 객관적으로 듣는 자세를 유지한다.

사업가로 성공하려면 거래처나 임직원들의 말을 경청하고, 심사숙고하여 사업에 참조하라. 그런 다음에 가장 최선이라고 생각하는 것을 선택하여 행하면 되는 것이다.

---

20. 그리스의 선박왕 오나시스(Onassis)의 처남 리바노스(Livanos)는 울산 미포만의 황량한 바닷가 사진만 보고 정주영 회장에게 2척의 배를 주문하였으며, 정주영 회장은 조선소 건설과 선박건조에 필요한 자금을 조달하기 위해 백방으로 뛰어다니다가 미국과 일본에 거절당한 후 어렵게 영국의 은행 문을 노크하게 되었다.

정직, 신용과 신뢰가 소중한 자산이다

사업가는 물론이고 정치인이나 모든 조직에서 일하는 사람들은 정직과 신용 그리고 신뢰를 가장 소중한 가치로 여겨야 한다. 거래를 하는 과정에서 정직함으로 인해 당장 손해를 보는 일이 발생하더라도 정직하게 거래를 해야 한다. 이러한 자세는 사업가 자신에게만 국한시켜서는 안 된다. 회사 내 모든 구성원이 정직하게 업무에 임할 수 있도록 원칙을 확립해야 하며, 나아가 거래관계에 있는 파트너들도 정직하게 사업에 임하도록 도와주어야 한다.

사업을 한다는 것은 무에서 유를 창출하는 과정이다. 무에서 유를 만들어 내는 데 신용과 신뢰가 전제되지 않으면 거래가 성사되기 어렵다. 오랜 사업으로 신용과 신뢰가 쌓인 기업들은 담보를 제공하지 않거나 선금을 지급하지 않더라도 거래처로부터 물건을 쉽게 원하는 만큼 조달할 수 있다. 반면에 처음 거래하는 신생기업이나 신용이 없는 기업들은 현금을 미리 지급하더라도 상품을 확보하기 힘든 경우가 많다. 그래서 어느 정도 사업이 성장하면서 평판이 좋아지고 신뢰가 쌓이게 되면 이런 기업들은 크게 번창하게 된다. 반대로 회사가 성장하더라도 신용도가 낮고 평판이 좋지 않은 기업들은 나쁜 소문으로 인하여 고객이나 우수인재 확보가 어렵고, 좋은 투자자 확보도 어려워져 지속적으로 발전하는 데 한계가 있다.

신용과 신뢰는 하루아침에 쌓이는 것이 아니다. 좋은 물건이나 서비스를 만들어 소비자가 원하는 가격으로 공급하는 것은 물론이고, 회사의 구성원이나 기업의 이해관계자들과 원만한 관계를 유지하며, 투명한 회계처리와 법규 준수, 사회공헌과 사업가의 품행 등이 오랫동안 축적되어 나타나는 결과인 것이다.

또한, 사업을 하다 보면 사업가는 물론 임직원들이 소비자나 이해 관계자들에게 손해를 입히거나 명예를 훼손하는 등의 실수나 행동을 할 수 있다. 이때는 사업가가 직접 나서서 신속히 진상을 파악한 후 자신이나 회사 임직원에게 책임이 있다고 판단되면, 이를 솔직히 시 인하고 사과하며 관련 당사자가 충분히 납득할 만한 수준의 해결책 을 내놓아야 한다. 만일 회사가 변명에 급급하거나 책임을 회피하고 심지어 거짓말을 하게 되는 경우에는 기업의 신뢰가 추락하는 것은 물론이고, 도산하는 사태로 비화될 수 있음을 유념해야 한다.

한 예로, 일본의 최대 식품회사인 유키지루시는 생산공장 정전으 로 제조라인이 멈춘 적이 있었다. 이때 엔테로토키신 A형 독소가 담 긴 유제품이 제조되어 2000년 일본 사상 최악의 식중독 사고를 일으 킨 바 있으며, 광우병 파동 직후인 2001년 10~11월에는 소비가 급격히 줄어든 수입 쇠고기의 처분을 위해 호주산 쇠고기 13.8톤을 국산용 상 자에 넣어 위장하려 했던 사실이 발각된 바 있다. 두 사건에 대해 경영 진이 계속 잘못을 회피하는 발언으로 일관하자, 소비자들은 규탄시위 를 벌였고, 유통채널에서는 이 회사의 제품이 철거되었다. 이후 햄·소 시지의 판매와 생산이 중단되었으며, 사장이 물러나는 것으로 파문에 대한 책임을 지고 경영진이 사퇴하였다. 이후 유키지루시 계열사는 일본 국민들에게 악덕기업으로 낙인찍혀 결국 파산하고 말았다.

사업체는 소비자와 시장의 신뢰를 먹고사는 생물이다. 이제 사업가는 창업을 통해 사업의 첫발을 내딛는 순간부터 정직하고, 윤리적인 정도경영을 통해 신뢰와 신용을 중시하는 CEO가 되겠다는 각오로 사업에 임해야 할 것이다.

조직을 유연하게 설계·운영하라

사업을 처음 시작할 때는 사업가 자신이 혼자 하거나 소수의 동업자가 분담하여 일하게 된다. 이때 위험을 최소화하는 길은 매출과 관계없이 지출해야 하는 고정비의 부담을 최소화하는 것이다. 이를 위해서는 핵심 업무가 아닌 단순 반복적인 것들은 아웃소싱하면 고정비 부담을 줄이는 데 도움이 된다.

시간이 지남에 따라 점차 매출이 늘고 사업규모도 커지게 되면 고용을 늘리고 조직을 확장해야 할 것이다. 임직원의 전문성을 살리며, 분업의 이익을 최대화하기 위해서는 조직의 분화가 불가피하다.

그러나 조직을 어떻게 나누고 분업하는 것이 좋은지에 대한 정답은 없다. 다만 조직은 사업의 특성과 시장의 구조, 고객의 특성, 구성원들의 역량 등을 고려하여 설계하는 것이 좋고 필요시에는 언제든 조직을 재편할 수 있도록 유연한 조직문화와 정책을 가져가는 것이 좋다. 그래야 환경변화에 신속한 대응은 물론 부서 간이나 담당자 간에 벽이 없어지고 원활한 소통과 협력이 이루어질 수 있기 때문이다.

조직의 형태에는 사다리형 의사결정구조인 '라인조직'과 대학이나 연구소 등과 같이 수평적으로 의사결정 하는 것이 용이한 '스텝형 조직', 그리고 복잡한 거래시장 등에서 사업하는 데 적합한 '매트릭스 조직' 등 다양한 형태가 존재한다. 각 조직형태는 그 나름대로 장점과 약점이 있다. 어떤 형태의 조직으로 사업단위를 분화하든 사업가 자신이 혼자 사업을 할 때와 똑같이 조직구성원들이 주인의식을 갖고 원활한 의사소통과 상호협력을 통해 일체감을 유지하면서도 그룹 시너지를 낼 수 있도록 만드는 것이 중요하다. 특히, 요즘처럼 기업의 대내외 환경이 급변하고 불확실한 상황에서는 조직구성원이 환경변화에 능동적으로 대처해 나갈 수 있도록 유연하고 개방적인 조직으로 설계하는 것이 특히나 중요하다. 부서 명칭을 부여하는 경우에도 고정된 이미지의 명칭 사용을 지양하고 팀이나 파트 등의 유연한 명칭을 사용하여 부서가 언제든지 환경변화에 따라 재편될 수 있음을 보여 주는 것이 좋다.

그러나 조직설계가 잘 되어 있더라도 조직구성원에 대한 평가와 보상체계가 제대로 구축되고 작동되지 않으면 조직은 잘 굴러가지 않게 된다. 또한 권한이양이 확실히 이루어져야만 현장에서 소통이 원활하게 이루어지고, 현장 직원들이 주인의식을 갖고 신바람 나게 일하게 된다. 그리고 성과를 낸 조직구성원들에게는 그에 상응하는 충분한 보상이 반드시 이루어지도록 신뢰감을 주어야 한다. 일단 신뢰기반이 구축되면 조직은 앞으로 더 높은 성과를 내는 선순환 구조가 형성된다.

조직 내 경쟁과 인센티브 정책을 적절히 사용하라

필자는 침체된 조직을 활성화시키고자 한 미국 경제학 교수의 재미있는 실험을 소개하며, 임직원들과 함께 대화를 나눈 적이 있다. 이 조직은 노동조합의 영향력이 컸던 탓에 경쟁원리를 도입하고 성과에 따른 인센티브제도를 도입하기가 쉽지 않았다. 때문에 비유적으로 이 사례를 사용하게 됐는데, 반응이 매우 좋아 파격적인 인센티브제도 도입이 가능했고 개인의 기량과 1인당 생산성도 크게 높아졌다. 실험의 내용은 이랬다. 미국 교수는 그동안 경제학을 가르쳐 오면서 단 한 명에게도 F학점을 줘 본 적이 없었다. 그런데 놀랍게도 한 학기에 수강생 전원에게 F학점을 주었다. 그 이유는 아래와 같다.

미국 교수가 전원 F학점을 매긴 이유

학기 초에 학생들은 오바마의 복지정책이 올바른 선택이고 국민이라면 그 어느 누구도 가난하거나 지나친 부자로 살아서는 안 된다고 했다. 평등한 사회에서는 누구나 다 평등한 부를 누릴 수 있어야 한다고 주장했던 것이다. 그러자 이 교수가 한 가지 제안을 했다.

"이번 학기에 이런 실험을 해 보면 어떨까? 수강생 전원이 클래스 평균 점수로 똑같은 점수를 받으면 어떻겠나?" 학생들은 모두 교수의 말에 동의를 했고 그 학기 수업이 진행되었다. 얼마 후 첫 번째 시험에서 전체 평균 B가 나와 학생들은 모두 첫 시험 점수로 B학점을 받았다. 공부를 열심히 한 학생들은 불평했지만 놀기만 했던 학생들은 아주 좋아했다.

그리고 얼마 후 두 번째 시험을 보았다. 공부를 하지 않았던 학생들은 계속 공부를 하지 않았고, 이전에 열심히 공부하던 학생들도 이제는 시험공부를 적게 했다. 놀랍게도 전체 평균 학점은 D가 나왔다. 그렇게 해서 모든 학생이 D학점을 받게 되었다. 이러한 결과에 대해 모든 학생들이 불평했지만 공부를 열심히 하려는 학생들은 없었다. 그 결과 세 번째 시험은 모두가 F 학점을 받았다. 그리고 학기 말까지 모든 시험에서 F학점을 받았다.

학생들은 서로를 비난하고 욕하고 불평했지만 아무도 남을 위해 더 공부하려 하지 않았다. 결국 모든 학생들이 학기 말 성적표에 F학점을 받았다. 그때서야 교수가 말했다. "이런 종류의 무상복지 정책은 필연적으로 망하게 되어 있다. 사람들은 보상이 크면 노력도 많이 하지만 열심히 일하는 국민들의 결실을 정부가 빼앗아서 놀고먹는 사람들에게 나누어 준다면 아무도 열심히 일하지 않을 것이다. 이런 상황에서 성공을 위해 일할 사람은 아무도 없을 것이다."

이와 같이 조직을 운영함에 있어서는 노력한 만큼 보상을 받을 수 있도록 적절한 인센티브제도를 도입하고 일관되게 운영하는 것이 조직 내 경쟁을 촉진하고 활력을 불어넣는 데 크게 기여할 수 있다. 물론 조직 내 협력을 저해할 정도로의 지나친 경쟁은 경계해야 하며 이를 평가시스템과 보상체계에 세심하게 반영할 필요가 있다. 한 예로 10년 이상 위기를 겪었던 한라신협의 경우 임직원들의 합의를 거쳐 마련한 성과보상체계로 경영위기를 극복하고 2015년도 최고의 신협으로 성장한 바 있다. 직원들이 열정을 갖고 몰입해야 역량도 커진다. 직원들이 업무에 몰입할 수 있도록 하기 위해서는 우선 직원 스스로가 자신의 역할이 어떤 의미인지를 알고 조직에 얼마만한 가치를 부여하는지 알고 있어야 한다. 또한 업무를 통해서 성장하고, 물질적, 정신적으로 인정받을 수 있는 기회가 주어져야 한다. 그리고 회사가 많은 배려를 하고 있다고 느끼며, 공동체 의식과 자긍심을 가질 때 몰입이 이루어질 수 있다.

제주시 이도1동에 위치한 한라신협(이사장: 강정신)은 10년 전만 해도 적자가 심해 총자산 356억 원, 연체율 11.08%, 당기순이익 −2억 8,000만 원의 부실금융기관으로 특별관리대상이었다. 하지만 1년 반 정도의 준비 기간을 거쳐 2009년부터 시행된 한라신협의 성과보상제인 '종합근무평정방안'의 성공적인 안착으로 한라신협은 2015년 전국 910개 신용협동조합 중에서 경영 평가 1등을 차지했다.

한라신협의 성과보상제 도입과정에는 많은 어려움이 있었다. 고참 직원들은 "경쟁이 인간관계를 해친다"며 반기를 들었으며, 일부 직원은 회사를 떠나기도 했다. 경영진은 경력·신입직원을 채용해 빈자리를 메우며 성과보상 시스템을 밀어붙였다. 새로 합류한 직원들을 중심으로 성과에 따른 보상을 당연시 여기는 문화가 자리 잡기 시작했다. 직원들은 부동산·건설업·요식업·어린이집 등 제주 시내 주요 대출 수요업종을 정하고, 공격적인 영업을 시작했다. 이 같은 노력 덕분에 본점 외 지점 두 곳을 추가로 개설했으며, 2016년 6월에는 세 번째 점포를 열게 되었다. 직원 모두 '하면 된다'는 자신감을 얻었고, 노력에 따른 금전적 보상은 곧바로 조직에 대한 충성으로 이어져 활기차고 역동적인 사내 문화가 정착되었다. 한라신협에서는 실적 점수에 따라 같은 직급이라도 연봉이 1,000~2,000만 원 정도 차이가 있으며, 실적 우수사원은 승진 연한을 3분의 1로 단축할 수 있다. 2015년 말 기준으로 한라신협의 총자산은 2,392억 원, 연체율 0.28%의 초우량 조합으로 거듭났으며, 이 같은 한라신협의 성공사례는 성과주의문화의 중요성을 웅변해 주고 있다.

한라신협의 성과보상제 성공의 비결은 임직원 스스로 기준을 만들고 형평성, 투명성과 공정성을 확보하고 모두가 결과에 승복할 수 있게 만들었다는 점이다. 연간 목표 점수는 기본급의 5배로 정하는데, 예컨대, 기본급 연봉이 4,000만 원이면 연간 목표 점수는 2만 점(4,000만 원×5)이었다. 직군별 유·불리를 없애기 위해 비영업부서 근무자는 여·수신 유치 시 기본 점수의 7배수, 여·수신 담당 직원이 서로 다른 영역의 실적을 올리면 5배수의 점수를 준다. 본점과 지점은 지역적 특성이 다르기 때문에, 지점

별 목표 점수도 달랐다. 중요한 것은 이러한 세부 기준이 회의를 거쳐 직원이 직접 정한다는 점이다. 모두가 동의하는 평가 시스템에 따라 정해진 우수성과자는 전 직원의 축하를 받는다. 또한 '서기'부터 '전무'까지 직급별로 연평균 목표 점수의 150~450%를 달성해야만 승진할 수 있다. 목표치는 상위 직급일수록 높으며, 실적이 연봉과 승진에 직결된다. 전 직원의 점수는 매달 메일로 통보되며, 일주일간의 이의 제기 기간을 거쳐 최종 확정된다.

자료: 조선일보 외

기업의 문제는 현장에 답이 있다

KT그룹의 슬로건 중 하나는 소위 '우문현답(우리의 문제는 현장에 답이 있다)'이다. 필자가 KT그룹 계열사의 경영에 참여하면서 느꼈던 인상에 남는 키워드 중 하나다. 흔히들 경영상 문제가 생기면 경영이론이나 모범사례에서 답을 찾으려는 경향이 있다. 그러나 경영이론이나 모범사례라고 하는 것은 어떤 주어진 환경이나 특정한 조건에서 적용될 수 있는 것이다. 요즘처럼 급변하는 시장과 경쟁환경에서는 기존의 모범사례를 그대로 따라 하다간 낭패를 보기 십상이다. 새로운 사업이나 프로젝트를 추진하는 경우에는 기존의 이론이나 다른 회사들의 경험을 파악하고 어떻게 활용할 것인지를 고민하는 데 참고하는 것은 도움이 되겠지만 진정한 해결책은 현장에서 답을 찾아야 한다. 사업을 시작하려는 시점에서 대내외 환경이나 시장상황은 어떤지, 잠재적 고객의 구매의사는 어떤지, 경쟁상황은 어떠한지 등을 현장에서 소통하면서 답을 찾아야 한다.

사업 초기에는 사업가 자신이 직접 현장을 찾아다니며 답을 찾을 수 있겠지만 조직이 커지고 복잡해지게 되면 전체 조직구성원들이 사업가 자신처럼 현장에서 답을 찾도록 환경이나 시스템을 만들어 주어야 한다. 또한 권한의 하부이양과 합당한 평가 및 보상을 해 주어야 하는데 우리사회에서는 이러한 조직시스템을 갖추기가 쉽지 않다. 여기에는 여러 가지 이유가 있다. 대다수 기업의 경우 가부장적 오너경영체제이다 보니 거의 모든 의사결정권이 오너나 친인척에 집중되어 있어 권한의 하부이양이 제한적으로만 이루어지고 있는 것이다. 이에 반해 책임은 무한대로 져야 하는 형국이다. 또한 단기업적 중심의 기업문화와 사회구조 때문에 경영진과 조직구성원들은 3개월이나 길어야 1년 단위로 평가를 받고 자리 보전문제에 목숨을 걸어야 한다. 이 같은 구조에선 현장의 소리를 반영하여 신속하게 문제를 해결하기를 기대하기 힘들다. 오히려 임직원들은 단기간 내에 성과가 날 수 있거나 오너나 CEO가 관심을 갖는 일에만 집중하는 경향을 보이게 된다. 이로 인해 현장의 소리를 잘 들을 수 없게 되고, 현장에서 올라오는 소리도 그리 심각하게 고려하지 않게 된다.

또 다른 근본적인 문제의 하나는 경영의사결정이나 조직구성원의 평가와 관련한 지표들의 계량화가 제대로 이루어지지 않고 있다는 점이다. 이 같은 주먹구구식 경영환경에서는 권한이양에 따른 임직원들의 도덕적 해이 방지나 이들에 대한 정확한 평가와 합당한 보상이 어려워지게 된다. 권한이양에 따르는 문제들을 해결할 방도가 마련되지 않는다면 경영진은 권한의 하부이양을 꺼리게 된다. 권한을 하부에 이양하더라도 권한 이양자가 모든 책임을 져야 하기 때문이다. 즉, 경영진은 권한의 하부이양에 따른 리스크를 관리할 수 있어야 권한이양에 나선다. 필자의 경우도 한 기업에서 신사업부문에 대한 권한이양을 추진하는 도중에 해당 사업부문의 현장 리스크가 전혀 관리되고 있지 않고 잠재적 위험이 무엇이며 이를 어떻게 측정할지조차 모르고 있다는 것을 알게 되었다. 권한이양에 앞서 몇 개월 간 해당 사업부문의 모든 계약내용과 거래관계 등을 재검토하고 거래내용이 실시간으로 측정·관리될 수 있도록 시스템을 구축하였다. 그 결과 현장을 직접 확인하지 않더라도 정기적으로 보고되는 통계지표만으로 사업이 어떻게 돌아가는지 파악할 수 있게 되었다. 그런 다음 대폭 권한이양을 하였더니 현업 부서의 자율경영을 통한 업무효율이 크게 제고되었으며, 직무만족도도 크게 향상되는 것을 직접 체험한 바 있다.

권한이양에 따른 효과를 최대화하려면 중간관리자들에 대한 교육과 평가방식의 개선도 필요하다. 특히, 영업현장을 직접 관리하는 중간 간부들은 영업자들에게 권한을 대폭 이양하는 경우 자신들의 권한 축소나 자리가 없어지는 것으로 오해한다. 그래서 권한의 하부이양에 저항하는 경향이 있다. 따라서 권한의 하부이양 시 중간간부들의 역할을 바꾸어 주고 평가방식이나 보상기준도 개선해 주어야 권한의 하부이양이 소기의 성과를 거둘 수 있다.

05

자기관리 비결

엘리베이터 스피치법 Elevator Speech 을 배워라

필자가 미국 MBA 과정에서 벤처기업론 수업을 들을 때의 일이다. 첫 수업시간에 교수님이 모든 학생들에게 학기가 끝나기 전까지 엘리베이터 스피치를 준비해서, 학생들 앞에서 발표하고, 학생들의 평가를 받으면, 그것을 학점의 일부로 반영하겠다는 평가원칙을 발표하였다. 그런 다음 그는 엘리베이터 스피치가 무엇이며, 왜 중요한지를 설명해 주었다.

'엘리베이터 스피치'란, 엘리베이터 안에서 1분 이내에 자신이 구상하고 있는 사업모델을 투자자나 기업의 CEO가 관심을 가질 수 있도록 요점을 말하는 연설법을 의미한다. MBA 공부를 하는 사람들의 주요 고객은 투자자이거나 기업의 CEO 등 고위 경영진인데, 이들은 통상 시간이 없어 만나기가 힘들다. 그래서 젊은 MBA 출신들이 그들을 만날 수 있는 곳은 엘리베이터 안이고, 시간도 1분 정도밖에 없으므로, 이 틈을 이용해서 자신이 생각하고 있는 사업모델을 설명하고, 매력을 느끼도록 만들어야 한다는 것이다. 그들에게 복잡한 사업계획서를 만들어 줘봤자, 읽어 보지도 않고 쓰레기통에 집어던지기가 쉽다. 따라서 그들이 젊은이들의 사업제안서에 관심을 갖도록 만들어야 하고, 순간적으로 이야기를 들어 본 후 내용에 관심이 있다 싶으면 준비해 준 사업제안서를 나중에 열어 보게 된다는 것이다. 그래서 벤처기업론 수업이 진행되는 한 학기 내내 모든 학생들은 서로 영어로 1분간 발표하는 내용을 듣고, 질문도 해 가며, 각자의 사업제안서에 호기심을 갖게 만드는 훈련을 하게 되었다.

이러한 엘리베이터 스피치 연습과정을 통해 MBA 출신들은 고객이 누구이고, 그들을 만나서 사업을 추진하기 위해서는 어떠한 태도로 임해야 하는지를 철저히 배우게 되었다. 다른 사람들은 우리가 만든 사업제안이나 아이디어에 별로 관심을 보이지 않으며, 시간을 좀처럼 내어 주지도 않는다는 현실을 직시하게 되었다. 특히, 남들이 그저 만나서 우리들의 이야기를 들어줄 수 있는 시간을 내준 것만으로도 크게 감사하게 생각해야 함을 일깨워 주었다.

이제 자기사업을 시작하는 사람들은 투자자나 고객을 만나는 일이 얼마나 힘든 일인지를 알아야 한다. 단 1분간 만나는 고객이나 투자자에게 강한 인상을 남기는 사업제안법을 배우고, 철저히 준비한 후에 그들을 만나는 습관을 가져야 할 것이다.

기업의 실체를 알기 위해 재무제표 읽는 법을 배우자

기업의 경영실적을 기록하는 방법인 회계에 대한 지식이 없더라도 사업을 하려는 사람은 기업의 실체를 쉽게 이해하는 데 필요한 재무제표 읽는 법을 배워 두어야 한다. 벤처사업가 중에는 의외로 재무제표를 이해 못 하는 사람들이 많다. 막상 재무제표를 보면 어디서부터, 무엇을 보아야 하는지 몰라 아예 실무진에게 맡기고 재무제표 보기를 회피하는 사업가들이 적지 않다.

그러나 대차대조표, 손익계산서, 현금흐름표 등과 같은 기초 재무제표에 대한 이해 없이는 회사 내부사정을 제대로 알 수 없을 뿐만 아니라 외부 투자자나 금융기관으로부터 자금을 모으기도 어렵다. 로만 웨일Roman Weil 시카코대학교 교수의 지적처럼 리더라면 재무제표를 보고 무엇이 잘못 돌아가고 있는지를 파악하고 바로잡을 수 있는 능력이 있어야 한다. 워런 버핏이 세계적인 투자자로 성장하게 된 비결은 젊었을 때부터 회사의 경영상태를 한눈에 알아볼 수 있는, 즉 재무제표를 제대로 읽을 수 있는 능력을 길렀기 때문이라고 한다.

재무제표 작성 등과 같은 회계처리 업무는 사업가가 직접 처리할 필요는 없다. 경리 담당자를 채용하여 실무를 처리하고 회계사, 세무사 등의 전문적 도움을 받아 세금업무, 감사업무, 국세청 관련 업무 등을 처리할 수 있다. 경리 담당 직원의 채용이 부담스러운 경우에는 세무사에 기장업무를 위탁하여 처리하면 많은 비용을 절감할 수 있을 것이다.

메모하는 습관을 갖자

> 오랜 습관으로 반드시 메모를 하는데, 이것이 일을 챙기고 정리하는
> 데 큰 도움이 된다.
>
> – 이병철, 『호암자전』 중 –

'아이디어 맨'이라고 불리는 사람들은 대부분 메모하는 습관을 갖고 있는 사람들이다. 메모하는 습관을 갖게 되면 여러 방면에서 많은 일을 할 수 있게 되고 얻는 것이 많다. 아이디어는 물론이고 업무 추진력도 생기게 되며, 치매를 예방하는 데도 도움이 된다. 어떠한 일을 생각하다 보면 순간적으로 좋은 아이디어나 사업구상이 떠오를 때가 많다. 이러한 생각들을 그때그때 메모해 두는 것이 큰 사업의 성공으로 이어진 경우가 적지 않다. 델Dell을 세운 3인의 창립자가 점심식사 후 차를 마시다가 냅킨에 메모한 것이 그들의 사업모델이 되었던 것처럼 말이다.

혹자는 일본이 오늘날 1인당 국민소득 4만 달러의 세계 3위 경제대국으로 성장한 것은 일본 국민의 메모하는 습관 때문이라고 말한다. 1980년대부터 한국의 경제단체와 일본의 경제단체연합회 간에 직원교류를 해 온 적이 있었다. 한국에서 파견 나가는 직원들은 일본에 파견 나가기 전에 각자 일본에 대해 연구하고 어떻게 현지생활에 적응할지 고심하게 된다. 이 같은 애로는 매번 사람이 바뀔 때마다 반복되었다.

반대로 일본에서 한국으로 파견 나와 근무하는 경제단체연합회 직원들은 전임자들이 메모해 준 내용들을 토대로 서울생활에 쉽게 적응한다. 그들은 한국에 머무는 동안 본국으로 되돌아갈 때까지 그 동안 전임자들에게서 물려받은 메모내용을 업데이트하고, 새로운 내용을 보충해서 후임자에게 다시 전수해 주었다. 이로 인해 그들은 한국에 적응하는 시간이 단축되고, 짧은 시간에 많은 것을 배워 갈 수 있었던 것이다.

당시 일본 경제단체 직원들의 메모내용을 보면 서울의 주요 음식점과 술집에서부터 이발소 등 생활에 필요한 시설과 한국어 학원이나 강사, 이삿짐센터나 복덕방, 주요 인사 연락처, 경제단체 주요 간부직원들의 성향이나 특성, 한국경제에 관한 사항에 이르기까지 상세하게 정리되어 있었다. 우리나라가 일본의 경제력을 따라가려면 이러한 메모하는 습관부터 배우지 않으면 안 되겠다는 생각이 들 때가 많았다.

2006년 8월 1일 아시아 홈런타자 이승엽이 일본 도쿄돔에서 한일 통산 400호와 401호 홈런을 쳤다. 30세 이전에 400호 홈런을 친 선수로는 세계에서 3번째다. 300호 홈런을 제일 어린 나이에 친 선수가 바로 이승엽이었다. 이승엽 선수가 세계적인 홈런타자가 될 수 있었던 것은 끊임없는 연습, 모범적인 가정생활과 주변 사람들의 도움 등의 이유도 있겠지만 철저히 메모하여 상대투수에 대해 과학적으로 대응하는 '데이터 야구'를 한 것이 큰 이유라는 것이 야구계의 정설이다. 그래서인지 상대투수에 대한 장단점을 빼곡히 적어 놓은 일명

'승짱 노트'는 제법 유명하다. 이승엽 선수는 상대할 투수들에 대한 구종, 공의 속도, 볼 배합, 변화구 비율 등을 세밀히 적어 놓은 분석 노트 덕분에 이승엽의 '노려치기'가 가능했던 것 같다고 그의 통역사는 말했다. 웬만한 투수의 구질은 초구가 직구인지 커브인지 줄줄이 꿰차고 있을 정도였단다. 위기상황에서도 자기 스윙을 만족스럽게 해내는 것도 분석 노트 때문이었다. 이같이 성공하는 사업가나 사람들은 어디에서든 철저히 기록하고, 이를 활용한다.

『몰입』의 저자 황농문 서울대학교 교수는 그의 글 중에서 메모하는 습관에 대해 다음과 같이 적고 있다. "잠이 깨면서 떠오르는 아이디어는 적어 두지 않으면 금방 잊어버린다. 그래서 노트에 빨리 적기 위해서라도 자리를 털고 일어나야 한다." 그의 메모하는 습관을 엿볼 수 있는 장면이다.

요즘은 스마트폰 OA기술의 발달로 메모하기가 쉬워졌다. 스마트폰의 메모기능을 활용하면 언제 어디서나 메모가 가능하다. 머리맡에 스마트폰을 두었다가 잠결에 아이디어나 메모할 거리가 떠오르면 스마트폰 속 메모장에 기록하면 되는 것이다. 깜깜한 밤에 불을 켜지 않아도 메모를 할 수가 있어 여간 편리한 것이 아니다. 아직 스마트폰을 사용하지 않는 사람들의 경우에는 양복 주머니에 들어갈 만한 크기의 기자수첩을 지니고 다니는 것도 좋은 방법이다.

변명하려는 유혹을 없애 버려라

　사업을 하다 보면 크고 작은 실수를 많이 하게 된다. 특히, 많이 하는 실수 중 하나가 약속시간에 늦는 일이다. 약속시간을 자주 어기다 보니 이런저런 변명을 하게 된다. 교통체증이 심해서, 외부에서 급작스러운 약속이 생겨서, 집 식구가 아파서 등 이런저런 핑계를 에둘러댄다. 그러나 이러한 변명이 습관이 되다 보면 사람에 대한 신뢰가 떨어지게 되고, 사업에도 나쁜 영향을 주게 된다.

　일본의 기업인들은 사업을 승계할 자녀들에게 "약속시간보다 20~30분 전에 약속장소에 나가 먼저 온 사람들과 담소하면서 약속과 관련된 마음의 준비를 하라"고 가르친다고 한다. 사업상 약속을 잡을 때 아예 약속시간보다 앞선 시간에 도착한다고 마음먹으면 아무리 교통체증이 있더라도 가까운 전철역 등을 이용해 당초의 약속시간에 도착하는 것이 그리 어려운 일은 아닐 것이다. 도심의 경우 자가용이나 택시를 이용하게 되면 교통체증으로 약속시간을 지키지 못하는 경우가 흔히 발생한다. 따라서 지하철 등을 이용하여 약속시간보다 20~30분 먼저 도착해 먼저 참석한 사람들과 담소하거나 회의를 준비하는 실무진과 대화하면서 회의 등에 대비하게 되면 많은 정보도 얻게 되고, 문제해결의 지혜도 얻을 수 있게 된다.

　또한, 사업을 하다 보면 곳곳에서 어려움에 직면하게 된다. 그럴 때마다 '나는 여성이기 때문에, 혹은 장애인이기 때문에' 등의 변명으로 자신의 곤란한 처지에서 벗어나려 하거나 실패를 변명하려 해서는 안 된다. 사업세계에서는 자신에게 도움이 되고 이익이 되면 거래하는 것이다. 스스로 약자라고 생각되면, 그럴수록 더욱 당당하게 상대방과 경쟁할 수 있도록 노력해야 한다.

지난 20년 이상 세계적으로 명강연을 해 온 장애인 존 파피^{John P.} Foppe의 사례를 들려주고 싶다. 존은 어머니의 잦은 유산 때문에 두 팔이 없는 장애인으로 태어났다. 엉덩이 관절에 이상이 있었고, 장기에도 문제가 있었다. 눈은 초점이 잡히지 않았고, 머리가 한쪽으로 기울어져 있었다. 이런 아들의 모습을 처음 본 순간 그의 어머니는 도망치고 싶은 심정이었다. 하지만 그의 어머니는 장애 아이를 끌어안고서 "우리 아기에게 두 다리를 주신 것에 감사합니다"라면서, 현실을 믿음으로 받아들였다고 한다. 그러나 존은 성장하면서 혼자서 할 수 있는 것보다 할 수 없는 것이 더 많다는 사실을 깨달았다. 손이 없으니 글씨도 못 쓰고, 옷도 못 입고, 화장실에서 볼일도 못 보고, 팔이 없어서 균형을 잡지 못하고, 자주 넘어지고, 넘어지면 손으로 받칠 수 없어서 턱이 깨지고, 생활할수록 더 큰 고통을 느꼈다. 게다가 혼자 떨어져서 고독감을 느끼며 '난 아무것도 할 줄 모르는 놈이구나'라는 생각을 하게 되었다. 존은 패배감에 빠져들어 점차 반항아가 되어 갔다.

이런 존을 본 어머니가 가족회의를 열더니 식구들에게 말했다. "내일 아침부터 더 이상 존을 도와주지 말거라. 옷을 못 입어 학교에 가지 못하더라도 도와주지 마라. 이제 존은 너희와 똑같은 대우를 받을 것이다." 다음 날 존은 바지 단추를 잠그기 위해 오전 내내 안간힘을 쓰다가 탈진해서 쓰러지고 말았다. 그런 아들의 모습을 지켜본 어머니는 마음이 아파서 견딜 수 없었지만 '지금 아들을 도와주면 평생 아무것도 할 수 없게 된다'는 생각이 들어서 아들을 도와주지 않았다. 며칠이 지나자 존은 변하기 시작했다. 형제들의 도움에서 독립하려고 혼자서 피나는 노력을 하였다. 발가락으로 머리를 빗고, 면도도 하고, 캔을 따고, 시계를 발목에 차고 다니고, 왼발로 운전대를 잡고 자동차를 운전하고 다녔다. 그가 강연할 때 자주 하는 말이 있다. "인생은 태도에 달려 있다. 마음의 태도에 따라 행동이 결정된다. 변명excuse하는 사람은 책임을 회피하기 위해서 늘 구실을 찾는다. 반면에 설명explanation하는 사람은 해결책을 찾으려고 노력한다."

변명하려는 마음에서 설명하려는 마음으로 바뀌어 갈 때 더 많은 기회를 얻게 된다는 점을 존 파피의 사례에서 배웠으면 한다. 사업을 함에 있어 실수나 실패를 하더라도 자신이 가지고 있는 현재의 능력으로 최선을 다하면 그만인 것이다.

자택 사업가는 직장에서와 같이 절도 있게 행동하라

집을 사무실로 사용하는 경우에는 직장에 다닐 때와 마찬가지로 절도 있게 규칙적으로 생활하는 것이 좋다. 아침식사도 일정한 시간에 하고, 사무실에서 일할 때와 마찬가지로 일정한 작업공간에서 작업 복장을 하고 최선을 다해 일하며, 점심시간에는 밖으로 나가 다른 사람들과 함께 식사를 하는 습관을 갖는 것이 좋다. 또한, 식사 후에는 정해진 시간에 다시 일하는 자세를 확립하면 높은 생산성을 유지하면서도 집에서 내조하는 배우자에게도 부담을 줄여 줄 수 있다.

『군주론』을 저술한 마키아벨리^{Machiavelli}의 생활습관에 관한 이야기를 은퇴한 직장인들이 집에서 자기사업을 할 때의 습관으로 배워 실천했으면 좋겠다.

다음의 글은 1513년 12월 10일 마키아벨리가 친구 프란체스코 베토리^{Francesco Vettori}에게 보낸 편지인데, 이 편지를 통해 집안에서 그가 보여 준 글 쓰는 자세는 은퇴 후 집에서 사업을 하거나 소일을 하는 시간이 많아질 베이비부머들이 알아 두었으면 하는 모습이 담겨 있다. 이 내용은 시오노 나나미의『나의 친구 마키아벨리』라는 책에 소개되어 있다.

"여기서 나는 해가 뜨면 일어나 숲으로 가네. 그곳에서 나무를 벌채시키고 있기 때문이지. 숲에는 두어 시간 머물러 있네. 그때까지는 작업을 다시 검토하기도 하고, 일꾼들과 함께 어울리곤 하면서 말일세. 이 친구들 손도 잘 다치고, 툭하면 저희들끼리 싸우고, 이웃 마을 사람들과도 곧잘 다투곤 해서 도무지 사고가 그치지 않는 인간들이거든. 숲에서 나오면 옹달샘으로 가지. 그 샘가에 가서야 비로소 나는 내 자신의 시간을 갖게 된다네. 보통 책 한 권을 들고 가는데, 단테나 페트라르카나 아니면 더 마음 편한 티불르스나 오비디우스 같은 시인들의 작품이지. 그리고 거기에 읊어져 있는 정열적인 연애라든가 시인 자신의 사랑을 읽고, 내 자신의 그것들을 떠올리면서, 잠시 그런 생각을 만끽하면서 보낸다네. 그런 다음 한길로 돌아서 선술집으로 가네. 거기서는 나그네들과 이야기를 나누지. 그들 나라의 새로운 사건에 관해서 물어보기도 하고, 그들의 입으로 전해지는 정보에 귀를 기울이곤 하면서 말일세. 그러면 사람들의 취향의 차이랄지, 생각의 차이 같은 것을 알 수가 있다네. 그럭저럭 식사시간이 되면 집에 가서 가족들과 식탁에 둘러앉아, 이 가난한 산장과 보잘 것 없는 재산이 허용해 주는 식사를 들지. 식사가 끝나면 다시 선술집으로 들어가네. 이 시간의 선술집 단골들은 푸줏간 주인과 밀가루 장수와 두 사람의 벽돌공인데, 이 친구들과 나는 그날이 끝날 때까지 크리카나 트릭 트랙 놀이를 하면서 불한당이 되어 보낸다네. 카드와 주사위가 난무하는 동안 무수한 다툼이 벌어지고, 욕설과 폭언이 터져 나오고, 생각할 수 있는 별별 짓궂은 짓은 다 자행되지. 거의 매번 돈을 걸기 때문에 우리가 질러대는 야만스런 목소리가 산카시아노 마을까지 들릴 정도라네. 이렇게 해서 나는 나의 눌어붙은 곰팡이를 긁어내고, 나를 향한 운명의 장난에 분노를 터뜨리는 것일세. 이처럼 내 자신을 짓밟는 것은, 운명의 신이 나를 괴롭히는 것을 아직도 부끄러워하지 않고 있는지 시험하기 위해서라네.

밤이 되면 집에 돌아가서 서재에 들어가는데, 들어가기 전에 흙 같은 것으로 더러워진 평상복을 벗고 관복으로 갈아입네. 예절을 갖춘 복장으로 몸을 정제한 다음, 옛사람들이 있는 옛 궁정에 입궐하지. 그곳에서 나는 그들의 친절한 영접을 받고, 그 음식물, 나만을 위한, 그것을 위해서 나의 삶을 점지받은 음식물을 먹는다네. 그곳에서 나는 부끄럼 없이 그들과 이야기를 나누고, 그들의 행위에 대한 이유를 물어보곤 하지. 그들도 인간다움을 그대로 드러내고 대답해 준다네. 그렇게 보내는 네 시간 동안 나는 전혀 지루함을 느끼지 않네. 모든 고뇌를 잊고, 가난도 두렵지 않게 되고, 죽음에 대한 공포도 느끼지 않게 되고 말일세. 그들의 세계에 전신전령全身全靈으로 들어가 있기 때문이겠지. 단테의 시구는 아니지만, 들은 것도 생각하고 종합하여 정리하지 않는 한 과학이 되지 않는 것이니, 나도

*그들과의 대화를 '군주론'이라는 제목의 소논문으로 정리해 보기로
했네. 거기서 나는 가능한 데까지 이 주제를 추구하고 분석해 볼 참
이네. 군주국이란 무엇인가? 어떤 종류가 있는가? 어떻게 하면 획득
할 수 있는가? 어떻게 하면 보전할 수 있는가? 왜 상실하는가? 만일
자네가 지금까지 내 공상의 소산이 무엇 하나 마음에 들지 않았더
라도, 이것만은 마음에 안 들 턱이 없을 것이라고 생각하네. 그리고
군주들에게는, 특히 신흥 군주들에게는 받아들여질 것임에 틀림없
을 줄 알고 있네."*

- 마키아벨리, 『군주론』 중 -

마키아벨리의 편지를 통해서 알 수 있는 것은 세상을 빛낸 위대
한 사람들은 어떠한 처지에 놓여 있든 꿈을 간직하고 그 꿈을 실현하
기 위해 끊임없이 노력하고 몰입한다는 점이다. 직장생활을 할 때는
조직에서 시키는 일만 했어도 은퇴 이후에는 스스로 목표를 정하고
이를 실현하기 위해 정진해야 하는 것이다. 비록 고단한 삶이고, 여
유가 없을지라도 주어진 여건하에서 자기만의 공간과 시간을 확보
하여 정진한다면 직장생활을 할 때보다 훨씬 더 의미 있고 보람 있는
일을 많이 할 수 있게 된다. 이러한 과정에서 경제적인 문제도 자연
스럽게 해결될 기회가 더 많이 주어지는 것이다.

세상을 보며 큰 사업가의 꿈을 키워라(중국을 주목하라)

중국은 세계의 공장으로 변한 지 오래다. 중국의 수출이 늘거나

줄거나 하는 변화는 한국의 수출 증감에 직접적으로 영향을 준다. 한국은행의 분석에 따르면, 중국과 한국의 수출상관계수는 0.9라고 한다. 이는 중국의 수출이 10% 증가하면 한국의 수출도 9% 증가하며, 중국의 수출이 감소하면 한국의 수출도 그만큼 줄어든다는 것이다. 이러한 상관계수는 시간의 흐름에 따라 변하는 것이겠지만 그만큼 양국 간의 수출관계가 밀접하게 연관되어 있음을 보여 주는 것이다. 주로 수출로 국가경제를 이끌어가는 한국경제에서 사업가들이 중국시장의 흐름에 민감하게 반응하여 사업전략을 수립하지 못한다면 제대로 투자하여 돈을 벌기가 쉽지 않게 되었다.

중국의 영향은 수출시장에만 미치는 것이 아니다. 중국의 경제성장은 한국은 물론 세계 모든 나라의 물가에도 심각한 영향을 준다. 2000년대 들어 세계 자원과 휘발유의 가격이 급등한 원인은 중국경제의 급성장과 자원 확보 전쟁이 한몫을 하였다. 만일 자원 및 에너지 관련 분야의 사업에 진출하려는 사업가라면 중국의 경제성장 정책이나 자원 확보 정책 등에 민감하게 반응해야 한다.

국내 내수시장도 중국과 일본 등 주변국의 영향권에 들어선 지 오래다. 최근 서울 명동이나 홍대 일대를 다녀가는 외국 관광객의 대다수가 중국인과 일본인이며, 이들이 시내 백화점과 시장에서 화장품이나 가전제품 등을 대량으로 사 가고 있어 명동과 홍대 일대는 어려운 경제여건 속에서도 호황을 누리고 있다.

신촌·이대 앞 상권도 마찬가지이다. 연세대 정문 앞에서부터 명물거리, 이화여대 정문 앞으로 이어지는 신촌·이대 앞 상권은 중국·

대만 관광객이 늘어나면서 다시 활기를 띠고 있다. 1990년대 '젊음의 거리' 또는 '패션의 거리'에서 2000년대 중반부터 긴 침체기를 겪은 신촌·이대 상권은 현재 하루 평균 45인승 버스 40~60대가 이 지역을 오가며 관광객 1,200~1,500명을 실어 나르고 있다. 그들 사이에서 '이대 정문 앞에서 사진을 찍으면 부자가 된다'는 소문이 돌면서, 젊은 소비자가 떠난 자리를 관광객들이 메우기 시작한 것이다. '이화梨花'가 중국어로 '돈이 들어온다'는 뜻의 '리파利發'와 비슷하다는 이유에서다. 또한, 한국 여대생들이 즐겨 찾는 독특한 옷과 액세서리가 많고 저렴하게 살 수 있다는 점도 중화권 관광객들의 발길을 끄는 요인이다.

이제 중국경제가 어떻게 변화하느냐에 따라 서울 시내의 백화점이나 점포들의 판매는 큰 영향을 받고 있다.

취업을 하려는 학생들도 국내 기업의 취업에만 관심을 가질 것이 아니라 일본이나 중국 등 이웃 나라는 물론 동남아시아 해외시장에서 일자리를 구하려는 노력을 하면 좋은 결과를 얻을 수 있다. 영어는 물론 중국어나 일본어를 동시에 구사할 수 있는 젊은이라면 일본이나 중국에서 취업을 할 수 있는 기회가 많다. 직장을 은퇴한 베이비부머들도 영어나 현지 언어를 구사할 수 있는 능력만 있다면 그동안의 직장생활 경험과 노하우 등을 활용하여 해외에서 새로운 일자리나 사업기회를 찾는 것이 그리 어렵지 않다.

사업가들도 이제 해외로 눈을 돌린다면 그만큼 더 많은 사업기회를 만나게 될 것이다. 아이디어가 좋은 제품을 개발해도 팔 곳을 찾기가 어려운 것이 우리나라 중소기업의 현실이다. 다행히 최근 한류

붐을 타고 이미지 마케팅과 현지화 전략으로 중국, 베트남 등 해외에서 성공하는 기업들이 늘어나고 있다. 한 가지 예로 락앤락은 〈대장금〉 드라마 스타를 활용한 상품광고를 통해 중국에서 명품 생산기업으로 인정받기도 했다.

또한, 최근 유통업체들의 해외진출이 늘어나면서 경쟁력 있는 중소기업 제품들이 해외시장에 선보일 기회도 늘어나고 있다. 대기업에 비해 가격이 싼 생활용품이나 식품, 아이디어 상품 등이 중국 바이어들에게 인기가 있으며, 바이어들의 호평을 얻은 제품들은 국내 유통업체의 중국 현지 매장에서 판매되고 있다. 실례로 중소기업청은 해외인큐베이팅프로그램을 통해 중소기업 중 서류심사를 통과한 업체의 상품을 중국시장에 진출시켰으며, 동반진출 지역을 베트남, 인도네시아 등으로 확대해 국내 우수 중소기업들의 해외 판로개척에 앞장섰다. 이러한 해외진출프로그램 등을 전략적으로 활용하는 것도 벤처·중소기업의 사업 확장에도 도움이 될 것이다. 한류를 활용한 사업을 하거나 해외 마케팅을 할 때 한국문화산업교류재단^{KOFICE}에서 매년 발간하는 한류보고서와 이 재단의 해외특파원이 제공하는 정보 (www.kofice.or.kr) 등을 활용하면 많은 도움을 받을 수 있다.[21]

한국의 대표적 벤처성공기업의 하나인 세계적 토털 보안솔루션 업체, 아이디스의 김영달 사장으로 하여금 창업에 눈을 뜨게 하고

---

21. 한국문화산업교류재단KOFICE(이사장: 김영훈)은 국가 문화교류의 창구역할을 수행하고 있고, 매년 주요국의 한류실태를 조사하여 발표하고 있다. 해외특파원을 주요국에 두고 있어 지역별 한류의 흐름을 상시적으로 파악하여 알려주고 있다.

DVR^{Digital Video Recorder} 사업으로 성공하게 만든 것은 실리콘밸리에서의 연구원 경험과 1997년 9월 뉴욕에서 열린 ISC 시큐리티쇼 관람 기회였다. 그만큼 세계시장의 동향과 변화를 직·간접적으로 체험할 수 있는 기회를 갖는 것은 사업가들에게 매우 중요한 것이다.

매년 세계적인 기업가들을 비롯하여 많은 국내 기업인들이 수천만 원대의 비용을 들여가며 스위스 다보스포럼에 참가하는 것은 그만한 가치와 시간을 투자하더라도 미래 사업기회를 발견하는 데 도움이 되기 때문이다. IT 관련 업계에 종사하는 사업가라면 매년 1월 미국 라스베이거스의 힐튼호텔과 컨벤션센터에서 열리는 국제전자제품박람회^{CES, the Consumer Electronics Show}에 참여하여 IT제품들의 트렌드를 읽고 미래를 대비할 필요가 있다. 창업 기업가들이 이러한 국제전시회나 포럼 등에 직접 참가할 수는 없다 하더라도 적어도 참가자나 신문기사 등을 통해서 무엇이 미래에 화두가 될지에 대해서는 관심을 갖고 찾아보아야 할 것이다.

기본에 충실하자

잔머리를 굴리거나 꼼수를 써서 임기응변식으로 문제를 해결하면 당장 눈앞의 일은 해결할 수 있다. 때로는 이러한 일을 잘하는 사람들이 조직에서 승진도 잘하고 잘나가는 것처럼 보이기도 한다. 그러나 길게 놓고 보면, 이러한 임기응변식 업무처리나 사업수행을 하는 사람은 큰 낭패를 보기 십상이다. 사업가나 임직원들이 소비자와 시장을 위해 정직하게 거래하거나 일처리를 한다면, 당장은 손해를 볼지라도 차후에는 거래 상대방과 깊은 신뢰관계를 쌓을 수 있으며, 스스로도 당당해진다. 또한, 설령 손해를 보았더라도 이를 만회하기 위해 더 열심히 노력하기 때문에 장기적으로는 회사에 더 큰 이익기회가 생기게 된다.

시장은 서로 죽이고 죽는 '정글의 법칙'이 작동되는 곳이 아니라 거래조건이 맞을 때만 거래가 성사되는 상생의 공간이다. 사업가는 기본적으로 상생의 정신으로 사업에 임해야 한다. 남에게 득이 되지 않는 사업제안이나 물건을 내놓아서는 안 된다. 남을 배려하는 것이 일시적으로는 손해를 보는 일처럼 보일지 모르지만 장기적으로는 사업에 큰 도움이 된다. 앞서 상생의 전략에서 언급한 것처럼 내 입장보다는 상대의 입장에 서서 거래나 협력을 추구하게 되면 당장은 이익이 나지 않더라도 길게 봤을 때 상대방이 내편이 되어 보다 더 큰 이익의 기회를 가져다 준다.

법규를 철저히 준수하는 것은 어리석은 짓이라고 생각하는 사업가들이 많다. 하지만 "손해를 보는 한이 있더라도 우리 회사만이라도 법질서를 엄정히 지킨다"는 정신으로 사업에 임해야 한다. 그래야 스스로 떳떳하고 당당해질 수 있다. 사업체가 잘될 때는 문제가 없지만 사업이 제대로 잘 풀리지 않아 사업체 구성원 간에 갈등이 발생하거나 외부로부터 문제가 생기는 경우에는 그동안 꼼수를 부려 일을 처리했거나 법규를 어겼던 일이 약점이 될 수 있다. 이로 인해 회사가 곤경에 처하거나, 불리한 협상에 노출되어 손해를 보거나 위험에 처하는 경우가 적지 않다.

사업가는 국가사회 지도층의 일원으로서 후손들이 살아갈 이 땅을 정직하고 법을 잘 지키는 사람이 더 나은 보상을 받고 잘살 수 있도록 만들 책임과 의무가 있다는 점을 잊지 말아야 한다.

가끔 자신만의 시간과 공간을 가져라

사업을 시작한 후에는 학생시절이나 월급쟁이 시절보다 더 바빠지고, 여유가 없다고 말하는 사업가가 많다. 사업을 하려고 하는 것도 보다 나은 행복한 삶을 살기 위한 것인데 여유 없는 현실이 안타깝다. 그래서인지 사업가들에게 물어보면 자식들이 사업을 한다고 덤벼들면 절대 하지 못하도록 말리겠다는 사람들이 적지 않다.

사업을 하든, 월급쟁이로 살든 행복하게 살려는 사람들은 바쁜 가운데서도 자신만의 시간과 공간을 확보해야 한다. 비록 고단한 삶이고, 여유가 없을지라도 주어진 여건에서 자기만의 공간과 시간을 확보하여 정진한다면 창의적인 사업 아이디어를 더 많이 얻을 수 있으며, 직장생활을 할 때보다 훨씬 의미 있고 보람 있는 일을 더 많이 할수 있게 된다. 이러한 과정에서 사업상 문제나 개인적인 문제도 자연스럽게 해결되는 기회가 더 많이 생긴다.

사업가는 물론 임직원들의 경우도 마찬가지이다. 일본 아사히야마동물원의 직원들은 열악한 근무환경과 조건 속에서도 각기 자기들만의 활용 공간과 시간을 가질 수 있었기 때문에 동물원 폐쇄의 위기

속에서도 동요하지 않고, 자기계발과 창의적인 동물원을 만드는 데 열정을 바칠 수 있었다. 사업을 하면서 틈틈이 시간을 내어 자신만의 공간에서 하고 싶은 일을 하는 것은 삶의 의미를 깨닫게 만들고 행복감을 느끼게 만들어 준다.

성공하려는 사람은 스티븐 코비Stephen R. Covey가 『성공하는 사람들의 일곱 가지 습관』에서 말한 것처럼, 현안에만 쫓기는 삶을 살지 말고 자신의 미래를 위해 투자하는 삶을 함께 추구하며 살아가도록 노력해야 한다.

스트레스는 적당히 즐기되, 운동으로 관리하자

사업가는 사업을 하는 데 있어 월급쟁이보다 모든 면에서 더 많은 신경을 써야 하고, 이로 인해 규칙적인 생활도 어려워지며, 더 많은 스트레스를 받게 된다. 물론 어느 정도의 스트레스는 자신의 건강과 개인의 발전은 물론 회사 발전에도 긍정적인 역할을 할 수 있다. 그러나 스트레스가 사업가 스스로 감당할 수 없는 수준까지 이르는 경우에는 자신만의 스트레스 해소법을 터득해서 실천에 옮기는 것이 매우 중요하다. 예컨대, 정해진 시간에 규칙적으로 산책을 하거나 운동 등을 통해 스트레스를 해소하는 습관을 갖는 것이다.

특히, 기술벤처 기업가들은 저명한 과학자나 예술가처럼 몰입 상태에서 연구실에서 밤낮 없이 지내는 경우가 많다. 몰입 상태에서는 평소에 갈망하던 아이디어들이 쏟아져 나오고 약간의 쾌감이 동반되어 지칠 줄 모르고 일하게 된다. 이런 상태에서는 정신적으로 흥분이되어 잠을 못 이루게 되는데, 이런 상태가 지속되면 육체적 혹은 정신적으로 문제가 생길 수 있다. 이럴 때 규칙적인 운동을 병행하게 되면몰입도 지속하면서 건강하고 왕성한 활동을 할 수 있을 것이다.[22]

잘나가는 사업가나 CEO들은 나름대로의 스트레스 해소법을 갖고 있다. 『신격호의 비밀』에서 당시 90의 연세에도 왕성하게 활동한롯데그룹 신격호 회장은 그의 건강유지에 대한 비결을 이렇게 이야기한다.[23] "아침에 일어나면 정원에서 풀을 뽑고, 골프 클럽 휘두르는 연습을 하는 것이 전부입니다. 매일 40분 정도는 빠지지 않고 합니다. 매주 한 번씩 골프장에 나가고 한때 핸디 12까지 되었는데, 요즘은 핸디 18 정도입니다." 롯데그룹의 한 임원은 퇴근길에 을지로거리를 걷다가 신 회장이 혼자 걸으면서 상가를 돌아보는 것을 보고,모시겠다고 했더니 혼자 걷겠다면서 그냥 손사래 치며 지나쳐 간 적도 있다고 전한다.

오랫동안 매일 30분 단위로 사람을 만나 업무처리를 하는 것으로 잘 알려진 손병두 호암재단 이사장의 경우 KBS 이사장 시절에 점심식사 후 한 시간 정도는 여의도 광장이나 남산 등을 매일 산책함으로써 스트레스도 해소하고 건강관리도 했다. 한 유명 아동복 제조업체 회장인 필자의 동창은 매주 1회 고교 동창 보컬 모임에 나가 아마추어 가수로서 활동하며 스트레스를 해소한다. 돈과 시간이 많아 골

● ● ●
22. 황농문, 『몰입』, 〈건강한 몰입을 위해 운동하라〉 편, pp.89~90 참조.
23. 정순태, 『신격호의 비밀』, 〈신격호의 고백〉 편, p.173 참조.

프장이나 호텔 헬스장을 이용하는 사업가들도 있겠지만 돈과 시간이 허락하지 않더라도 스트레스를 해소할 수 있는 방법들은 많이 있으므로 본인의 의지만 있으면 된다. 또한 사업장이나 자택 주변에서 산책이나 가벼운 운동시간을 갖는 것은 사업에 새로운 아이디어를 더해 주기도 한다. 실제 성공한 사업가들의 좋은 아이디어는 이러한 틈새 시간에 얻는 경우가 많았다.

불행히도 대다수 사업가들은 일이 많고 바쁘다는 핑계로 스트레스 관리를 소홀히 하고 있다. 하지만 사업가들의 스트레스는 사업가 자신의 건강만 해치는 것이 아니라 함께 일하는 동료들에게도 나쁜 영향을 주게 되어 전체 기업의 생산성을 떨어뜨릴 수 있다. 특히, 회사의 대표가 거래처나 함께 일하는 임직원들에게 스트레스를 전가하는 행위를 하게 된다면 회사의 이미지가 나빠지고, 사업가의 리더십에도 부정적인 영향을 주게 된다.

만일, 사업상 중요한 거래 상담 등을 앞두고 사업가가 많은 스트레스에 시달리고 있다면 일단 모든 일을 접고, 스트레스나 긴장을 풀 수 있는 여유시간을 갖는 것이 좋다.

평상심을 유지할 버팀목을 만들자

사업가는 자유가 있지만 이에 상응하는 책임과 의무 또한 막중하다. 특히, 경기침체기에 사업상 시련이 닥치는 경우에는 눈물겹도록 힘들고 고독할 때가 있다. 심지어 사업을 송두리째 날릴지도 모를 의사결정을 해야 할 순간을 맞이할 수도 있다. 이런 고비를 맞았을 때에는 멘토나 이업종교류회 동료 사업가들의 조언 같은 것이 귀에 들어오지 않을 수도 있다. 바로 이러한 순간에 사업가에게 깊은 위안과 평화를 줄 수 있는 버팀목 중 하나가 바로 신앙이다. 믿음이 있는 자는 어떠한 고난에도 흔들리지 않는다. 오히려 위기 때 더욱 힘을 발휘할 수 있는 능력이 생기기 때문이다.

서양의 부자들과 달리 우리나라 부자들 중에는 신앙생활을 하는 것을 부담스러워하는 사람들이 많다. 아마도 성경 등에서 부자들에 대해 질책하는 말씀들이 많기 때문에 그런 것이 아닌가 싶다. 예컨대, "부자가 하늘나라에 들어가기는 낙타가 바늘귀를 통과하는 것보다 어렵다"라든지, 예수님께서 "나를 따르려는 자는 모든 것을 버리고 따라와야 한다"라는 성경말씀 등은 부자들의 심사를 뒤틀리게 한다고 생각하는 사람들이 적지 않다. 또한, 무엇은 하지 말라는 식의 금기사항이 많은 것도 사업을 하는 데 방해가 된다고 생각하는 사업가들이 제법 많다.

그러나 성경을 읽다 보면, 게으른 가난한 종들에 대한 질책이나 훈계하는 대목이 더 많다. 돈을 벌되, 깨끗하고 정당하게 벌어 많은 사람에게 일자리를 만들어 주고, 세금을 많이 내 국가발전에 기여하고, 어려운 이웃을 위해 베풀고 도와주는 부자들에 대해서는 오히려 칭찬해 주고 하늘나라가 그들의 것이라고 치하해 준다.

신앙생활은 사업을 하는 과정에서 정직하고 떳떳하게 돈을 벌도록 지혜를 주고, 번 돈의 사용에 있어서도 보다 의미 있고 가치 있게 사용하는 지혜를 주게 된다. 신앙생활 때문에 사업을 제대로 할 수 없다고 생각하기보다는 오히려 거래처로 하여금 상대방의 신앙생활을 이해해 주고 자신도 이를 본받아 건실하게 살아갈 수 있는 계기를 만드는 것이 기업의 발전은 물론 자신들의 건강을 위해서도 바람직할 것이다.

대기업 그룹의 회장이나 사업가들 중에도 독실한 신앙인이 적지 않다. 매일 새벽 5시에 일어나 성경말씀을 읽고 묵상하는 기업인, 온 가족이 함께 모여 저녁시간에 성서말씀을 통독하는 중견그룹 회장, 일요일이면 등산 겸 절을 찾는 사업가 등 그동안 필자가 가까이서 보아 온 사업가들 중에 열심히 사업을 하면서도 열심히 신앙생활하며, 어려운 때를 대비하여 늘 겸손하고 청빈하게 사는 사람들도 많다.

신앙의 정신에 따라 세계 각국의 가장 가난하고 공부할 여력이 없는 학생들에게 장학금을 주기 위해 2011년 12월 미국에서 이코노미석 비행기를 타고 서울을 방문한 다국적 의류패션 기업인 포에버21Forever21의 장도원 회장은 청바지 차림으로 공항을 나와 기사도 없이 혼자 차를 몰고 약속장소로 향했다. 평소 청바지 차림으로 출퇴근하는 장 회장이 한 지방대학 총장과 만나 장학금을 전달했던 모습은 청빈한 삶을 사는 기업인의 진면목을 보여 준 것이다. 그는 전 세계 480여 개의 매장을 갖고 있는 부자이다(2014년 기준으로 미국 부호 93위). 상상을 초월한 그의 청빈한 삶의 자세는 그의 기업가정신과 깊은 신앙심에서 비롯된 것이다. 열심히 사업을 하면서도 장 회장 부부는 매일 새벽예배에 참여하며, 자신처럼 공부 못하고 어렵게 자란 전 세계 젊은이들을 열심히 돕고 있는 독실한 기독교인이다.

　이제 사업을 시작하는 사람들도 나름대로 신앙생활과 사업을 조화롭게 병행할 수 있는 스마트한 기업인이 되길 바란다.

멘토를 찾아라

> 우리 모두 인생의 어느 때에 이르면 멘토가 필요하다. 멘토란 우리를 안내하고 보호하며 우리가 아직 경험하지 못한 것을 체화한 사람이다. 멘토는 우리의 상상력을 고취시키고 욕망을 자극하고 우리가 원하는 사람이 되도록 기운을 북돋워 준다. 멘토는 우리가 그를 필요로 할 때 나타나서 우리 삶을 풍요롭게 해 주는 대부나 대모와 같다고 할 수 있다.
>
> － 플로렌스 포크Florence Falk, 『미술관에는 왜 혼자인 여자가 많을까?』 중 －

　사업을 준비하거나 해 나가면서 훌륭한 스승을 만나 자문을 구하고, 어려울 때 지혜를 구하는 것은 매우 중요하다. 또한, 젊은이들의 경우 사회와 원활히 소통할 수 있는 기회를 얻게 되므로 중요하다. 자기 혼자서 멘토를 구하기 힘들면 대학에서 운영하는 멘토-멘티 제도를 활용하면 좋을 것이다. 멘토를 만나게 되면 창업을 준비하는 사람은 멘토와 상호 친분을 쌓게 되고 수시로 그와 만나 사업추진에 대한 컨설팅이나 자문을 받을 수 있다. 멘토는 후원하는 창업 준비자에게 기업경영의 생생한 현장을 간접 경험할 수 있는 기회를 제공하며, 도전과 극복의 기업가정신을 고취시켜 앞으로 일어날지도 모르는 사업위험에 대비할 수 있도록 돕는다.

맺음말

사업가의 길은 험난하고 힘들다. 그러나 사업을 하고 싶은 청년이나 직장을 은퇴한 베이비부머들이 창업을 두려워할 필요는 없다. 사업의 성패는 소비자와 시장에 달려 있다. 늘 소비자와 시장을 제대로 이해하고, 경쟁자보다 먼저 소비자가 필요로 하는 것을 찾아내며, 그들에게 더 많은 가치와 감동을 제공하는 데 헌신할 자세가 되어 있다면 용기를 내어 사업에 나서길 바란다.

국가 차원에서도 100세 시대를 맞아 모든 국민이 인생에 한 번쯤은 자신의 업을 통해 노후에 안정적인 경제적 삶을 영위할 수 있도록 도와주어야 한다. 특히, 젊은이나 베이비부머들이 사업에 성공하여 스스로 경제적인 문제를 해결하고 일자리 창출과 국가발전에도 기여할 수 있도록 사업하기 좋은 환경을 조성하는 데 힘써야 한다.

이를 위해서는,

첫째, 규제시스템의 혁신이 필요하다. 특히 규제의 틀을 현행 '원칙 금지-예외 허용Positive system'에서 '원칙 자유-예외 규제 방식Negative System'으로 전환해야 한다. 현재의 원칙 금지의 틀에서는 아무리 많은 건수의 규제가 완화되더라도 환경변화에 따라 새로운 사업을 하려는 경우에는 이 사업을 해도 되는 것인지 여부를 알 수가 없기 때문에 원칙적으로는 정부의 허가를 득해야 사업을 할 수 있게 되는 것이다. 특히, 융·복합 산업의 경우는 정부기관의 허가 없이는 사실상 어떠한 사업도 할 수 없다. 창조경제 정책이 성공하려면 이러한 규제의 틀부터 바꾸어야 한다.

둘째, 사업하기 좋은 생태계를 조성해야 한다. 기업의 자유로운 설립과 퇴출이 원활히 이루어지고 대내외 환경변화에 따라 조직을 유연하게 운영할 수 있어야 한다. 또한 기업 간 협력이 원활히 이루어질 수 있도록 제도적·문화적 환경 개선이 필요하다. 이를 위해서는 우선 저렴하게 사무실이나 사업장을 이용할 수 있는 환경을 만들어 주어야 한다. 또한 노동시장의 유연성이 제고되어야 한다. 예컨대 근로시간, 임금, 근로장소 등 근로조건이 유연하게 결정될 수 있어야 한다. 이제 모두가 한 번은 사업가로서의 삶을 살아가야 한다는 점을 인식한다면 노동계도 보다 유연한 노동시장 환경 조성에 앞장설 필요가 있다. 사업가와 근로자는 한배를 탄 것이다. 차이점이 있다면 잔여가치를 수입으로 하는 측과 사업이 손해를 보더라도 계약된 금액을 매달 미리 받는다는 점이 다를 뿐이다. 물론 사업가가 정직하고 투명하게 사업하고 회계처리를 한다는 전제에서 말이다.

셋째, 벤처·중소기업의 가장 큰 걸림돌인 판로개척 및 마케팅 활동을 디테일하고 체계적으로 지원할 수 있는 인프라 구축과 종합상사 기능의 활성화가 필요하다. 또한, 은퇴인력이나 대학 졸업생 등의 해외 취업이나 기업의 현지 적응을 도와줄 민간 네트워크 구축과 교육훈련센터 등의 운영도 필요하다.

넷째, 교육혁신을 통해 입시 위주의 주입식 교육을 창의교육으로 전환해야 하며, 도전정신과 리더십을 발휘할 수 있는 인재들을 양성해야 한다. 또한, 융·복합 시대에 적응할 수 있는 'T자형 인재(한 분야의 전문가이면서 주변의 다양한 분야와 소통하고 협력할 수 있는 인재)'의 양성이 필요하다.

다섯째, 벤처캐피탈의 투자자금을 확충하고, 투·융자기간을 10년 이상으로 확대하며, 창업기업들에 대한 지배구조 관리와 경영 컨설팅 기능을 강화해야 한다. 이를 위해 벤처투자자에 대한 세제혜택을 확대할 필요가 있다.

여섯째, 벤처기업이나 창업기업에 대한 투자 활성화를 위한 인수·합병 관련 제도의 개선과 의식 전환이 필요하다. 창업기업이나 벤처기업들의 투자자금 조달이나 지분 투자자들의 투자금 회수의 원활화를 위해서는 기업의 인수·합병의 활성화가 필요하다. 우선 인수·합병에 대한 우리 사회의 전반적인 인식 전환과 부정적인 시각이 개선되어야 한다. 인수·합병의 활성화가 벤처기업이나 중소기업의 사업위험을 줄여 주고 사업하고 싶어 하는 사람들을 늘어나게 하는 촉진제 역할을 한다는 점을 재인식해야 한다. 또한, 인수·합병을 시도하는 기업이나 설비투자를 늘리는 기업이 모두 동등하게 평가받으며 불이익이 없도록 해 주어야 한다. 기술개발이나 설비투자를 하는 기업에게만 세제혜택 등 인센티브를 주고, 기업의 인수·합병에 대해서는 합병 차익에 대한 과중한 세금을 부과해야 한다는 인식과 차별적 대우는 종국적으로 벤처·중소기업의 활성화에 도움이 되지 않는다.

일곱째, 특허기술이나 기업가치의 본질에 대한 이해와 가치평가 체제의 정비가 필요하다. 기업을 파는 사람과 사는 사람 간의 가치평가에 대한 인식 차이가 우리나라처럼 큰 사회에서는 투자자금 조달이 어렵고 인수·합병 시장의 발달도 쉽지 않다. 기본적으로 기업가치 결정은 지금까지 투하된 매몰비용Sunk Cost보다는 새로운 투자자의 미래 순현금흐름Net Cashflow과 기대수익률(위험을 고려한 할인율)에 의해 주로 결정되어야 한다. 그러나 현실 세계를 보면 기업을 팔려고 하는 사업자들은 이러한 가치평가 체계를 애써 이해하지 않으려는 경향이 있다. 따라서 투자 당사자가 서로 납득할 수 있는 기업가치 결정 시스템 구축과 인식개선이 이루어져야 한다.

여덟째, 기업의 투명성 제고와 함께 금융기관의 대출에 따른 담보 및 대표이사의 연대보증을 요구하는 관행이 시정되어야 한다. 이러한 전근대적인 대출관행은 사업을 하다가 실패하면 사업장 문을 닫는 것은 물론이고, 사업자의 가정과 친인척까지 경제적 고통에 시달리게 만들어 사업가가 재기할 수 있는 기회를 마련하는 것도 사실상 불가능하게 한다. 이제 금융기관은 벤처기업이나 중소기업 등에 대한 대출심사 및 사후관리 기능을 강화하여 대표이사 등의 연대채무

보증을 받지 않도록 힘써야 한다. 그래야 사업가들의 도전정신이 살아난다.

이밖에 저렴한 클러스터형 임대사업장의 공급 확대, 회계처리, 콜센터, 홍보 등의 아웃소싱 산업의 육성과 벤처기업이나 중소기업을 상시적으로 컨설팅하고 지원할 수 있는 공공인프라 구축도 시급하다. 이같이 사업하기 좋은 생태계가 조성되어야 누구나 혼자서라도 자신의 업을 가져볼 생각을 할 수 있다.

100세 시대에 우리 각자가 자신의 업을 영위하며 살아가는 일은 노후 문제의 해결은 물론 나라를 튼튼하게 하는 길이기도 하다. 즉, 사업의 길이 생존의 길이며 보국의 길인 것이다.

후기

이 책이 나오기까지 도움을 주신 분들이 많지만 몇 분에 대해 기록으로 남겨 두고자 한다.

우선 손병두 호암재단 이사장과 현명관 전 삼성물산 회장(현 한국 마사회 회장) 두 분께 깊이 감사드린다. 손병두 이사장은 1997년 IMF 외 환금융위기에 직면한 상황에서 필자에게 금융재정실장과 기업구조 조정센터 소장이라는 중책을 맡겨 우리나라의 금융개혁과 관련한 제 도 개선 연구는 물론 삼성 등 5대 그룹의 사업구조조정(소위 빅딜)을 실 무 총괄할 수 있는 기회를 주셨다. 이 과정에서 필자는 우리나라 산 업 전반을 폭넓고 깊이 있게 이해할 수 있는 계기가 되었으며, 기업 의 구조조정과 M&A 관련 제도와 실무를 깊이 이해할 수 있게 되었고 M&A와 관련한 박사학위 논문도 쓸 수 있었다.

현명관 회장은 필자에게 경제단체와 렛츠런재단에서 임원과 사 외이사로서 일할 수 있는 기회와 많은 신사업들을 추진할 수 있는 기회를 열어 주시고, 획기적인 권한이양과 함께 저항세력에 대한 보호 막이 되어 주셨다. 그분의 배려 덕분에 2000년대 들어 대기업 퇴직경 영자문봉사단 창설, 중소기업협력재단 신설, 지속가능발전기업협의 회KBCSD 설립, 문화완성보증제도CB의 도입, 각종 산업 및 특별대책 위원회의 운영 등을 통해 미래산업에 대한 이해의 폭을 넓힐 수 있었 다. 두 분은 지금까지도 여러 면에서 멘토로서 많은 지도편달을 해 주신다.

또한 필자에게 경제학의 세계를 보다 이론적인 측면에서 깊이 있 게 이해할 수 있는 계기를 만들어 준 김종석 국회의원(여의도연구원 원장), 김영용 전남대학교 교수 등 전 한국경제연구원 원장들께도 깊이 감 사드린다. 김종석 원장과 김영용 교수 두 분은 필자가 한국경제연구 원에서 많은 글을 쓸 수 있는 기회와 매주 2~3회씩 브라운백 세미나 등에 참여해 실물경제와 경제정책 등에 대해 성찰할 수 있는 기회를 주셨다. 그 덕택에 필자는 각종 신문 칼럼이나 잡지 등에 많은 글을 기고하게 되었다. 또한, 당시 재직기간 중 매주 원내 세미나와 토론 회에서 함께해 주신 한국경제연구원 박사들께도 깊이 감사드린다.

KT그룹의 황창규 회장을 비롯한 경영진, 맹수호 전 사장과 KTis 임직원들께도 깊이 감사드린다. KT그룹의 비전 설정과 '1등 KT', 'Single KT', '고객최우선', '정도경영' 등 4대 핵심가치 실현을 위한 조직혁신과 현장경영으로부터 많은 것을 경험하게 되었다. KTis 경 영진과 임직원들은 기업 현장경험이 없던 필자에게 수시로 열리는 경영위원회 등에서 상장기업의 의사결정에 필요한 많은 지식과 암묵지 등을 친절하게 전수해 주었다. KTis 직원들과는 매주 지식포럼을 통해 혁신과제를 발굴하거나 국내외 경영모범사례를 공유하고 새로운 사업기회를 마련하였다. 이 과정에서 함께해 준 조남훈 부장, 이윤영 직원을 비롯한 미디어마켓부문 사업기획팀 전원에게 깊이 감사드린다.

박상수 경희대학교 교수께도 오래전부터 여러모로 큰 신세를 지고 있다. 창업론이나 재무관리 등 강의할 기회와 매주 저녁 늦게 열리는 재무분야 세미나에 참여하여 많은 분들과 교류할 수 있게 하셨다. 학문적으로 연구할 기회가 적었던 필자에게 기업을 재무적 관점에서 깊이 있게 이해하는 데 많은 도움을 주시고 멘토 역할도 해 주셨다.

중소기업이나 벤처기업, 소상공인들과 소통과, 이들 기업의 문제점과 활성화 방안 등을 연구하도록 해 주신 이상연 회장(전 융복합중앙회 회장), 박인복 회장(소상공인연합회)과 제영호 사장(주식회사 JD솔루션), 홍순교 사장(LT전자), 장석환 대표와 이재통 발명가(주식회사 에어붐), 남승욱 이사(주식회사 위트콤), 김윤정 사장(홀릭디자인), 우재철 사장 등에게도 감사드린다. 특히, 이상연 회장께선 융복합중앙회 회장 시절 회장자문역으로서 중소기업을 깊이 있게 연구할 수 있게 해 주셨다.

벤처·중소기업을 자문하면서 우리 사회의 미래문제 해결에 관심을 갖고 함께 교류해 온 이에이파트너스 모임 정국현 전 삼성전자 부사장(전 동대문디자인플라자 총감독), 천의영 교수(광주폴리Ⅲ 총감독), 김명수 전무(전 롯데물산), 허익범 변호사(서울변호사회 부회장), 이증락 박사(전 국민은행 부행장), 김교성 전 IBK 부행장. 송인방 충남대학교 교수, 이동헌 박사 등에게도 깊이 감사드린다.

필자에게 기업의 기술개발과 관련한 국내외 정책 의사결정과정과 주요 선진국 기업들의 기술개발 동향에 대한 정보를 공유해 주고 컨설팅회사 관점에서 기업을 어떻게 바라보는지 등에 통찰력을 주시는 홍대순 이화여자대학교 교수(전 ADL컨설팅 부회장)과 기 준 사장(전 롯데물산 사장)께도 감사드린다.

지난 10여 년간 덕수포럼 운영위원으로 함께하면서 많은 배려를 해 주신 권영후 회장(주식회사 오성화학), 남기도 포럼 회장과 조재연 대표변호사(대륙아주법무법인), 배원기 홍익대학교 교수께도 감사드린다.

김동연 아주대학교 총장과, 강정애 숙명여자대학교 총장, 반장식 서강대학교 대학원장께도 깊이 감사드린다. 세 분은 정부의 정책 결정 및 자문 등에서 필자에게 많은 도움을 주었을 뿐만 아니라 많은 배려를 해 주셨다.

20년 이상 건설주택포럼에서 왕성하게 활동을 해 온 포럼 회원들과, 사단법인 창조와 혁신의 회장단과 회원들께도 감사드린다. 매월 조찬강연회 등을 통해 늘 새로운 시각에서 생각하고 분발할 수 있는 기회를 주신다. 이밖에 정기적으로 만나 함께 어려운 이웃을 위해 봉사하는 빈첸시오회 회원, 김수환추기경연구소 운영위원, 사랑평화의 집 운영위원, 조현세 회장을 비롯한 한국헬프에이지 임직원, 김용국 소장, 최승국 부사장, 박명혜 교수, 김상은 사장, 조성호 사장을 비롯한 15지구 기획위원회 위원들께도 깊이 감사드린다.

본서 집필 중에 많은 격려와 자문을 해 주신 평화방송발전위원회

위원님들과 이영렬 교수, 김영수 교수, 김이석 아시아투데이 논설실장, 삼성동 사무실에 함께하시는 한 훈 사장, 한동훈 사장, 조화준 사장께도 깊이 감사드린다. 특히 김이석 박사는 기업과 기업가정신에 많은 의견을 주셨다.

박종선 세종연구원 원장, 이수철 메이조대학교 교수, 이상민 이사 등 SDMI 및 동아시아지속가능발전연구원 관계자들에게도 깊이 감사드린다. 작가 이세욱과 한국은행에 재직 중인 이정욱 박사에게도 감사드린다. 이 두 아우는 필자에게 언제나 글을 쓰고 싶게 만드는 자극제 역할을 한다.

이 책을 내면서 아쉬운 점은 성공하는 사업가들의 특징 중 하나인 유연성에 대해 충분히 강조하지 못한 점이다. 급변하는 환경 속에서 가장 중요한 사업가의 덕목 중 하나가 바로 유연성이다. 유연한 사고와 유연한 대처는 사업을 하는 사람들에게 중요하다. 원칙과 기본에 충실한 사업가는 유연성을 소중히 한다는 점을 강조하고 싶었다. 이러한 아쉬움을 달랠 또 다른 기회가 있기를 바라며 글을 마친다.

사·업·의·길

부록

주요 창업지원 관련 기관

기관명	내용	부서	연락처
중소기업청	기획조정관(기획재정담당관 등), 중소기업정책국(정책총괄과 등), 소상공인정책국(소상공인정책과 등), 창업벤처국(벤처정책과 등), 경영지원국(기업금융과 등), 기술혁신국(기술정책과 등)		국번 없이 1357 1357@smba.go.kr
중소기업청 (기술개발사업 종합관리시스템)	관할 지방청 및 관련 전문기관과의 R&D 민원업무 수행		국번 없이 1357 www.smtech.go.kr
중소기업청 (중소기업수출 지원센터)	중소기업의 해외시장 진출을 지원하기 위해 수출유망 중소기업과 내수기업의 수출기업화, 해외규격획득 지원 및 수출, 무역, 마케팅 등 해외시장 진출과 관련된 정보를 제공		중소기업청 해외시장과 042)481-4469 중앙수출지원센터 02)761-4720~1 중진공 e비즈사업처 02)769-6715~6 www.exportcenter.go.kr
중소기업청 (기업마당)	중소기업의 특성(업종, 업력, 규모 등)을 분석해 성장단계별로 사업, 성과 우수사업, 우수기업 참여사업 등 추천		070)7510-3232 kosbi@bizinfo.go.kr
소상공인진흥공단 (소상공인포털)	소상공인을 위한 통합 정보 사이트로 창업자 및 사업자 대상 교육, 소상공인 컨설팅 사례, 나들가게 및 전통시장, 프랜차이즈 분석 등 창업 및 운영 관련 정보를 제공		1644-5302 www.sbiz.or.kr/sup

기관명	내용	부서	연락처
중소기업중앙회 (공공구매 종합정보)	중소기업제품 구매촉진 및 판로지원에 관한 법률에 따라 구축된 공공기관별 입찰정보와 입찰참여에 필요한 종합정보를 제공하는 공공기관 입찰정보 포털사이트		www.smpp.go.kr
중소기업진흥공단 (청년창업 사관학교)	청년창업자에 대하여 창업 절차, 기술개발, 시제품 제작, 시험생산, 판로개척 등 지원	중소기업진흥공단 청년창업 사관학교 (기술창업처)	031)490-1371~3, 1381~3 start.sbc.or.kr jinlotus@sbc.or.kr parkdi1026@sbc.or.kr
중소기업진흥공단 (중소기업연수원)	산업교육기관으로서 기술·품질·경영·IT 등 제반 분야에 걸쳐 기업실무 중심의 연수 프로그램을 개발·운영	안산연수원	sbti.sbc.or.kr 031)490-1472(일사천리)
		중소기업 호남 연수원	gjti.sbc.or.kr 062)250-3000~2
		중소기업 대구 경북연수원	gsti.sbc.or.kr 053)819-5001~2
		중소기업 부산 경남연수원	jhti.sbc.or.kr 055)548-8081
중소기업진흥공단 (고비즈코리아)	중소기업의 해외시장 개척을 위해 외국어 홈페이지, 전자카탈로그, 기업 블로그 등 온라인 인프라 구축을 지원하며, 온라인 타깃 마케팅 및 해외 바이어와의 거래알선 서비스를 통해 온라인 해외 마케팅 지원		kr.gobizkorea.com 02)1588-6234
중소기업진흥공단 (HIT500)	매년 시장에 새롭게 출시되거나 출시를 준비하고 있는 중소기업 유망제품을 발굴하여 온·오프라인 홍보 및 직접 판로·수출지원 관련 중소기업의 마케팅 활동 지원		www.hit500.or.kr 055)751-9753 055)751-9759
중소기업진흥공단 (수출인큐베이터)	해외시장 개척을 위해 현지 진출하는 중소기업의 조기 정착과 수출자생력 배양을 위하여 해외 주요 교역거점(11개국17개소)에 수출인큐베이터를 설치하여 사무공간과 마케팅, 법률, 세무·회계 자문 등 지원		055-751-9716 055-751-9729 www.sbc-kbdc.com

기관명	내용	부서	연락처
중소기업진흥공단 (중소·벤처기업 자산거래 중개장터)	사업전환기업, M&A 기업, 회생 기업, 파산기업, 재창업기업, 한 계기업 등 유휴자산 매각/매입 기업을 대상으로 기계설비, 공 장, 원자재, 무형자산 등의 온라 인 매매 지원		055-751-9626 055-751-9629 www.joonggomall.or.kr
중소기업진흥공단 (재도전 종합지원센터)	재도전이 가능한 창업안전망 구축을 위하여 법률, 세무, 회생 절차 상담 및 재창업 자금, 구 조개선전용자금 지원, 사후멘토 링까지 재도전의 전 과정 지원		055)751-9636 www.rechallenge.or.kr
kotra (중소기업 글로벌화 지원)	KOTRA 해외무역관을 활용해 중소기업에 필요한 기술, R&D 인력 등 글로벌 인재 발굴부터 인터뷰 주선, 이력 확인, 비자 추천, 채용 및 정착 등 지원하 는 글로벌인재발굴사업, M&A 를 통한 중소기업의 해외 판로 개척과 글로벌화 지원		KOTRA 유망기업지원팀 02) 3460-7440 KOTRA 글로벌 M&A 지원단 02)3497-1110 www.kotra.or.kr/
기업나라	기업 및 인물 성공사례, 중소기 업 신경영전략, 뉴비즈니스, 최 신 경영흐름, 자금 등 지원정보 제공		055)751-9125 nara.sbc.or.kr
테크타임즈	중소기업의 종합기술정보지. 국 내·외의 생생한 신제품과 신기 술 동향, 스페셜, 테크기업 등 첨단기술 소개		02)769-6628 tech.sbc.or.kr
대덕연구개발특구	특구 내 산·학·연의 연구개발 및 상호협력을 촉진하고, 연구 성과의 사업화 및 창업 지원을 통해 국가 신성장동력 창출		042)865-8800 www.ddi.or.kr

주요 창업지원제도

❶ 중소기업청의 주요 창업지원제도

❖ 금융 지원

1. 창업기업지원자금(기업금융과)
우수한 기술력과 사업성은 있으나 자금력이 부족한 중소, 벤처기업의 창업을 활성화하고 고용창출을 도모

2. 투융자복합금융자금(기업금융과)
기술성과 미래 성장가치가 우수한 중소기업에 대해 융자에 투자요소를 복합한 방식의 자금지원으로 창업활성화 및 성장단계 진입을 도모

3. 개발기술사업화자금(기업금융과)
중소기업이 보유한 우수 기술의 사장을 방지하고 개발기술의 제품화·사업화를 촉진하여 기술기반 중소기업을 육성

4. 신성장기반자금(기업금융과)
사업성과 기술성이 우수한 성장유망 중소기업의 생산성향상, 고부가가치화 등 경쟁력 강화에 필요한 자금을 지원하여 성장 동력 창출

5. 재도약지원자금(기업금융과)
사업전환, 구조조정, 재창업 지원을 통해 재도약과 경영정상화를 위한 사회적 기반 조성

6. 긴급경영안정자금(기업금융과)
경영애로 해소, 수출품 생산비용 등 긴급한 자금소요를 지원하여 중소기업의 안정적인 경영기반 조성

7. 매출채권보험제도 안내(기업금융과)
중소기업이 물품 또는 용역을 제공하고 구매기업으로부터 취득한 매출채권(어음)을

보험에 가입하고, 향후 구매기업의 채무불이행시 보험금 지급을 통해 중소기업의 연쇄부도 방지 및 경영안정 지원

8. 중소기업 신용보증지원제도(기업금융과)
담보가 부족하여 자금조달에 애로를 겪는 중소기업이 금융기관으로부터 자금 대출을 받을 수 있도록 각종 채무이행에 대하여 신용보증을 지원

9. 소기업·소상공인 신용보증(기업금융과)
지역신용보증재단을 통하여 신용상태가 양호하지만 담보력이 취약한 지역 내 소기업 및 소상공인에 대한 신용보증 지원으로 창업 및 경영안정 지원

10. 서민지원 햇살론 사업안내(기업금융과)
지역신용보증재단의 보증을 통해 서민금융기관의 서민대출을 확대함으로써 고금리의 사금융에 의존하던 서민층의 금융애로를 해소

11. 사회적 기업 전용 특별보증(기업금융과)
사회적 기업에 특화된 전용보증 지원을 통해 사회적 기업을 육성하여 취약계층에게 사회서비스 제공 또는 일자리 창출을 확대, 지역사회 이바지 도모

12. 성실실패자 재도전지원 특례보증(기업금융과)
도덕성에 문제가 없는 성실실패자에 대한 재기지원 가능성을 평가하여 재도전 기회를 제공하고 창업생태계 활성화 도모

❖ 인력

1. 중소기업 인력지원사업 안내(인력개발과)

2. 중소기업특성화고 인력양성사업(인력개발과)
중소기업 산업현장수요를 반영한 특성화고의 교육과정 개편, 교재 개발 및 보급 등 학교운영의 전반적인 지원을 통하여 맞춤형 기술기능인력 집중육성(중소기업 인력난 및 고학력 청년실업난 해소)

3. 기술사관 육성사업(인력개발과)
특성화고-전문대 연계 교육과정(4~5년)을 운영하여 중소기업 현장에서 필요한 전문 기술인력을 체계적으로 양성

4. 산학맞춤 기술인력 양성사업(인력개발과)
중소기업과 대학을 연계, 중소기업의 맞춤 기술인력 양성 및 공급을 통해 중소기업의 인력애로 해소 및 청년취업 촉진

5. 중소기업 계약학과(인력개발과)
중소기업 근로자 및 취업예정자를 대상으로 학위과정을 개설, 운영하여 직무능력 향상과 장기재직 유도

6. 중소기업 장기재직자 주택 우선공급(인력개발과)
중소기업 장기 근속자에게 주택 특별공급으로 주거생활 안정 및 중소기업의 인력유입 촉진

7. 산업기능요원제도안내(인력개발과)
군 소요인원 충원에 지장이 없는 범위 내에서 병역자원(현역 입영 또는 소집대상 보충역)의 일부를 중소제조업체(지정업체)에 기술·기능 인력으로 지원

8. 중소기업 인력지원 기본계획(인력개발과)
2만불 시대를 열어갈 활력 있고 창조적인 중소기업 육성을 위한 인력난 해소 및 인적 자원개발

❖ 창업/벤처

1. 창조경제박람회(벤처정책과)
벤처·창업에 대한 국민적 공감대를 확산하고 유공자 포상으로 벤처·창업기업인의 사기를 진작

2. 중소기업 창업지원계획(창업진흥과)
중소기업 창업을 촉진하고 창업자의 성장 발전을 지원하는 계획

3. 중소기업 회생컨설팅사업(재도전성장과)
경영위기에 직면한 중소기업의 법적 회생을 지원하여 신속한 경영 정상화 및 효율적 회생을 지원

4. 중소기업 진로제시 컨설팅사업(재도전성장과)
경영위기 중소기업에 대해 전문가그룹의 심층진단을 통해 청산 또는 회생 여부에 대해 진로를 제시하여 신속한 구조조정 및 재기를 지원

5. 벤처기업 주식매수선택권(스톡옵션) 제도(벤처정책과)
주식매수선택권(Stock Option)제도란 회사가 임직원의 근로의욕을 고취시키고, 우수 인력의 확보를 통하여 기술혁신 및 생산성향상을 도모하고자 회사의 임직원 등에게 자기주식을 미리 정해진 가격에 따라 일정기간 내 매수할 수 있는 권리를 부여

6. 재창업 전용 기술개발사업(재도전성장과)
재창업 전용 기술개발사업은 재기 중소기업의 R&D 지원을 통해 실패기업인의 경험·기술 등 사회적 자산의 사장 방지와 원활한 재기를 지원

7. 창업맞춤형사업화 지원사업(창업진흥과)

사업아이템의 경쟁력과 사업모델 차별화 가능성이 높은 창업 초기기업을 발굴하여 시장전문가 멘토링, 사업모델(Business Model) 개발, 아이템 검증·개발, 시장진입 등을 도와 빠른 수익창출 실현

8. 글로벌 청년 창업 활성화 사업(창업진흥과)

국내 창업기업의 해외 진출을 위한 미국, 중국 등 창업교육·보육 프로그램을 집중 코칭하고, 성공적 글로벌 창업·진출 제고

9. 창업투자조합결성승인 및 관리(벤처투자과)

중소기업창업지원법 제20조의 규정에 의한 창업투자회사가 결성 운영하는 창업투자조합의 등록 및 사후관리

10. 농·공·상 융합형 중소기업 육성(벤처정책과)

농어입인과 중소기업인이 연계하여 농수산물 등 농어촌자원을 활용하여 새로운 제품개발 또는 시장을 창출

11. 창업투자회사등록 관리(벤처투자과)

중소기업창업지원법 제10조의 규정에 의거 창업자에 대한 투자를 주된 업무로 하는 창업 투자회사 등록 및 사후관리

12. 중소벤처기업 인수합병(M&A) 지원(벤처투자과)

중소벤처기업의 M&A 활성화를 위한 인식제고 및 인프라 구축 등을 지원

13. 유휴설비·공장거래 알선사업(재도전성장과)

14. 중소기업 방송광고 지원제도 안내(벤처정책과)

정부의 중소기업 육성정책에 부응하고 우리 경제 활성화를 도모하기 위해 중소기업 대상 방송광고 마케팅 지원 및 매체별 광고비 할인

15. 개인투자조합결성(벤처투자과)

16. 대한민국 실전창업리그(창업진흥과)

창업 분위기 확산 및 창업 촉진을 위하여 학생 및 일반 예비 창업자 등을 대상으로 시제품 제작을 통한 우수 아이템을 선정 및 포상

17. 모태펀드투자관리(벤처투자과)

모태조합 출자를 통해 중소·벤처기업에 투자하는 벤처펀드를 결성하여 유망 창업·벤처기업의 투자 활성화 및 성장 지원

18. 중소기업상담회사 등록 및 변경(창업진흥과)

신뢰할 수 있는 컨설팅 회사를 중소기업청에 상담회사로 등록함으로써 중소기업에 보다 높은 컨설팅 서비스를 제공

19. 신기술창업집적지역 지정제도(벤처정책과)
대학·연구소의 일정지역을 '신기술창업집적지역'으로 지정하여 공장 설치를 허용하고, 각종 특례제도 등을 통해 신기술창업을 촉진

20. 창업사업계획 승인 제도(창업진흥과)

21. 벤처기업확인제도(벤처정책과)
벤처기업육성에 관한 특별조치법 제2조의 2규정에 의한 요건에 해당하는 기업을 벤처기업으로 확인하여 시장진입이 어려운 사업초기에 인적 및 물적 자원조달을 지원하는 제도

22. 협동화사업지원제도(벤처정책과)
다수의 중소기업(3개 이상)이 공동으로 집단화, 공동화, 협업화사업을 추진하여 입지문제를 해결하고, 투자비 및 원가절감 등을 통한 대내외 경쟁력 강화와 생산성 향상 지원을 위해 그 소요자금의 일부를 융자

23. BI 경쟁력 강화 사업(창업진흥과)
창업보육센터의 입주기업 보육 프로그램 운영 지원을 통해 개별 BI의 보육역량을 강화함으로써 창업보육센터 입주기업의 안정적인 성장을 도모

24. 창업아카데미(지식서비스창업과)
대학, 공공기관 등을 창업아카데미 교육기관으로 지정하여 창업교육을 실시하고 수료생에 대해 창업지원시책과 연계하여 창업 지원

25. 벤처기업집적시설 지원제도(벤처정책과)
도심 내 벤처기업의 입주 공간 확보가 용이하도록 일정요건을 갖춘 건축물을 「벤처기업집적시설」로 지정하여 각종 지원을 실시하는 제도

26. 창업대학원 운영지원(창업진흥과)
5개 창업대학원의 운영을 지원하여 예비창업자 및 창업 전문가를 양성('14년 기 지정한 5개 대학원에 대해서만 지원: 국민대, 계명대, 성균관대, 연세대(원주), 부산대)

27. 벤처기업육성 촉진지구 지정·지원제도(벤처정책과)
벤처기업의 성장 가능성이 높은 지역을 벤처기업 육성촉진지구로 지정하여 인프라 지원을 통해 지방 벤처기업의 집적화를 촉진하고 지역 균형발전 도모

28. 청소년 비즈쿨 지원사업(창업진흥과)
전국 초·중·고 비즈쿨학교를 지정하고 청소년 창업교육과 창업유망주 발굴과 창업영재 조기 발굴을 통한 새싹기업 육성 지원

29. 창업보육센터 지원(창업진흥과)
창업보육센터의 노후시설 개선, 일반건물의 BI 전환 등에 소요되는 건립비(리모델링)와 창업보육센터 운영에 필요한 인건비 등 일부 지원

30. 사업전환 지원사업(재도전성장과)

경영여건의 변화로 인해 현재 영위 업종에서 새로운 업종으로의 전환을 모색하는 중소기업을 대상으로 컨설팅, 자금 등 시책수단을 연계 지원하여 중소기업의 경쟁력 제고 및 산업구조의 고도화 촉진

31. 제조업 창업중소기업의 부담금 면제(창업진흥과)

중소기업 창업지원법 제39조의 3에 의하여 (2007.8.3~2017.8.2)기간 중 제조업 관련 창업 중소기업에 대하여 창업 후 3년간 물이용부담금 등 11개 부담금을 일괄 면제

32. 실패 기업인 재창업자금지원(재도전성장과)

실패한 중소기업인이 쉽게 재창업할 수 있도록 재창업 자금 신청자격, 재창업 자금 신청절차 등을 안내

33. 창업선도대학 육성(창업진흥과)

창업 단계별 정책수단을 패키지 방식으로 일괄 지원하여, 선도대학 중심으로 창업 클러스터 형성 유도

34. 시니어 기술창업 지원사업(지식서비스창업과)

만 40세 이상 퇴직자의 전문성과 경력을 활용한 기술창업교육 및 창업센터 운영

❖ 기술/R&D

1. 이공계전문가 기술개발 서포터즈사업(기술협력보호과)

이공계전문가 기술개발 서포터즈사업은 중소기업 및 중견기업이 생산현장에서 직면하는 기술애로를 외부 이공계전문가를 통해 효율적으로 해결할 수 있도록 지원하는 사업

2. 기업서비스연구개발사업(기술개발과)

서비스 분야 신규 비즈니스 모델 창출 및 창의적인 서비스 제품 개발 지원으로 중소기업 경쟁력을 제고하기 위한 사업

3. 창업성장기술개발사업(기술개발과)

성장잠재역량을 보유하고 있으나 기술개발 자금 부족으로 어려움을 겪고 있는 소규모 창업기업 및 1인 창조기업에 기술개발 자금을 지원해 주는 사업

4. 기술혁신형 중소기업(INNO-BIZ)육성사업(생산혁신정책과)

기술경쟁력과 미래 성장가능성을 갖춘 기술혁신형 중소기업(이노비즈, Inno-Biz)을 발굴·선정하여 자금, 기술, 판로 등 정부의 지원시책 연계를 통해 글로벌 경쟁력을 갖춘 혁신기업으로 육성

5. 경영혁신형 중소기업(MAIN-BIZ)육성사업(생산혁신정책과)

서비스업, 문화산업 등 비기술 분야 기업군에서 경영혁신활동으로 기업의 경쟁력 확

보 및 미래 성장가능성이 있는 중소기업을 발굴·선정하여 자금, 기술, 판로 등 정부의
지원시책 연계를 통해 글로벌 경쟁력을 갖춘 혁신기업으로 육성

6. 중소기업 R&D기획역량제고사업(기술개발과)

R&D의 목표 설정, 추진방법 및 절차 등을 수립할 수 있는 기획역량이 부족한 중소기
업의 기획을 지원하고, 중소기업 재직자를 대상으로 R&D기획역량강화 교육을 지원
하는 사업

7. 제품·공정개선 기술개발사업(기술협력보호과)

R&D역량이 부족한 중소기업의 제품 공정개선 분야 기술개발 지원을 통해 제품경쟁
력 강화 및 생산성 향상 제고

8. 중소기업 기술혁신개발사업(기술개발과)

FTA 대응 글로벌 전략품목 및 첨단기술, 투자유망 분야 등 혁신기업의 미래 성장유망
기술개발과 고성장기업의 기술개발을 지원하여 글로벌 중소기업으로 육성

9. 구매조건부 신제품개발사업(생산혁신정책과)

수요기관(정부, 공공기관, 대기업 등)이 구매의사를 밝히고 기술개발을 제안한 과제에
대해 중소기업이 개발하는 사업

10. 중소기업 융·복합 기술개발사업(기술협력보호과)

기술혁신형 중소기업 등을 중심으로 구성된 개방형 R&D협력체의 이종기술간 융합
R&D를 통한 창의적 신기술, 신제품, 신시장 창출 지원으로 중소기업 경쟁력 강화 및
성장기회 제공

11. 산학연협력 기술개발 지원사업(기술협력보호과)

대학 및 연구기관의 기술개발 자원을 활용하여 기술력이 취약한 중소기업의 신기술·
신제품 개발을 지원

12. 글로벌시장형 창업사업화 기술개발(TIPS 프로그램)(창업진흥과)

세계시장을 선도할 기술아이템을 보유한 유망 창업팀을 선발하여 엔젤투자-보육-
정부R&D를 일괄 지원

13. 연구장비 공동활용 지원사업(기술협력보호과)

대학, 연구기관이 보유한 첨단 연구장비의 중소기업 공동활용을 지원하여 국가 장
비 활용도 제고 및 중소기업의 기술경쟁력 향상

14. 중소기업 품질혁신(싱글PPM 등) 지원(생산혁신정책과)

중소기업의 품질경쟁력 강화를 위해 싱글PPM 등 품질혁신시스템 도입을 지원

15. 공산품 시험·분석 및 계량·계측기기 교정(생산혁신정책과)

시험·분석 중소기업이 생산하는 제품의 품질향상과 신제품개발 지원을 통한 기술
혁신 지원

16. 시험연구장비 무료이용개방(생산혁신정책과)

지방중소기업청이 보유하고 있는 시험연구장비를 중소기업이 손쉽게 이용할 수 있도록 연중무휴 이용개방

17. 민관공동투자기술개발사업(기술개발과)

정부와 대기업, 공공기관이 공동으로 중소기업의 기술개발에 투자지원자금(협력펀드)을 미리 조성(약정)한 후 투자기업의 신제품 및 국산화 개발수요에 따라 개발과제를 발굴, 제안하고 정부는 개발에 적합한 중소기업을 선정하여 개발비를 지원하는 사업

18. 뿌리기업 육성 사업(기술협력보호과)

자동차, IT 등 타 산업의 품질경쟁력 제고의 필수적인 요소인 공정기술(뿌리산업) 육성을 위해 뿌리기술 전문기업 지정, 기술지도 및 교육, 해외연수 등 지원 (뿌리산업: 주조, 금형, 소성가공, 용접, 열처리, 표면처리)

❖ 판로/수출

1. 중소기업 공동 A/S 지원(공공구매판로과)

우수한 제품을 생산하고도 자금, 인력 등이 부족해 자체적으로 A/S 시스템을 갖추기 어려운 중소기업에게 전국적인 중소기업 A/S 시스템을 지원하여 중소기업 제품 경쟁력 강화와 고객 신뢰도 향상을 통한 판로 확대를 지원

2. 중소기업 브랜드 지원(공공구매판로과)

5개 이상의 중소기업이 공동마케팅을 위하여 공동상표 개발, 홍보를 추진하거나 OEM 중소기업이 자체브랜드 홍보를 추진할 경우 홍보비를 지원

3. 중소기업제품 홍보지원사업(공공구매판로과)

품질과 성능이 우수한 중소기업제품을 발굴, 온·오프라인 매체를 활용한 홍보 지원을 통해 중소기업 우수제품의 인지도 향상과 판로개척을 지원

4. 중소기업 구매상담회·판매전 지원(공공구매판로과)

중소기업 관련 조합 및 단체가 국내에서 구매상담회를 개최할 경우 소요되는 경비의 일부(전시장 임차료, 부스설치비, 홍보비)를 지원하는 사업. 또한 자체 구매상담회를 개최하여 중소기업과 전문 바이어와의 '상담의 장'을 제공하고 판매전을 통해 대형 유통업체와의 판매 행사를 지원

5. 중소기업 마케팅 이노베이션(공공구매판로과)

시장에서 잘 팔릴 수 있는 창조적 기술개발·혁신제품을 발굴하여 소비자반응조사, 마케팅전략수립, 제품개선의 마케팅 능력 제고를 통해 중소기업제품의 시장진출 촉진 및 제품 경쟁력 향상을 지원하는 사업

6. 온라인 판로지원(공공판로지원과)

중소기업제품의 온라인시장 입점 판매가 가능하도록 제품 상세페이지 및 홍보 동영상 제작 지원 및 온라인 판매기획전 수시 개최를 통한 판촉, 홍보 지원

7. 중소 소모성자재 납품기업 지원(동반성장지원과)

중소 소모성자재 납품업 지원센터로써 실태조사, 마케팅지원, 공동 MRO몰 시스템을 통한 구매대행사업 종합 서비스를 제공하여 중소 소모성자재 납품업체의 경쟁력 강화를 지원

8. 중소기업제품 전용판매장 설치·운영(공공구매판로과)

민간·공공 상업시설 내에 중소기업제품 전용판매장 개설·운영을 통해 창업 및 혁신기업의 아이디어 창조혁신제품 판로개척을 지원하는 사업

9. 중소기업제품 공공구매제도(공공구매판로과)

중소기업제품 공공구매제도의 원활한 운영을 통해 중소기업의 매출 증대 및 판로 확대

10. 중소기업 수출역량강화사업(해외시장과)

수출실적 100만불 미만의 기업을 대상으로 첫 수출 준비활동 및 해외시장 진출 마케팅 활동을 지원하여 기업의 글로벌 역량을 강화

11. 중소기업 무역촉진단 파견사업(해외시장과)

해외 틈새시장 개척을 위해 전문 업종 위주의 무역촉진단 파견 및 수출컨소시엄 구성을 통한 수출저변 확충 및 수출촉진

12. 해외민간네트워크 활용사업(해외시장과)

해외 현지 경험과 전문 컨설팅 능력을 갖춘 해외 진출 지원 전문 컨설팅사 또는 마케팅사에서 해외민간네트워크를 지정하고, 해외 현지정보가 부족한 해외진출 희망 중소기업을 지원 하여 성공적인 해외진출 도모

13. 해외규격인증획득 지원사업(해외시장과)

14. 수출금융 지원사업(해외시장과)

담보부족 등으로 시중은행 무역금융 이용에 애로가 있는 수출 중소기업의 수출을 촉진하기 위해 수출자금을 신용위주로 지원

15. 수출인큐베이터 설치(해외시장과)

세계경제의 주요 교역거점에 수출인큐베이터를 설치·운영하여 중소기업의 해외진출 초기 위험부담을 줄이고 조기정착을 지원하여 중소기업의 해외진출 확대 및 수출증대

16. 수출유망 중소기업 지정(해외시장과)

성장가능성이 높은 중소기업을 발굴하여 중진공, KOTRA 등 23개 수출지원기관의 우대지원을 통해 수출유망 중소기업으로 육성(비예산사업)

17. 대·중소기업 구매상담회 개최(동반성장지원과)
대기업의 구매 방침 설명 및 납품 업체에 대한 비즈니스 상담을 통해 신규 판로 개척 및 협력 기회 제공

❖ **전통시장/소상공인**

1. 희망리턴패키지(소상공인지원과)
폐업예정 소상공인이 안정적으로 폐업하고, 임금근로자로의 전환을 시작할 수 있도록 컨설팅, 교육, 융자 등 패키지 지원

2. 나들가게 지원(소상공인지원과)
골목슈퍼가 스스로의 변화와 혁신을 통하여 경쟁력을 갖출 수 있도록 판매시점관리(POS)프로그램, 점주선택형 사후관리, 공동세일전 등을 지원하며, 지역특화형 나들가게 육성을 위해 '나들가게 육성 선도지역'을 지정하여 집중 지원

3. 소상공인사관학교(소상공인지원과)
성장가능성이 높은 유망아이템 중심으로 예비창업자를 선발하여 창업교육, 점포경영 체험, 창업멘토링을 패키지로 지원

4. 재창업패키지(소상공인지원과)
특화형 및 비생계형 업종으로 전환하고자 하는 소상공인에게 전문교육 및 멘토링을 지원

5. 소상공인방송(소상공인지원과)
소상공인과 전통시장 상인에게 유용한 창업·경영정보를 방송(TV)을 통해 상시 제공하여 정보 부족으로 인한 경영애로를 해소

6. 상권정보시스템(소상공인지원과)
점포현황, 인구구성, 주거형태, 유동인구, 임대시세, 매출정보 등 상권분석에 필요한 자료를 34개 기관으로부터 제공받아 49종의 상권분석 정보를 제공

7. 소상공인 정책자금 융자(소상공인지원과)
소상공인의 경영안정 및 공동 협업화 지원 등 신규 고용창출, 고용유지 및 국가경제의 균형 발전을 지원

8. 중소유통 공동도매 물류센터(소상공인지원과)
중소유통업체가 공동구매 및 공동물류를 통하여 상품조달가격을 낮추고 필요한 상품을 원활히 공급받을 수 있도록 중소유통공동물류센터(이하 "물류센터"라 한다) 건립을 지원

9. 소상공인 컨설팅 지원(소상공인지원과)
소상공인의 경영능력 강화를 위한 컨설팅

10. 소상공인 e-러닝 교육(소상공인지원과)
집합교육에 참여가 어려운 소상공인의 경영환경을 고려한 맞춤식 교육으로 인터넷을 통해 경영개선 및 창업교육

11. 신사업 사업화 교육(소상공인지원과)
신사업 아이디어를 사업화하고자 하는 소상공인 및 예비창업자에게 성공적인 시장 진입 및 자생력 제고를 위해 이론 및 실습교육을 지원

12. 소상공인 무료법률구조 지원사업(소상공인지원과)
소상공인 상거래 관련 무료법률지원

13. 소상공인 경영교육(소상공인지원과)
소상공인이 경영, 기술 환경 변화에 대처할 수 있도록 경영개선교육 및 전문기술교육을 지원

14. 소상공인 전용교육장 지원(소상공인지원과)
주간에 교육을 받기 어려운 직장인 및 소외계층 등을 위한 창업교육 지원 및 소상공인 협회, 단체에 교육장소 무료 제공

15. 프랜차이즈 수준평가(소상공인지원과)
프랜차이즈 가맹본부를 대상으로 자율 신청에 따라 가맹본부의 역량을 평가. 프랜차이즈 시스템 구성 요소간의 관계 등을 평가하며, 이에 따라 수준별 연계지원을 실시

16. 유망소상공인 프랜차이즈화 지원(소상공인지원과)
프랜차이즈 가맹본부가 되고자 하는 소상공인 또는 소규모 운영체를 대상으로 프랜차이즈 브랜드로써 성장하도록 지원하는 사업. 가맹본부 시스템체계, 브랜드 디자인 및 IT환경 구축 등에 소요되는 비용의 일부와 멘토링, 홍보 등 지원

17. 소상공인 협동조합 활성화 지원사업(소상공인지원과)
소상공인 협동조합활성화 지원사업은 국내외 대형업체 등에 대응할 수 있는 경쟁력을 제고하고자 공동브랜드개발, 공동마케팅, 공동장비구매 등 공동의 사업에 소요되는 비용을 지원하는 사업

18. [전통시장]시설현대화사업(시장상권과)
전통시장의 환경개선 및 시설현대화를 통하여 고객 및 매출증대로 상권 활성화 도모

19. [전통시장]주차환경개선사업(시장상권과)
전통시장이나 상점가 이용 시 고객이 가장 불편함을 느끼는 주차문제를 완화함으로써 고객·매출 증대 등 활성화 지원

20. [전통시장]시장경영혁신사업(시장상권과)
전통시장의 경영혁신을 지원하여 고객 및 매출 증대를 도모하고 상권 활성화를 촉진

21. 중소기업사업조정(소상공인정책과 중소기업사업조정팀)
대·중소기업간 현저한 경쟁력의 불균형에 따라 중소기업에게 미치는 심각한 경영
상 피해를 사전에 방지하기 위함으로, 법령에 의한 획일적 처리보다 상호 조정하는
과정을 통해 상생방안을 도출

❖ 1인 창조기업/컨설팅

1. 스마트창작터(콘텐츠, 소프트웨어 등 유망지식서비스분야 창업 지원)
(지식서비스창업과)
전국 스마트창작터에서 앱, 콘텐츠, 소프트웨어 등 ICT 기반 유망지식서비스분야 전
문교육 및 창업 지원

2. 1인 창조기업 마케팅 지원사업(지식서비스창업과)
마케팅 능력이 부족한 1인 창조기업에게 수행기관을 통한 맞춤형 마케팅을 지원하여
1인 창조기업의 사업화 역량을 강화

3. 중소기업 컨설팅 지원사업(지식서비스창업과)
중소기업의 특성에 맞는 맞춤형 컨설팅을 지원하여 성장기·정체기 기업의 지속성장
을 위한 근본체질 강화 및 글로벌 경쟁력 확보

4. 지도사 자격증 관리 및 운영(지식서비스창업과)
중소기업청은 중소기업의 경영합리화와 기술혁신의 실현을 통해 중소기업의 경쟁력
을 강화시키고자 경영지도사와 기술지도사를 국가자격증으로 관리·운영

❖ 여성/장애인

1. 여성기업확인 절차 안내(공공구매판로과)
공공기관의 여성기업 생산제품 구매를 위한 여성기업 확인절차 안내

2. 여성기업 육성(공공구매판로과)

3. 장애인기업 육성(공공구매판로과)

❖ 중견기업

1. 2015년 중견기업 실태조사(중견기업정책과)

2. 2016년 중견기업범위해설집(중견기업정책과)

3. 중견기업 성장촉진 시행계획(중견기업정책과)
중견기업 성장촉진 및 경쟁력 강화에 관한 특별법 제6조에 의거하여 매년 중견기업
성장촉진 시행계획을 수립하여 시행

4. 중견기업 성장촉진 5개년 기본계획(중견기업정책과)

5. 중견기업 확인제도(중견기업정책과)
신청기업이 중견기업 성장촉진 및 경쟁력 강화에 관한 특별법 제2조 제2호에 의한 중
견기업임을 확인하는 제도

6. World Class 300 프로젝트 지원(기업혁신지원과)
글로벌 기업으로의 성장의지와 잠재력을 갖춘 중소·중견기업을 World Class기업으
로 육성함으로써, 취약한 산업의 허리를 강화하고 성장동력을 지속적으로 확충하며
질 좋은 일자리 창출

7. 중견기업 세제 부담완화(중견기업정책과)
중소기업에 적용되던 각종 세제혜택에 대해 중소기업 졸업 이후 Soft Landing을 위한
중견기업에 대한 세제부담 완화

8. 중견기업 금융 지원(중견기업정책과)
중소기업 졸업 시 중소기업 정책자금 지원 배제에 따른 초기 중견기업의 자금애로 해소

9. 우수인재 유치·확보 지원(기업혁신지원과)
혁신역량 제고를 위해 중소·중견기업 핵심 R&D 인력의 장기근속 등을 지원하고 외부
우수인재 활용 촉진

10. 글로벌화 촉진(기업혁신지원과)
중견기업이 글로벌 기업으로 성장할 수 있도록 해외시장·판로 개척 지원

11. 글로벌 강소기업 육성사업(기업혁신지원과)
수출 500만불 이상 기업 중 수출잠재력이 우수한 기업을 선정하여 글로벌 역량진
단부터 R&D, 해외마케팅, 수출금융을 지원하여 수출 5천만불 이상의 글로벌강소
기업으로 육성하는 프로그램

❖ **정보화/기타**

1. 생산현장디지털화사업(기술협력보호과)
생산공정의 비효율적 요소 제거 및 생산성 향상을 위한 기업별 맞춤형 정보시스템 구
축 지원

2. 경영혁신플랫폼기반 정보화지원사업(기술협력보호과)
  중소기업의 경영 생산현장에 ICT를 접목하여 경영효율성 제고 및 생산성 향상

3. 기술보호상담(기술협력보호과)
  기술유출의 사전예방 및 신속한 사후대응 등을 위해 보안(기술), 법률 등 분야별 전문
  상담 지원

4. 기술자료임치(기술협력보호과)
  중소기업의 기술자료를 임치기관에 보관하여 기술보호를 위한 증빙자료로 활용하고,
  안정적인 기술사용을 보장

5. 기술지킴서비스(기술협력보호과)
  중소기업 전산망의 실시간 모니터링을 통해 온라인을 통한 기술유출이나 해킹, DDoS
  등 외부공격에 대한 방지 및 대응 지원

6. 기술유출방지시스템구축(기술협력보호과)
  중소기업의 보안인프라에 대한 정밀진단 및 설계를 통해 기업환경에 적합한 보안시
  스템 구축지원

7. 중소기업 옴부즈만 운영(옴부즈만지원단)
  중소기업 및 소상공인의 경영환경에 불편을 주는 불합리한 규제애로의 발굴 및 해소

8. 가업승계지원(중견기업정책과)
  경영후계자 양성, 인식개선 및 정보제공 등 원활한 가업승계를 통해 장수기업으로 성
  장할 수 있는 토대 마련

9. [기타] 중소기업 조세지원(정책총괄과)

10. [기타]중소기업회계기준 해설(정책총괄과)

11. [기타]공공데이터개방자료실(고객정보화담당관실)

❷ 소상공인진흥원의 주요 창업지원 기구

❖ 창업지원 기구

1. 불공정거래 피해상담센터(소상공인시장진흥공단)
  불공정한 거래로 인한 소상공인의 권익보호 및 피해 대응력 제고를 위해 '소상공인
  불공정거래 피해상담센터' 운영

2. 신사업 사업화 교육(소상공인시장진흥공단, 중소기업청 소상공인지원과)
  신사업 분야 확산을 위한 사업화 교육

3. 소상공인 사관학교(소상공인시장진흥공단, 중소기업청 소상공인지원과)
현장 체험 중심의 창업교육

4. 소자본 해외창업 지원(중소기업청 소상공인지원과, 소상공인시장진흥공단)
신흥개도국 해외 현지 창업을 위한 교육 및 컨설팅 지원

5. 소상공인방송(중소기업청 소상공인정책과, 소상공인방송)
소상공인과 전통시장 권익을 대변하는 국내 유일 전문 채널

6. 상권정보시스템(콜 센터, 중소기업청 소상공인정책과)
창업 예정지의 점포 현황, 인구구성, 주거형태, 유동인구, 임대시세, 매출정보 등 상권
분석에 필요한 자료를 37개 기관으로부터 제공받아 49종의 상권분석 정보를 제공

❖ **소상공인진흥원 권역별 창업지원 예시**

권역별	창업지원 제도
서울/강원	• **서울시 창업스쿨**(서울산업진흥원): 예비창업자 및 초기창업자의 창업실전 온·오프라인 교육 • **소상공인 창업아카데미**(서울산업진흥원): 창업자금 대출 보증신청 필수 온·오프라인 교육
인천/경기	• **경기도 소상공인 창업아카데미**(경기중소기업종합지원센터 소상공인지원센터): 창업기본 및 경영개선 교육, 업종별 전문교육 운영
대구/경북	• **대구시 섬유패션디자인창업보육센터 지원**(섬유패션디자인창업보육센터): 섬유, 패션, 텍스타일 디자인 분야의 참신한 능력을 갖춘 창의적 인력을 발굴하여 창업 • **경상북도 장년창업지원사업**(경북창업지원센터): 장년층의 풍부한 경험과 다양한 아이디어를 사업화로 연결시켜 창업을 촉진하고 성장 환경을 조성하여 실업난 해소와 신규 일자리 창출 도모
부산/ 울산/경남	• **부산시 1인 창조기업 비즈니스센터**(부산경제진흥원 창업성장지원센터 「부산시 1인 창조기업 비즈니스 센터」): 부산소재 1인 창조기업 육성 지원을 통한 일자리 창출 • **부산시 갈매기 창업사관학교 운영**(부산광역시 신성장산업과, 부산정보산업진흥원): SW분야 창업을 준비 중인 청년창업자를 선발하여 창업계획 수립부터 사업화까지 창업의 전 과정 일괄 지원을 통해 창업성공률 제고

권역별	창업지원 제도

부산/울산/
경남
	• **부산시 창업 단비 프로젝트 운영**(부산광역시 신성장산업과, 부산정보산업진흥원)**:**
	  클라우드 기반 창업자 개발환경 지원시스템 구축
	
	• **부산시 창업강좌 개설 운영**(부산광역시 민생경제과, (재)부산경제진흥원)**:**
	  창업희망 시민들에게 창업관련 아이템과 정보제공 등 체계적이고 전문적인
	  교육을 통해 실질적인 창업이 이루어질 수 있도록 지원함으로써 실업해소 및
	  고용창출로 지역경제 활성화에 기여
	
	• **부산시 '자영업에 희망을' 공동프로젝트 지원**
	  (부산경제진흥원 지식서비스산업지원센터)**:**
	  부산지역 서비스업 자영업자들을 대상으로 창업, 금융 등 경영상
	  애로사항들에 대한 종합적인 컨설팅을 지원하여 자영업자의 실질적인
	  경영활동 개선 및 지역경제 활성화를 도모

광주/전라/
제주
	• **1인 창조기업 육성사업**((재)광주디자인센터 「1인 창조기업 비즈니스센터」)**:**
	  광주광역시 북구 소재 1인 창조기업 및 예비창업자 대상으로 창업을 위한
	  전문가 상담, 창업 기자재 구축을 지원

주요 벤처투자 관련 기관

기관명		내용	연락처
국내 주요 벤처 투자 기관	현대기술투자	창업자 및 벤처기업에 대한 투자	(02)728-8990
	삼성벤처투자	창업자 및 벤처기업에 대한 투자	(02)2255-0299
	파트너스 인베스트먼트	창업자에 대한 투자 및 구조조정대상 기업에 대한 투자, 벤처기업에 대한 투자	(02)6248-7600
	대성창업투자	창업자에 대한 투자, 벤처기업에 대한 투자, 창업투자조합의 결성 및 업무 진행, 해외기술 알선, 보급 등	(02)559-2900
사모 펀드 운영 기관	로커스 캐피탈 파트너즈	국내외 기업의 자본 유치 및 인수·합병 등 기업 재무자문 업무 제공, 사모펀드 구성 및 운영	http://www.locuscp.com/index.php
	서울인베스트	기업구조조정 및 인수·합병 관련 업무, 사모펀드 운영	http://www.ibseoul.com/
기타	벤처기업협회	중소기업 융합R&D 현장 기획 지원	http://www.smtcs.or.kr/

계약서 작성 시 유의사항

* 자료: 대한상사중재협회

계약서는 표지 제목이 계약서라고 되어 있거나 각서·합의서·협정서 등으로 되어있더라도 그 제목에 의하여 구속력이 발생하는 것은 아니며, 합의된 내용에 의하여 결정되게 된다. 즉, 해당 문서에 표현되어 있는 내용을 법률적으로 판단하여 계약으로 인정된다면, 그 제목이 어떻게 되어 있든 그 문서의 법률적 성질은 계약서이다. 계약서 작성 전에 일반적으로 알아야 할 사항은 다음과 같다.

❖ 여러 장인 계약서의 관리

계약서가 한 페이지로 되어 있으면 문제가 없으나, 수록될 내용이 많아 여러 장의 용지를 사용하는 경우에는 하나의 파일로 합쳐야 되는데, 나중에 여러 장이 하나의 계약서라는 것을 입증하는 것이 문제가 된다.

현재 우리나라에서는 합친 여러 장의 용지 사이에 간인을 함으로써 나중의 분쟁 시 입증 자료로 사용한다. 간인은 당사자 쌍방은 물론 입증인이나 중개인, 보증인 등이 있을 때에는 그들의 날인도 받아야 한다.

❖ 용어 및 문자

• 내국인 간 계약

횡서·종서 어느 것이든 무방하나, 다만 당사자 사이에서 다르게 해석될 가능성이 있는 용어의 사용은 피해야 한다. 자구의 변조를 막기 위하여 가급적이면 한자를 함께 사용(특히 금액 등을 숫자로 표시하는 경우)하는 것이 좋다.

• 내국인 간 계약

원문과 번역문과의 관계를 계약서에 명기하여야 한다. 즉, 원문과 번역문의 의미가 다를 때 어느 것이 우선인지 등을 기재한다. 또한, 원문상의 문자가 모어가 아닌 외국인 당사자(예를 들면, 한국어가 원문으로 된 경우의 외국인)가 그 계약의 내용을 이해하는데 있어서 원문으로 직접 이해시키는 방법을 택하는 한편, 그 뜻을 계약서에 기재하는 것이 좋다.

❖ 문언의 구체성과 추상성

계약의 문언은 다른 해석을 허용치 않는 명확한 것, 즉 구체성이 있는 것으로 상세하고 면밀하게 하는 것이 좋다. 그러나 어떠한 상황하에서 계약을 체결하였지만 그때 예상치 못하였던 사태가 발생하거나 또는 사정이 변경되거나 하는 경우 등에 대비하여 여러 경우에 대응할 수 있도록 추상적으로 표현할 필요도 있다.

❖ 공증

(1) 공증을 하는 이유는 첫째, 공증인과의 상담을 통하여 분쟁의 가능성을 사전에 예방할 수 있고 둘째, 공증된 서류는 위조 또는 변조의 우려가 없으므로 증거력이 있으며 셋째, 어음·수표나 금전소비대차 등에서의 일정한 금전, 기타의 대체물 또는 유가증권의 지급을 목적으로 하는 법률행위에 관하여 공증을 하게 되면, 이에 따른 증서는 집행문을 부여받을 수 있어 소송절차 없이도 바로 강제집행할 수 있기 때문이다.

(2) 공증의 대상이 되는 법률관계의 예로는 어음·수표의 거래, 매매·금전소비대차·임대차계약, 채권의 양도, 질권의 설정, 주식회사와 유한회사의 설립 시의 정관, 인증 제외 대상 법인 이외의 법인의 등기절차에 첨부되는 의사록(이들은 반드시 공증해야 하는 것임), 유언서의 작성 등이 있다.

❖ 확정일자

법률관계에 있어서 일시는 매우 중요한 작용을 한다. 즉, 민·상법 내지 형사법상의 시효에 그 영향을 미치며, 채권양도에 있어서는 확정일자가 있어야 증서의 효력이 강해지는 등 일일이 열거할 수 없을 만큼 많은 작용을 하게 된다.

❖ 목적물의 표시

(1) 계약서 작성에 있어서, 그 대상이 되는 재산을 명시하는 작업은 가장 중핵이 되는 작업의 하나이다. 따라서 대상이 되는 물건을 특정하여 이것을 정확하게 또한 요령 있게 표시하여야 한다.

(2) 부동산·자동차·선박 등과 같이 등기 내지 등록을 필요로 하는 물건은 해당 공부에 표시되어 있는 대로 정확하게 표시하는 것이 원칙이다. 공부와 실제가 다른 것이 해당 거래에 있어서 중요한 의미를 갖는 경우, 예를 들어 토지거래에서 공부상의 지적과 실측상의 면적이 상이한 경우에는 함께 써야할 뿐만 아니라 어느 것으로 거래를 할 것인가를 확실하게 정하는 것이 좋다.

(3) 보통의 동산에 관해서는 제조자·제조년월일·형식·품종·등급·품명·상품명·중량·측정치·수량·가격 등을 상호 조합하여 표시한다. 도면·카탈로그 또는 사진 등을 첨부 내지 인용하는 것도 좋은 방법이다.

(4) 물건 이외의 재산에 있어서도 공업소유권 등과 같이 공부에 등재된 재산은 공부상의 표시대로 하는 것이 좋다.

❖ 강행규정과 임의규정

계약서 작성 시 유의할 점 중 하나는 강행규정과 임의규정이다. 강행규정이란, 그 규정과 다른 내용으로 당사자가 약정을 하면 무효로서 효력이 발생되지 아니하는 규정이며, 임의규정은 당사자가 그 규정을 배제하고 다른 내용의 약정을 하더라도 그 약정내용에 따른 법률효과가 발생하는 규정이다. 물권법의 각 규정, 이자제한법 등의 규정과 채권법 중에서도 임대차에 있어서의 임차인 보호를 위한 규정, 소비대차에 있어서의 대물반환예약의 규정 등은 강행규정에 속한다.

계약서를 작성할 때는 강행규정의 여부를 충분히 연구·검토하지 않으면 안 된다. 부동산의 임대차계약서를 작성하는 경우는 임대차에 관한 규정을, 농지의 매매계약서를 작성하는 경우는 농지개혁법을, 금전소비대차계약서를 작성할 때에는 이자제한법을 각별히 참조하지 않으면 안 되는 것이다.

❖ 국내계약서와 국제계약서 작성 시 유의사항

(1) 국내계약서의 경우 기본계약서와 개별계약서, 계약서 전문의 의미, 계약서 제1조, 채무이행기의 약정, 권리이전 시기의 약정, 기한의 이익상실 약관, 계약해제 또는 해지 약관, 손해배상액의 예정 약관, 계약금 약관, 조건과 기한의 약관, 예약조항, 자동연장 조항, 용어의 정의, 공정증서 작성조항, 근보증조항, 분쟁해결조항 등을 담아야 한다.

① 기본계약서와 개별계약서

계약서는 기본계약서와 개별계약서로 나누어지고 있다. 기본계약서란, 계속적 매매 기본계약서나 특약점계약서 등과 같이 회사(또는 개인) 상호 간 장래 계속적으로 계약을 반복한다든가 또는 특약점이 될 것을 전제로 양 회사(또는 개인) 간에 계속적으로 체결될 모든 계약에 대하여 공통적으로 적용될 계약조항을 모아서 기재해 놓는 것이다. 기본계약서를 작성하여 두면 개별계약 시에는 상품명과 수량·단가 등만을 약정하면 되고, 대금의 지급방법·지급시기, 상품의 인도시기·인도장소, 계약해제의 요건, 손해배상액의 예정 등에 관하여는 매번 약정을 하지 않아도 기본계약서에 의하여 규율되는 것이므로 계약의 체결이 간단해지고 또한 분쟁의 소지가 적어지게 된다. 한편, 개별계약서는 매번 1회에 한하여 체결·작성되는 것으로, 개별적으로 적용되는 조항만을 정한 계약서이다. 실무상으로는 계속적인 거래를 시작할 때 완전한 기본계약서를 하나 작성하여 놓고, 개개의 거래는 주문서와 청구서의 교환만으로 이루어지는 경우가 많다.

② 손해배상액의 예정 약관

매매계약에 있어서 매수인이 대금을 지급하지 않을 때 매도인이 매수인으로부터 취득할 손해금은 별도의 약정이 없는 이상 상거래의 경우 연 6분이고(상법 제54조), 일반거래에는 연 5분을 넘을 수 없다(민법 379조).

그리고 매도인이 상품을 인도하지 않거나, 건축을 완성하지 못하였거나, 건물을 명도해 주지 않았을 때에도 계약 위반을 이유로 하여 상당한 손해금의 지급을 요구할 수 있다. 그러기 위해서는 그로 말미암아 입은 손해액을 구체적으로 증명하지 않으면 아니되므로 불리하고, 또한 그 증명은 극히 곤란한 것이다. 따라서 애당초 계약서의 내용에 청구할 수 있는 손해배상액을 예정해 두는 것이 바람직하다. 이렇게 하면 약정된 손해금의 증명 없이도 당연히 지급을 청구할 수 있고, 상대방은 실제의 손해액과 상위함을 증명하더라도 그 지급을 면하기 어렵다.(민법 제398조)

이 손해배상액의 약정에는 금전대차의 경우 특별한 제한은 없기 때문에 공서양속(민법 제103조)에 위반되지 아니하고 부당히 과다하지 않는 한 유효하다.

표시의 예

> **제___조 (지연손해금)** 을이 대금의 지급을 태만히 한 경우 일일 금 원의 손해금을 지급한다.
>
> **제___조 (손해배상의 예정)** 매도인이 상품의 납품을 태만히 할 경우에는 일일 금 원의 비율에 의한 손해금을 지급한다.

---

③ 근보증조항

금전대차계약이나 상품매매계약과 같이 상대방이 대금지급의무를 부담하고 있을 때, 그것을 불이행할 경우를 예상하여 상대방을 대신하여 대금지급의무를 부담하는 보증인을 설정하여 두면, 보증인에게 대금의 지급을 청구할 수 있어서 유리하다.

표시의 예

> **제___조 (근보증)** 병은 을의 보증인이 되어 이 계약에 기하여 장래 을이 갑에 대하여 부담할 모든 채무에 관하여 을과 연대하여 채무이행의 책임을 부담한다.

여기에는 근보증의 기간이나 보증금액의 한도를 정하고 있지 않기 때문에 기간이나 금액에 관계없이 [무조건] 을과 갑 간의 계약에 따라 장래 부담하게 될 모든 채무에 대하여, 병이 보증인으로서 전 책임을 지게 되는 것이다. 이 경우에 보증인이 부담하는 것은 계약상 본래의 채무의 이행책임뿐만 아니라, 여기에 수반하여 손해배상채무의 이행책임도 지는 것이다.

[2] 국제계약서의 경우

국제계약서에 담을 내용은 표제, 전문, 설명조항, 약인 및 대가, 정의조항, 계약의 주 내용에 관한 조항, 계약기간, 계약의 종료, 불가항력, 계약의 양도, 중재조항, 재판관할,

준거법, 다른 계약과의 관계, 계약의 수정·변경, 통지, 기타 조항, 말미문헌, 서명의 방법, 날인, 정정, 계약의 등기, 등록, 인지 및 공증 등이다.

① 약인 및 대가

WHEREAS Clause 다음에 관행으로서 대가의 존재를 확인하는 이른바 약인을 기재하는 것이 보통이다. 영미법상 약인이란, 계약 당사자로 하여금 계약을 체결케 하는 동기, 유인, 즉 계약의 원인으로서 당사자 일방에 발생하는 권리, 이익, 이득 또는 상대방이 부담하는 손실, 손해, 책임 등을 말한다. 영미법에는 Formal Contract 이외의 계약 Simple Contract에서는 약인이 존재하지 않으면 계약이 성립되지 아니한다.

예

Now, THEREFORE, in consideration of mutual covenants and promises contained herein, both parties agree as follows;

② 준거법

계약서를 아무리 상세히 작성한다 하더라도 해석상 의문이 전혀 없도록 한다는 것은 사실상 매우 어렵다. 따라서 계약 당사자로서는 계약의 성립, 이행, 해석이 어느 나라의 법률에 따라 행하여지는가가 대단히 중요한 문제이다. 그 법률을 한국법, 미국법 등으로 지정하여 두는 것이 준거법 조항이다.

준거법을 지정한 경우라도 그 지정된 법률이 적용되는 것은 계약의 성립, 이행에 관한 것 등의 실정법 측면이며, 소송의 경우 소송절차 등 소송법 측면은 준거법과 관계 없이 법정지법에 의하는 것으로 된다. 이것은 소멸시효에 관하여 대륙법계에서는 실정법상 효과를 인정하나 영미법계의 경우에는 소송법상의 효과에 그친다는 점에서 차이가 있게 된다.

예

The formation, validity, construction and the performance of this Agreement are governed by the laws of Republic of Korea.

③ 다른 계약과의 관계

계약서의 작성에 있어서 기존 계약과의 관계를 검토하고 본 계약이 성립한 이상 기존의 서면 또는 구두에 의한 합의, 교섭, 언질 등은 모두 본 계약에 흡수되고 소멸하는 것을 명시하여 두는 것이 완전 계약조항이다. 이것은 새로운 계약과 기존 계약과의 관계를 명확히 함으로써 후일의 분쟁예방과 해결에 도움이 된다. 이러한 목적을 위하여 통상 다음과 같은 조항이 삽입된다.

양수도 계약서의 양식은 기업의 인수·합병에 참고가 되는 중요한 서식이므로 알아두면 좋다.

예시

포괄적 양수도 계약서

사업 포괄양도 양수 계약서
양도자 성명:
사업자 번호:
사업장 소재지:
양수자 성명:
주민등록번호:

양도자 ○○○(이하 갑이라 칭한다)과 양수자 ○○○(이하 을이라 칭한다) 간에 부가가치세법 제6조 제6항 및 동법 시행령 제17조 제2항에 규정한 포괄적 사업 양도 양수 계약을 다음과 같이 체결한다.

제1조 갑은 갑이 운영해 온 사업체의 장부상 자산 및 부채 전부(이하 양도물이라 칭한다)를 을에게 양도하기로 하고 을은 이를 양수하기로 한다.

제2조 갑은 양도물을 ○○○○년 ○○월 ○○일까지 을에게 양도하기로 한다.

제3조 양도물의 가액과 대상은 명도일 현재 대차대조표 및 재산목록을 기준으로 쌍방 합의하에 결정하되 각 자산 및 부채는 장부 가액으로 평가하여 순자산 가액을 양도키로 하고, 재무제표상에 계상되지 아니한 일체의 유형·무형의 권리 및 의무는 포함하지 않기로 한다.

제4조 대금 지불 조건은 양도물 가액 결정 후 1개월 이내에 현금으로 지급하기로 한다.

제5조 갑의 전 종업원은 을이 계속 고용키로 한다.

제6조 갑의 채권, 채무에 대하여는 갑의 책임 하에 을에게 인계하도록 하되, 장부에 계상되지 않거나 양수도 계약서에 명시되지 않은 채권·채무는 을에게는 영향을 주지 않는다.

제7조 양도물 중 등기 등록을 요하는 것에 대하여는 을의 요구에 따라 이전 등기 등록절차를 밟도록 하고, 등록일 이전이라도 양도일 이후의 사실상 소유자는 을임을 확인한다.

제8조 본 계약 이후 계약에 착오 또는 정정사항이 발생하는 경우에는 쌍방 합의하에 결정키로 한다.

○○○○년 ○○월 ○○일

양도자 (갑) (서명 또는 인)
양수자 (을) (서명 또는 인)

포괄적 사업양수도 요건

1. 포괄적 사업양수도

양도자와 양수자가 과세사업자여야하고 사업양도 후 사업양도신고서를 제출해야 한다. 양도자는 부가가치세 확정신고 시 사업양도신고서를 제출해야 하고, 양수자는 사업자등록 시 일반과세자로 신청하고 양도양수계약서 사본을 제출하면 된다.

2. 포괄적 사업양수도로 보지 않는 경우

1) 일반 과세자가 간이 과세자에게 양도하는 경우
2) 사업양도인이 세금계산서를 교부하고 부가가치세 신고를 하고 납부한 경우
3) 건물을 매매할 목적으로 신축 후 단기 임대업을 하다 건물을 양도하는 경우
4) 과세사업과 면세사업을 겸업하는 사업자가 과세사업 또는 면세사업만을 양도하는 경우
5) 사업용 고정자산과 재고자산을 제외하고 양도하는 경우
6) 사업과 관련된 종업원 전부를 제외하고 양도하는 경우

단, 사업에 관한 권리 외 의무 중 미수금과 미지급금에 관한 것과 외상매출금과 외상매입금을 포함하지 않고 승계시킨 경우에는 사업의 포괄양도, 양수에 해당한다.

자료: 함께일하는재단 외부강의 자료

참고문헌

가갑손, 『변화와 고객은 기업의 생존조건』, 뒷목출판사, 2006.

고정민·문효진 외, 『한류, 아시아를 넘어 세계로』, 한국문화산업교류재단, 각연도.

김광일, "김광일의 릴레이인터뷰", lnews24.

김학진 외, 『기술창업 이렇게 한다』, 지식경제부·대덕연구개발특구지원본부, 2009.

고미야 가즈요시(김정환 역), 『1초 만에 재무제표 읽는 법』, 다산북스, 2010.

나가누마 히로유키, 『2025 비즈니스 모델』, 한스미디어, 2016.

박상수·박원규, 『핵심 재무관리』, 경문사, 2004.

박영숙·제롬 글렌 외, 『유엔미래보고서 2025』, 교보문고, 2011.

스티븐 슈트라우스(전경련 중소기업경영자문봉사단 역), 『스몰 비즈니스 바이블 (the small business bible)』, 전경련중소기업협력센터, 2005.

시오노 나나미, 『나의 친구 마키아벨리』(르네상스 저작집 7), 한길사, 2002.

윤오섭 외, 『기후변화와 녹색 환경』, 동화기술, 2014.

이마무라 히데아키(정진우 역), 『보스턴컨설팅그룹의 B2B마케팅』, 비즈니스맵, 2007.

이명희, 『'노숙자를 위한 잡지'가 세상을 바꾸는 빅이슈가 되다』, 함께 일하는 사회, 2010.

이병욱, 『아사히야마 동물원에서 배우는 창조적 디자인 경영』, 2008.

이병욱 공저, 『동아시아의 에너지환경정책; 원자력발전/기후변화/대기수질보전』, 쇼와당, 2014.

이병욱, 『창업비밀과외』, FKI미디어, 2012.

이병욱, 『한류 포에버』, 한국문화산업교류재단, 2012.

이병욱, 「창조적 혁신 및 디자인경영 사례분석과 시사점」, 한국산업기술진흥원, 2012.

이수동 외, 『전사적 관점의 마케팅』, 학현사, 2009.

이스라엘 커즈너(이성순 역), 『경쟁과 기업가 정신』, 1973, 자유기업원, 2007.

이재규 편, 『피터 드러커 경영 키워드 365』, 사과나무, 2005.

정순태, 『신격호의 비밀』, 지구촌, 1998.

정형지·홍대순 외, 『제3세대 R&D 그 이후』, 경덕출판사, 2007.

덴 세노르·사울 싱어(윤종록 역), 『창업국가(START-UP NATION)』, 다할미디어, 2010.

카야노 카츠미(오대영 역), 『약자의 전략』, FKI미디어, 2009.

프란치스코 알베로니, 『남을 칭찬하는 사람, 헐뜯는 사람』, 황금가지, 1998.

한국경제연구원 편, 『시장이 붐벼야 사람이 산다』, 21세기북스, 2010.

한국은행 조사국, 『일본기업의 장수요인 및 시사점』, 2008.

황농문, 『몰입(THINK HARD)』, 랜덤하우스, 2007.

현명관, 『아직 끝나지 않은 도전』, 매일경제신문사, 2006.

중소기업청, 소상공인진흥공단, 『소상공인창업 이런 아이템을 주목하라』, 2016.

KOTRA, 『문화한류를 통한 전략적 국가브랜드 맵 작성연구』, 2011.

미래창조과학부, 『ICT R&D 중장기 전략』, 2013.

한국중소기업이업종교류연합회(현 중소기업융합중앙회), 『이업종교류조사연구보
    고서』, 2005.

Dale Carnegie(강성복 역), 『데일카네기 인간관계론』, 리베르, 2010.

N.Gregory Mankiw(김경환·김종석 역), 『맨큐의 경제학』, 교보문고, 2005.

Paul Heyne(주만수 외 역), 『The economic way of thinking(경제학적 사고방식)』,
    자유기업원, 1998.

Stephen R. Covey(김경섭 역), 『The 8th Habit(성공하는 사람들의 8번째 습관)』, 김영사,
    2005.

Thomas Soweell(서나연 역), 『시티즌 경제학(Basic Economics)』, 물푸레, 2002.

Carmine·Gallo, 『The Innovation Secrets of STEVE JOBS』, McGraw-Hill, 2010.

George Labovitz·Victor Rosansky, 『The Power of Alignment』, John Wiley &
    Sons, 1997.

Jeffrey J. Fox, 『How to become a great boss』, Hyperion, 2005.

Mark Ingebretsen, 『Why companies fail』 Crown business, 2003.

OECD, 『Sustainable Development』, OECD publishing, 2007.

Peter Navarro, 『The Well-Timed STRATEGY』, Wharton School Publishing,
    2006.

Stephen M. Shapiro, 『Best Practices are stupid(40 Ways to Out-innovate the
    competition)』, Portfolio, 2011.

Terry Wireman, 『MRO Inventory and Purchasing』, Industrial Press, 2008.

Toffel, Michael W., Kira Fabrizio, and Stephanie van Sice. "EnerNOC:
    DemandSMART", Harvard Business School Case 613-036, August 2012.

Likpe, D. (). "Uniqlo Taps Diverse Celebs for Fall Campaign". WWD.
    September 2011.

The Nielsen Company. "Smartphone Milestone: Half of Mobile Subscribers
    Ages 55+ Own Smartphones". The Nielsen Company, April 2014.